Gröls Verlage

„Bücher sind wie Fallschirme. Sie nützen uns nichts, wenn wir sie nicht öffnen."

Gröls Verlag

Redaktionelle Hinweise und Impressum

Das vorliegende Werk wurde zugunsten der Authentizität sehr zurückhaltend bearbeitet. So wurden etwa ursprüngliche Rechtschreibfehler *nicht* systematisch behoben, denn kleine Unvollkommenheiten machen das Buch – wie im Übrigen den Menschen – erst authentisch. Mitunter wurden jedoch zum Beispiel Absätze behutsam neu getrennt, um den Lesefluss zu erleichtern.

Um die Texte zu rekonstruieren, werden antiquarische Bücher von Lesegeräten gescannt und dann durch eine Software lesbar gemacht. Der so entstandene Text wird von Menschen gegengelesen und korrigiert – hierbei treten auch Fehler auf. Wenn Sie ebenfalls antiquarische Texte einreichen möchten, finden Sie weitere Informationen auf www.groels.de

Viel Freude bei der Lektüre wünscht Ihnen das Team des Gröls-Verlags.

Adressen

Verleger: Sophia Gröls, Im Borngrund 26, 61440 Oberursel

Externer Dienstleister für Distribution & Herstellung: BoD, In de Tarpen 42, 22848 Norderstedt

Unsere „Edition | Werke der Weltliteratur“ hat den Anspruch, eine der größten und vollständigsten Sammlungen klassischer Literatur in deutscher Sprache zu sein. Nach und nach versammeln wir hier nicht nur die „üblichen Verdächtigen“ von Goethe bis Schiller, sondern auch Kleinode der vergangenen Jahrhunderte, die – zu Unrecht – drohen, in Vergessenheit zu geraten. Wir kultivieren und kuratieren damit einen der wertvollsten Bereiche der abendländischen Kultur. Kleine Auswahl:

Francis Bacon • Neues Organon • **Balzac** • Glanz und Elend der Kurtisanen • **Joachim H. Campe** • Robinson der Jüngere • **Dante Alighieri** • Die Göttliche Komödie • **Daniel Defoe** • Robinson Crusoe • **Charles Dickens** • Oliver Twist • **Denis Diderot** • Jacques der Fatalist • **Fjodor Dostojewski** • Schuld und Sühne • **Arthur Conan Doyle** • Der Hund von Baskerville • **Marie von Ebner-Eschenbach** • Das Gemeindekind • **Elisabeth von Österreich** • Das Poetische Tagebuch • **Friedrich Engels** • Die Lage der arbeitenden Klasse • **Ludwig Feuerbach** • Das Wesen des Christentums • **Johann G. Fichte** • Reden an die deutsche Nation • **Fitzgerald** • Zärtlich ist die Nacht • **Flaubert** • Madame Bovary • **Gorch Fock** • Seefahrt ist not! • **Theodor Fontane** • Effi Briest • **Robert Musil** • Über die Dummheit • **Edgar Wallace** • Der Frosch mit der Maske • **Jakob Wassermann** • Der Fall Maurizius • **Oscar Wilde** • Das Bildnis des Dorian Grey • **Émile Zola** • Germinal • **Stefan Zweig** • Schachnovelle • **Hugo von Hofmannsthal** • Der Tor und der Tod • **Anton Tschechow** • Ein Heiratsantrag • **Arthur Schnitzler** • Reigen • **Friedrich Schiller** • Kabale und Liebe • **Nicolo Machiavelli** • Der Fürst • **Gotthold E. Lessing** • Nathan der Weise • **Augustinus** • Die Bekenntnisse des heiligen Augustinus • **Marcus Aurelius** • Selbstbetrachtungen • **Charles Baudelaire** • Die Blumen des Bösen • **Harriett Stowe** • Onkel Toms Hütte • **Walter Benjamin** • Deutsche Menschen • **Hugo Bettauer** • Die Stadt ohne Juden • **Lewis Caroll** • *und viele mehr….*

Kurt Tucholsky

Panter, Tiger und andere

Inhalt

Dienstzeugnisse

* Herr Thomas Mann war bei mir achtunddreißig Jahre lang als Erster Buchhaltungskonzipisst in Stellung. Ehrlich und fleißig, von stets gemessenem Auftreten und von sauberstem Äußeren, hat er die ihm aufgetragenen Arbeiten immer mit der größten Akkuratesse und der peinlichsten Korrektheit, wenn auch hier und da mit einem sonderbaren Anflug von Traurigkeit ausgeführt. Seinen einzigen Urlaub nahm er bei seiner Konfirmation; seitdem ist er ununterbrochen derselbe geblieben: arbeitsam, treu und pünktlich. Er verläßt unser Haus auf eignen Wunsch, um sich fortan ganz der Fischerei zu widmen, an die ihn viele Bände fesseln. Ich kann Herrn Thomas Mann, der sozusagen ein durchaus zuverlässiger Künstler ist, nur allerseits bestens empfehlen.

---

* Herr Graf Hermann v. Keyserling wurde an der hiesigen Anstalt als gehobener Mittelschullehrer verwandt. Mit seiner Lehrtätigkeit haben wir die besten Erfahrungen gebracht: die etwas dunkle Art seines Vortrags wurde zwar allgemein nicht verstanden, dagegen schämten sich die Schüler, dies einzugestehen, und hörten artig zu. Die Klassenrüpel verfielen in seinen Stunden einem pädagogisch heilsamen Schlummer. Keyserling ist politisch völlig harmlos: er lehrt nur staatlich approbierte Wahrheiten sowie das kleine Einmaleins. Der Titel eines von ihm verfaßten Buches: „Reisetagebuch eines Philosophen“ ist irreführend; gemeint ist in dem Werke er selbst. Wir entlassen ihn seiner hohen Auflagen wegen mit Glück- bzw. Segenswünschen. Wie wir ihn schätzen, mag daraus hervorgehen, daß am letzten Unterrichtstag auf seinem Klassenpult als Wahrzeichen etwas stand, das sein Wirken gewissermaßen symbolisierte: ein alter Darmstädter Armleuchter.

---

* Herr Kasimir Edschmid wurde probeweise in meinem Etablissement als Coiffeur eingestellt. Seine einnehmenden Manieren, seine

weitgereisten Handbewegungen sowie seine reichen Sprachkenntnisse (er spricht allein vier Sorten Französisch, darunter eine beinah richtig) erweckten die schönsten Hoffnungen. Leider mußte er hinausgetan werden, da seine Kenntnisse im Deutschen nicht genügten, so daß er sich mit der Kundschaft nicht verständigen konnte. Entweder man verstand ihn, wußte aber nicht, was er meinte – oder man wußte, was er meinte, verstand ihn aber nicht. Seine leichte Hand in Damenfrisuren wird mir stets in angenehmer Erinnerung bleiben.

---

* Herr Dr. Rudolf Breitscheid war verhältnismäßig treu, mitunter fleißig, auch ehrlich und immer etwas müde. Das Zeugnis, das er sich selbst ausstellt, kann nur ausgezeichnet genannt werden. Seine große Gedächtnisschwäche sowie seine mild verzeihende Art machen ihn besonders zu seinem schweren Beruf geeignet. Da es ein Kündigungsrecht bei seiner Firma nicht gibt, hat er alle Aussicht, noch recht lange Rayonchef zu bleiben. Herr Breitscheid, der nur ein Auge hat, genießt in den Kreisen der hiesigen Blindenanstalt das größte Ansehen. Als kleiner Nachteil könnte nur seine unselige Wettleidenschaft angeführt werden; sein ihm angeborener Hang, dabei immer auf das falsche Pferd zu setzen, hat ihn schon in manche unheilvolle Situation gebracht. Dieses Zertifikat gilt nur für die Paßbeschaffung.

---

* Herr Adolf Bartels hat in unserm Stadttheater (Kottbus an der Buse) 1300mal als Komparse im „Lohengrin“ mitgewirkt. Wir empfehlen ihn allen Opernbühnen als unerschütterlichen und unermüdlichen Statisten, der die Geschehnisse im Vordergrund mit wildem Gebrumm im Hintergrund begleitet. Sein Deutsch- und Friesentum, seine Ho- und Christenheit stehen außer allem Zweifel. Auch als Sanitätsgehilfe ist Bartels gut zu verwenden: er hat die immanente Beschneidung erfunden.

---

* Herr Oberlandesgerichtsrat ... (nach Belieben auszufüllen) scheidet mit dem heutigen Tage aus dem Justizdienst aus. Wir wünschen ihm zwar das Beste, wüßten aber nicht, in welchem Betrieb er sonst zu brauchen wäre. Herr Oberlandesgerichtsrat ... hat nicht viel gelernt: er ist Jurist.

---

* Herr Dr. Rudolf Hilferding wurde vom Reichsverband zur Bekämpfung der Sozialdemokratie in die Redaktion der „Freiheit“ entsandt. Es gelang ihm, das gefährliche Blatt in zwei Jahren derart herunterzuwirtschaften, daß sowohl von einer Gefahr wie von einem Blatt nicht mehr gesprochen werden kann. Herr Rudolf Hilferding gilt in Finanzkreisen als ausgezeichneter Mediziner. Von ihm gibt es ein Aufsehen erregt habendes Werk: „Das Finanzkapital.“ Seine Bequemlichkeit hat ihn leider daran gehindert, das Buch zu lesen.

---

* Herr Peter Panter wurde von mir ab gestern bis heute als Privat-Sekretär beschäftigt. Seine Anlagen, die ihn zum idealen Zweiten befähigen, ließen mich das Beste erwarten. Leider scheiterte seine Beibehaltung an seinem frechen, vorlauten Wesen sowie an seiner maßlosen Gefräßigkeit. Seine sonst guten Manieren stellten sich als Indolenz heraus; sein Horizont hat ungefähr die Größe eines Schnapsglases. Auch seine häßliche Angewohnheit, während des Dienstes dauernd mit Bleisoldaten zu spielen, hat nicht dazu beigetragen, ihn im Betrieb beliebt zu machen. Ich wünsche Herrn Peter Panter das Beste auf seinen fernern Lebenspfaden und kann jedermann nur auf das schärfste vor ihm warnen!

Fantasia

Der Löwe hinter meinem Hause schlug kurz an.

Vom Felsgestein der sieben Lüste, das sich grade an der Wegbiegung erhob, schritt ein Mann, in einen ehemals fast weißen Burnus gehüllt, majestätisch auf mich zu. Es war Reimann-Effendi, der Führer der sächsischen Mohammedaner. „Batschari-Aleikum!" sagte ich, würdevoll die Hand auf meine orientalische Brust legend. „Wie gähds dr denn?" sagte der Effendi und holte aus seiner Toga ein Gaffeegännchen, das er schlürfend leerte. „Der Name des Propheten sei gelobt!" sagte ich. „Nimm Platz und rauche diese Nargileh #8212; wenn du ziehst, kommt Rauch; wenn du bläst, spielt sie: Deutschland, Deutschland über alles!" Der Effendi setzte sich, zog, blies und schwieg. Die Sonne glühte, um eine Zeile zu füllen.

Der Effendi blinzelte durch die offene Tür meines Harems; leise hörte ich ihn vor sich hin murmeln: „Eene gleene Digge hädch gern…", aber schon tauchte der riesige Schatten meines Leibeunuchen Lissauer auf – solange er da war, konnte ich unbesorgt sein: denn was der unter den Händen hatte, das wurde nichts.

Um meinen Gast abzulenken, begann ich, höflich mit ihm zu plaudern.

„Habt Ihr schon einmal eine Fantasia gesehn?" fragte ich ihn. Reimann-Effendi sah mich mit listigen Äuglein an, schwenkte den Kaffee und sprach die Verse:

„Dein dämliches Gefrage ehrt den gemeinen Mann – der Majestät des Todes kann niemand entgehn – Wenn Sie meinen, daß Fantasia gut ist – mir soll sie nicht zu dick sein."

Darauf sagte ich die Verse:

„O Adamskind, laß nicht die Hoffnung höhnen – Fantasia ist kein Mädchen, sondern eine Art Reitervergnügen – Wenn ich aber Anschluß mit Damaskus bekomme – dann kriegst du die Fantasia."

Und ich forderte „Damaskus neunundneunzigneunundneunzig" und bekam es dreimal fast, und schließlich sah Allah-el-Tehephon wohlgesinnt auf mich herab, und ich bereitete alles vor, wie es vorgeschrieben steht in den heiligen Büchern, und wir saßen still auf unsern Matten und kratzten uns und warteten. Nur einmal unterbrach

Reimann-Effendi die Stille und sprach: „Wenn die Araber 'n Geenj häddn, wär alles viel besser!“ – und dann war es wieder still.

Mit einem Satz sprangen wir auf.

„Ululululululu –“ heulte es durch die siedend-heiße Luft, und da brauste es heran. Wir stiegen uns aufs Dach und sahen hinunter auf Damaskus mit seinen Minaretts und seinem Moscheegekuppel, und dies war es, was wir sahen:

Vornweg sprengte die Reiterkavalkade der Samisischen Fischer: an der Spitze der alte Scheich Hauptmann, dem der Koran den Wein verboten hatte; hinter ihm ein Sklav' aus dem Stamme der Schmoggs; dann Thomas-al-Raschid auf einem Zauberpferd, das hatte vier Beine und kam nicht vom Fleck; dann Johab-il-Wassermann, der gern inkognito ausging; dann Trebitsch, der es lieber kognito tat; danach Shaw-Effendi, der Töpfer, der mit leeren Tongefäßen gute Geschäfte machte, und Rudolf Herzog, der Schuster ...

„Ulululululu –“ heulte die Kavalkade, und Tausende von arabischen Wüstensöhnen folgten, in Staub gehüllt, nach.

Da ritt, in prächtiger Haltung, der Reichsbund der deutschen Verleger, es waren einundvierzig Mann: Ali Baba und die vierzig andern; nach ihnen Alfred Sindbad der Seefahrer, der sieben Reisen gemacht hatte; Hedwig Scheherezade-Mahler, die sich dem Kalifen in der tausendundeinsten Nacht zum Fraße angeboten, aber er hatte gesagt: „Erzähle gottbehüte weiter!“; der junge Prinz Sternheim-al-Snob, der sich im Glanze einer Perlenkette sonnte, es war aber nur eine Perle daran; der Prinz von Theben; der Leibarzt des Kalifen, Unruh-Pascha, der Erfinder des immanenten Durchfalls; Omar-Klabund, ein vornehmer Perser, der hinter einem Steinklöpfer herjagte, weil der ihm einen Film weggenommen hatte; der junge Seeler-Hassan: der schoß, kaum wurde er unser gewahr, auf unsre Wasserpfeife, er mochte Pfeifen nicht; Abdullah Zuckermayer, der Besitzer eines berühmten Weinbergs, um den allabendlich, in der Dämmerung, die Säue grunzten; Fatme Geßlerine, eine bekannte Märchenerzählerin; der alte Kümmeltürke Bahr, der Mohammedaner geworden war, von der letzten Bekehrung her hatte er noch ein Kreuz um den Bauch baumeln. Auch zwei vermummte Gestalten bemerkte ich im Zug, die waren in weiße Tücher gehüllt, weil der Herausgeber der „Weltbühne“ mir verboten hatte, sie anzugreifen, die alten Teppen – und so zogen sie ungenannt dahin. Und ich reichte dem Reimann-Effendi mein Riechbüchschen mit Sago, und er hielt es an die edel geformte Nase und sagte die Verse:

„Wer ist der schöne Reiter dort, der keines unbeschnittnen Christenhundes Wut wich?

Gännsde dähn? Das ist wohl Aemil Ludwig!“

Und ich antwortete mit den Versen:

„Wer ist der edle Moslem dort – mit jenem rosa Pickele? Gännsde dähn? Das ist wohl René Schickele!“

und so sprachen wir noch viele schöne Verse.

Und es ritt ein Fremdling im Gedränge mit, den niemand kannte – in einem sonderbaren Kostüm. Wie sich später herausstellte, hatten wir den Ritter von Hofmannsthal gesehen, einen Christen, den die Türken bei der Belagerung von Wien im Jahre 1529 dort zurückgelassen hatten, als einzigen seines Stammes; der hatte sich zur Abwechslung als Orientale verkleidet, und daher erkannte ihn im Morgenlande kein Mensch. Auch trieb sich ein Gaukler in der Schar umher, mit einem Tigerfell, darunter eine Panterhaut, darunter die Federn eines Wrobels – und unter alledem ein magerer, blau rasierter Kerl, mit einem Gesicht, wie wenn er Essig gesoffen hätte.

Und es folgten, auf Pferde gebunden, die Kriegsgefangenen der Kavalkade: die verfluchten Söhne des Sozi-al-Demokrat. Auf daß sie weicher säßen, hatte man ihnen einige Kompromisse untergelegt, und doch waren sie braun und blau am ganzen Leibe, Allah weiß, von wem sie ihre Prügel bezogen hatten; und es war einer dabei, Hörsing aus Bagdad, das war ein Barbier und ein fürtrefflicher Schaumschläger vor dem Herrn. Und nach ihnen tänzelte noch ein junger, aber falscher Prinz, in Wahrheit ein Edschmid von Beruf, hier aber hieß er der Aufgewachsen-Bey, und das war der allerletzte.

Und als sie alle versammelt waren, siehe, da wurden wir Zeugen eines unvergeßlichen Schauspiels. Aufbäumten sich die Pferde der Fantasia, der Staub wirbelte, einer der Reiter erhob die Flinte und gab einen Schuß ab. Bestürzt und erschreckt hielt die Kavalkade der Tausende – sie dienten jetzt fünfundvierzig Jahre der Fahne des Kalifen –: aber einen Vorschuß hatten sie noch nie erlebt.

Und als sie alle, alle so auf ihren Pferden regungslos in der untergehenden Sonne hielten, horch, da sang der Muezzin vom Turm der nahen Moschee sein Abendgebet. Und also sprach der Muezzin:

„Allah-il-Allah – es gibt nur einen Gott, und Mohammed, der Heilige von Mokka und der ganzen Medine, ist sein Prophet!

Höret. Gläubige!

Lobet den Brecht, denn der Bronnen ist nicht weit – und ein Thomas in der Hand ist besser als ein Klaus auf dem Dach...

Wenn dich Kerr lobt, ist es Fatum; wenn dich aber Ihering tadelt, ist es Kismet, und so spielen sie das Spiel: Haust du meinen Moslem, hau ich deinen Moslem...! Gedenket in Liebe Paul Valérys, der da Mode ist unter den Völkern; wer ihn aber lesen kann, dem will ich was prousten...

Herrgott, wie groß ist deine literarische Welt, wie erhaben deine Weltbühne und wie mannigfaltig dein Tierreich...

Und wer da eingeht in die Gesamtausgabe, dem ist das Paradies sicher, mitsamt den Houris, die da rufen: Na, Kleener –?

Es ging ein Fischer aus, einen Wolff zu suchen, aber es war eitel Reiß in seinem Netz, und als er sich den Schaden besah, da war die himmlische Schmiede leer... Zeucht hin in Frieden, vermehret euch wie die Sandflöhe am Meer, denn wir haben noch nicht genug...

Allah-il-Allah –!“

Da erhob sich ein brausender Ruf aus tausend und aber tausend brauner Kehlen. „Wem sagen Sie das –!" riefen die degenerierten Wüstensöhne.

Der östliche Abend verdämmerte langsam im Westen, mein Gast Reimann-Effendi war längst gegangen, und ich sann noch lange unter den rauschenden Palmen über die Wunder des Morgenlandes.

1926

Der neue Kürschner

Einst wurde Roda Roda von Freunden herausgefordert: er könne ja vieles erreichen, aber eines nicht. Nie, niemals würde er den ersten Platz im Kürschner einnehmen. Das Jahr ging zu Ende, der neue Kürschner erschien, und am Anfang stand:

Aaba, siehe Roda Roda

(Wobei besonders schön das fürsorgliche Doppel-A ist: damit auch ja nichts passieren kann.) Aaba Aaba aber steht auch heute noch an erster Stelle in Kürschners Literaturkalender.

Das dicke Buch präsentiert sich in schmuckem, rotem Leineneinband, sehr empfindlich, also für die Redaktionsarbeit durchaus geeignet: man sieht jeden Hauch, jeden Fingerabdruck darauf, und eine Diskussion mit nasser Aussprache in der Nähe des Buches ist nicht gut möglich. Der alte Satzspiegel ist beibehalten worden, aber ein weißer, breiter Rand ist neu, wodurch das Büchlein größer geworden ist, der Druck nicht deutlicher. Einige Photos zieren den Band – aber das schadet nichts.

Wir sind unsrer achttausendzweihundert – die „Gelehrten" nicht eingerechnet, die, zwanzigtausend Mann hoch, in einem besonderen „Gelehrten-Kalender" vereinigt sind. Achttausend … ohne die Zerquetschten. Lasset uns ein wenig blättern.

Zunächst sieht jeder nach, ob er selber drin steht. Dann ziemt es sich, die Freunde aufzusuchen – ob vielleicht einer von ihnen mit einem Druckfehler gesegnet ist, ob sie auch alle da sind, wo sie wohnen, wo sie geboren sind, schau! schau! „20. Auflage“ – wer hätte das gedacht! und: „Chef vom Dienst“, nimm nur das Maul nicht so voll ...

Manche sind verschwunden, andre sind neu hinzugekommen; statt Kurt Eisner steht da zum Beispiel:

> *Arco auf Valley, Anton, Graf, Geschichtspolitisch, Luftverkehr, Prokurist b. d. Süddtsch. Lufthansa, München, Briennerstraße 50b.*

Diese Berufsangabe ist unvollständig – hier fehlt etwas.

Besuchst du deine Freunde im Kürschner, so fällt dir auf, daß da fast immer jemand ist, der „auch so heißt“ – es gibt ja ganze Schriftstellergenerationen, bei denen das Dichten endemisch ist: die Hirschfelds von heute heißen Neumann oder Müller... Wolfgang Gneisenau, geb. Goetz, gibt seine Arbeiten an; als erste: „Origines gentis Goetz“. Der Ursprung der gens Goetz? Papier, Herr, Papier.

Bei manchen braucht man gar nicht erst das Geburtsdatum nachzusehen, das viele Damen ausgelassen haben – ein Blick auf die Buchtitel genügt. Roman: „Und sie rüttelte an der Kette“ – genug, ich weiß. Auch ist anzumerken, daß offenbar die unbekannten Schriftsteller am meisten geschrieben haben, und wie bei Rundfragen die di minores sich gewöhnlich über lange Seiten ausbreiten, die Gelegenheit, endlich einmal gedruckt zu werden, atemlos ausnutzend, so gibt es hier Kaninchenböcke, von deren unmäßiger Produktion wir uns nichts träumen lassen. Demitrius Schrutz (Adresse: Frau Rosa Obrist) hat eine ganze Kürschner-Spalte vollgedichtet; seit dem Jahre 1885 gehen dem Mann die Stücke jährlich wie die Bandwürmer ab, ringeln sich noch ein wenig und liegen dann still.

Wer aber alles noch lebt, das ist mitunter gespenstisch zu sehen. Von meinem alten Lehrer Hänschen Draheim will ich gar nicht reden – Mehring, du hast immer erzählt, er habe ein Buch geschrieben: „Ein falsches „Und“ bei Lessing“, das steht aber nicht drin; doch denkt nur: den alten Joseph von Lauff gibt es noch, und wirklich und wahrhaftig:

Eschstruth, Nataly v. (verw. v. Knobelsdorf-Brenkendorf), Romane, Majorswitwe.

Sie wohnt, wie nicht anders zu erwarten, in einer Kaiser-Wilhelm-Straße. Und inzwischen hat ihre Kunst die von Reimann erfundene Courths-M. übernommen; ob sich die beiden Damen wohl kennen?

Man lernt viel Neues aus dem Kürschner: es gibt, natürlich, ein Buch über „Eberswalde u. s. freiwillige Feuerwehr“; der unzuverlässige Bearbeiter des „Richtigen Berliners“ hat ein Buch gebucht: „Die Bühnenanweisung im deutschen Drama“, und wer nicht artig ist, muß es lesen – und Pseudonyme sind da, daß man vor Neid erblassen könnte. Neckische: „Hidigeigei“ und „Latschenbock“ und „Kiki“ und „Joachim Friedenthal“ ... nein, das ist wohl kein Pseudonym. Einer heißt Heinrich Wilhelm Hubert Evers, sein Pseudonym, das ihn der Menschheit verbirgt, ist: W. Heinz Evers. Nur ein Apotheker kann auf solche Idee kommen.

So stehen wir denn alle im Kürschner verzeichnet, und jeder der Achttausendzweihundert hat, wenn er darin blättert, sicher einmal gesagt: „Ich möchte nur wissen, wozu die Leute so viel Bücher schreiben!“ (Anwesende ausgeschlossen.) Denn so geht das:

Das große Erlebnis, das sich vor einer Schreibmaschine, Bibliotheksbänden, einem Weib entzündet; göttlicher Funke, leuchtendes Auge, tiefe Einsamkeit, schwarzer Kaffee und was jeder so braucht; saubere Reinschrift und Paketsendung an eine Verlegerei; wehende Fahnen und haftende Druckfehler; vor Neuheit krachende Bände und verliebte Widmungen; boshafte Kritiken und Hymnen auf strikte Gegenseitigkeit; eine Postanweisung, ein Scheckchen Honorar; stockender Absatz und staubende Vergessenheit; gehäutete Schlange, Dummstolz und Skepsis; angegriffen, abgegriffen, vergriffen ... und dann eine halbe Petitzeile in Kürschners Literaturkalender:

Agonie der Leidenschaft. Roman. 1901.

1928

Roda Roda

Was ist Humor? Nach Brockhaus: „Humor (lat.) ursprünglich die nach der Ansicht der alten Ärzte das geistige und leibliche Wohlsein bedingende Feuchtigkeit im menschlichen Körper; daher s. v. w. gute Stimmung, heitere Laune, seit dem achtzehnten Jahrh. Bezeichnung der höchsten mit Wehmut verbundenen Form der Komik." Und wer hat ihn? Das steht nicht dabei.

„Am dreizehnten April 1872, frühmorgens, schlug der Blitz in den Schafeingang der Puszta Zdenci ein, und das Feuer griff aufs Herrenhaus über. Darob erschrak meine Mutter und gebar mich." Ihn: Roda Roda. Und weil er also heute, wenn er inzwischen nicht pausiert hat, fünfzig Jahre alt ist, wollen wir ihm ein bißchen gratulieren.

Er hat der deutschen Anekdote Gestalt und Gehalt gegeben. Das stellt der Geburtstagsmann mit Recht selbst von sich fest – in einem hübschen Vorwort zu den „Sieben Leidenschaften" (im Rikola-Verlag zu Wien). Man kann sagen: er hat den deutschen Witz durch prägnante Formung überhaupt erst literaturfähig gemacht. „Handwerksbursche (vor einer Hütte dieselbe musternd)" – so fingen ehemals die Bildunterschriften in jenen Fliegenden Blättern an, die generationenlang alle Wartenden beim Zahnarzt mit Recht in die trübste Stimmung versetzten. Roda Roda hat mit der seltensten Sprachkraft den Ausdruck, die Pointe, das Wort für eine Situation, für Personen und Zustände gefunden und geformt. Sein Reichtum ist erstaunlich. Dieser Mann spricht alle Sprachen des Kontinents: deutsch, bureaukratisch, bayrisch, weanerisch, jiddisch, preußisch, durch die Nase, cocottisch ... und jedes Mal so unheimlich echt. Rudolf Rittner hat einmal in der Unterhaltung gesagt: Dem „Wilhelm Busch haben sie das „stehlende Auge" nachgerühmt. Roda Roda hat das stehlende Ohr."

Daß er Witz hat, wird sich allmählich herumgesprochen haben. Wenn man die „Fünfhundert Schwänke" durchblättert, sieht man, daß so ziemlich alle geflügelten Worte des alten „Simplicissimus" von ihm stammen (wer kennt nicht den Offizier, der im morgendlichen Biwak sich gähnend reckt: „Uah! da ist ja auch der Morgenstern – das Schwein!"). Die Worte sitzen, Plik folgt auf Replik – und welche charmanten Bösartigkeiten dieses landfremde Element auf Potsdam und Gomorrha regnen ließ, das ist mehr als munter.

Aber daß er Humor hat (siehe Brockhaus), das wissen nur Die, die jene entzückenden Bändchen kennen: „Der Schnaps, der Rauchtabak und die verfluchte Liebe" und „Von Bienen, Drohnen und Baronen" – darin stehen meisterhafte Dinge. Die kleine Geschichte „Deutsche im Wald – 1866" ist ein Wurf ... Aber wenn ich ins Zitieren käme, würde diese Glosse so lang wie eine Ausfuhrbewilligung. Und nimmt man noch hinzu, daß Roda südslavische Literatur übersetzt hat und jene Volksstämme uns nahegebracht hat – Paul Wiegler sollte ihn in seine ausgezeichnete „Geschichte der Weltliteratur" aufnehmen! –, dann muß man schon sagen: Wir wollen ihm die Lichter anzünden. Im Lauf eines Lebens sammelt sich Spreu an, wenn Holz gehackt wird. In den Neuausgaben seiner Bücher ist sie wie weggeblasen. Und die Gewißheit, daß es fast für jede Lage des menschlichen Lebens einen frommen Kernspruch des Meisters gibt, über den man erst lachen, dann schmunzeln und dann nachdenken muß, drückt uns jenes Kleidungsstück in die Hand, von dem der Gefeierte einmal gesagt hat, er habe es und setze es nur auf, wenn er einen deutschen Satiriker besuche, und es sei noch so gut wie neu: den Zylinder.

Wir stellen ihn auf den Boden und rufen in froher Dankbarkeit, daß die Wand wackelt:

„Wir gratulieren –!"

1922

Schrei nach Lichtenberg

Im vorigen Frieden – als ich noch ein kleiner Junge war und sehr verliebt –: da ging mir eines Tages das Geld aus. Das kann vorkommen. Und Kitty brauchte eine goldne Armbanduhr. Und da ging ich hin ... ich schäme mich ja furchtbar, aber es ist doch wahr ... und verkaufte einen Arm voller Bücher. Und kaufte ihr die Uhr und bekam einen dicken Kuß, und es war alles sehr schön.

Unter den Büchern war auch eine alte, zwölfbändige Ausgabe von Georg Christoph Lichtenbergs gesammelten Werken. („Lichtenberg? Von dem habe ich doch mal Aphorismen...“) Ganz recht, der.

Und jetzt möchte ich mir die gesammelten Werke wieder kaufen, und dabei stellt sich heraus, daß es im gesamten deutschen Verlagsbuchhandel keine gute Neuausgabe seiner Werke gibt. Keine. Ehret eure deutschen Meister!

Es gibt:

„Lichtenbergs Aphorismen“. Ausgewählt von Alexander von Gleichen-Rußwurm (erschienen bei der Deutschen Bibliothek in Berlin). – „Aphorismen“, herausgegeben von Josef Schirmer (erschienen im Hyperionverlag in München). Es gibt (wenn sie nicht inzwischen vergriffen sind): „Aphorismen“ nach den Handschriften, herausgegeben von Albert Leitzmann (erschienen in Behrs Verlag, Berlin). Diese letzte Ausgabe umfaßt drei Bände – das ist die beste. Der Rest ist sanfte Auswahl für den Hausgebrauch. Bei Eugen Diederichs in Jena hat es eine von Wilhelm Herzog besorgte Auswahl aus den Werken Lichtenbergs gegeben; die ist vergriffen und nicht wieder aufgelegt. Dafür drucken sie Diotimas „Schule der Liebe“ ... schweig still, mein Herz, sonst müssen sie hier eine Unterhaltungsbeilage anbauen ... aber den Lichtenberg legen sie nicht neu auf. Gott segne die Verleger!

Dieses aber ist eine Affenschande.

„Was! Einen Kerl nicht wieder neu zu drucken, der einen Verstand gehabt hat wie ein scharf geschliffenes Rasiermesser, ein Herz wie ein Blumengarten, ein Maulwerk wie ein Dreschflegel, einen Geist wie ein Florett ... das muß man sich bei den Antiquaren mühsam zusammensuchen? Diesen herrlichen Mann, der einen Buckel voll Witz, Sentimentalität, Klugheit, guter Laune, Lust, aus Schmerz geboren, mit sich herumzutragen hatte – das liegt brach? Es ist vielleicht kein

„Geschäft" ... ich weiß das nicht; ich bin kein Kaufmann. Aber wer Lichtenberg ist, das weiß ich.

Ein Uhu, der Sekt gesoffen hat, nun nachts durch den Wald flattert und „Schuhu!" macht, die Mäuse erschreckt, sie fängt und mit dem Ruf „Nicht fett genug ...!" wieder wegwirft – es ist etwas ganz Einzigartiges. Morgenstern plus Hebbels Tagebüchern plus französischer Klarheit plus englischer Groteske plus deutschem Herzen – das soll man sich noch einmal suchen. Sein Witz war grob und fein, wie er es wollte. „Graf Kettler", notiert er einmal: „seine Aussprache war so wie des Demosthenes seine, wenn er das Maul voller Kieselsteine hatte." Oder: „Ihr Unterrock war rot und blau, sehr breit gestreift und sah aus, als wenn er aus einem Theatervorhang gemacht wäre. Ich hätte für den ersten Platz viel gegeben, aber es wurde nicht gespielt." Dazwischen ganz und gar morgensternsche Bemerkungen, die man nur nachschmecken, deren Reiz man nicht erklären kann. „Ich habe noch niemanden gefunden, der nicht gesagt hätte: es wäre eine angenehme Empfindung, Stanniol mit einer Schere zu schneiden."

Wer die Gewohnheit hat, in Büchern etwas anzustreichen, der wird seine Freude haben, wie sein Lichtenberg nach der Lektüre aussieht. Das beste ist: er macht gleich einen einzigen dicken Strich, denn mit Ausnahme der physikalischen und lokalen Eintragungen ist das alles springlebendig wie am ersten Tag. Nur ein wirklich frommer Mensch darf so gute Witze über die Religion machen wie dieser hier. „Die Allmacht Gottes im Donnerwetter wird nur bewundert entweder zur Zeit, da keines ist, oder hintendrein beim Abzuge."

Das strahlt in allen Regenbogenfarben ernsthaften Witzes. Manchmal reißt er ganze Bände der Entwicklungsgeschichte in einen einzigen Aphorismus zusammen. „Es ist ein großer Unterschied zwischen etwas noch glauben und es wieder glauben. Noch glauben, daß der Mond auf die Pflanzen wirke, verrät Dummheit und Aberglaube, aber es wieder glauben, zeugt von Philosophie und Nachdenken."

Und der Herr Universitätsprofessor in Göttingen, der Gottfried Bürger begraben geholfen hat, war zu allem andern ein Stück verschütteter Dichter. „So traurig stund er da wie das Trinckschälgen eines crepierten Vogels.“ Und so hundertmal. Von dem, was in diesen „Sudelbüchern“, wie er das genannt hat, an Witz heute verschüttet liegt, leben andre Leute ihr ganzes Leben. „Er hatte ein paar Stückchen auf der Metaphysik spielen gelernt.“ Und: „Er trieb einen kleinen Finsternis-Handel.“ Und so in infinitum.

Nein, die Welt ändert sich nicht, und dies ist ein sehr aktueller Schriftsteller; er ist niemals etwas andres gewesen. Die Leute zitieren immer seine Beschreibungen zu Hogarths Bildern, die recht gut sind, und seine Schilderung des Garrickschen Hamlets, die besser ist – aber das Wesentliche dieses einzigartigen Geistes liegt in seinen Aphorismen. Und in seinen Briefen. Der Brief zum Beispiel, den er geschrieben, als ihm sein kleines Blumenmädchen, mit dem er zusammen lebte, starb, reicht an jenen Lessings heran, den der nach dem Tode seiner Frau schrieb. Lichtenberg hatte ein heißes Herz und einen kalten Verstand.

Und fand dann solche Schlußformeln wie diese, die einem Wappenspruch gleicht und einer Grabschrift und einem Satz, den man seinem Kinde mit auf den Lebensweg geben kann:

> Der Weisheit erster Schritt ist: Alles anzuklagen.
> Der Letzte: sich mit allem zu vertragen.

In Deutschland erscheinen alljährlich dreißigtausend neue Bücher.

Wo ist Lichtenberg –? Wo ist Lichtenberg –? Wo ist Lichtenberg –?

1931

Endlich die Wahrheit über Remarque

Seit Monaten heult die Berliner Asphaltpresse Reklame für ein widerliches Machwerk von Erich Maria Remarque, dessen Titel „Im

Westen nichts Neues“ übrigens der Obersten Heeresleitung entlehnt ist (Herr Staatsanwalt?) – und das den Krieg so schildert, wie er sich eben nur in den Köpfen typischer Drückeberger malt. In der nächsten Nummer der „Süddeutschen Monatshefte“ wird über diesen Landesverräter endgültig die Wahrheit enthüllt; die Angaben sind von Herrn Professor Coßmann überprüft, daher fast zuverlässig. Durch die besondere Freundlichkeit des Verlages der Monatshefte sind wir in der Lage, unsern Lesern schon heute mit Aufklärung dienen zu können.

Erich Salomon Markus – so ist der Name dieses Judenknäbleins – war lange Zeit hindurch kleiner Synagogendiener der jüdischen Synagoge in der Oranienstraße zu Berlin (sog. „Salatschammes“). Geboren ist dieser Sproß Judas in Zinnentzitz in Schlesien, wo sein Vater, Abraham Markus, eine – koschere Schlächterei hatte. (Merkst du was?) Die Jahre, in denen Tateleben Markus dort sein edles Gewerbe ausübte, sind dadurch gekennzeichnet, daß während dieser Zeit auffallend viel Christenkinder in der Umgegend verschwanden; sie wurden zwar bald nach ihrem Verschwinden immer wieder aufgefunden, aber es ist niemals (! die Red.) festgestellt, ob es auch dieselben Kinder waren!

Eine Mutter hat Erich Salomon Markus nie gehabt; es werden, wie das bei jüdischen Familien üblich ist, auf seinem Taufschein zwei Mütter vermerkt, eine gewisse Sarah Bienstock und eine unverehelichte (!!) Rosalie Himmelstoß (wir werden auf diesen Namen noch zurückkommen).

Im Alter von neun Jahren trat der kleine Markus seinen „Dienst“ in der oben erwähnten Synagoge an; er hatte dort die Lichter anzuzünden, die Bibeln abzustauben und, was sehr wichtig für die Beurteilung seiner spätern Entwicklung ist, die Judenknäblein bei der Beschneidung festzuhalten. Bei dieser Gelegenheit soll durch seine Unachtsamkeit der Sohn eines bekannten Berliner Warenhausbesitzers doppelt beschnitten worden sein, weswegen der Markus aus dem Synagogendienst entfernt wurde.

Salomon Markus trieb sich zunächst stellungslos in Berlin umher; er versuchte beim Theater unterzukommen und soll auch bei seinem Rassegenossen Reinhardt mehrere Male alle Titelrollen in den Brechtschen „Verbrechern“ gespielt haben. Ferner war der junge Markus in Berlin als Bonbonhändler, Zuhälter, Hundehaarschneider und Redakteur tätig. Markus ist Freimaurer und Jesuit.

Es kam der Krieg.

Markus zog ins Feld; das heißt, er war der berittenen Armierungstruppe zugeteilt, konnte aber wegen einer Krankheit, die wir hier nicht näher bezeichnen wollen, keinen Dienst tun und wurde daher im Hinterland verwendet. Durch eine unbegreifliche Unachtsamkeit der Militärbehörden ist Markus als Schreiber im Hauptquartier Seiner Majestät des Kronprinzen beschäftigt worden; er hat also den Feind niemals auch nur von weitem gesehen. Nach dem Kriege hat er sich in Osnabrück als Damenschneider niedergelassen, dann war er Hilfsbremser am jüdischen Leichenwagen in Breslau und ist später nach Hannover gegangen; Professor Coßmann läßt die Frage offen, ob Markus etwa Haarmann gekannt und vielleicht auch unterstützt hat ...

Und dieser miese Baldower wagt es, für die Asphaltpresse einen Bericht zu verfassen, dem die Lüge an der Stirn geschrieben steht! Nicht nur, daß er den Namen seiner eigenen Mutter (Himmelstoß) in seinem Buch verwendet, um einen Vorgesetzten verächtlich zu machen (Herr Staatsanwalt?) – sondern er beschuldigt auch die deutschen Soldaten grausamer Handlungen, deren sie niemals fähig gewesen sind; denn der deutsche Soldat war bekannt für schmerzlosen Nahkampf und humanes Trommelfeuer. Davon weiß natürlich der Salomon Markus nichts; während vorn seine Kameraden mit dem Gesang „Deutschland, Deutschland über alles!“ gen Paris zogen, um es zu besetzen, es aber leider schon besetzt fanden, hat der Jude Markus hinten geschlemmt und gepraßt; in der Umgebung des kronprinzlichen Hauptquartiers fanden sich bei Abmarsch der deutschen Truppen allein vierundachtzig uneheliche Kinder – und wer anders kann die gemacht haben als Markus –!

Gott sei Dank hat das Buch durchaus keinen ungeteilten Beifall gefunden.

Es sind insbesondere die deutschen Frauen, die wissen, was sich ziemt. Ihnen haben wir zu danken, daß sie die heldischen Deutschen von den unheldischen Undeutschen zu unterscheiden wissen; sie sind es, die zu Siegfried Hagen & Co. aufsehen und den andern Helden unsrer echt deutschen Sagen. Die deutsche Frau will – das haben wir erst neulich in Berlin auf einem Klubabend mit Freude und Begeisterung festgestellt – zu einem Helden aufblicken.

Es kommt der deutschen Frau, wie an jenem Abend ersichtlich war, nicht so sehr darauf an, daß ihr Mann lebt, sondern daß er als Held stirbt, und ist sie bereit, mit dem Ruf „Ich sterbe!" jedesmal mitzusterben, und wenn sie zehnmal heiraten müßte! An der Länge des Säbels erkennt man u. a. den Charakter des Mannes, und die deutsche Frau will, daß ihrem Mann der Sinn stehe für und für, sein Vaterland zu verteidigen, und wenn es nicht angegriffen wird, dann werden wir dafür sorgen, daß es angegriffen wird! (Ein deutsches Wort! Die Schriftleitung.) „Für mich", sagte uns neulich eine edle deutsche Frau, die Gattin eines höhern Beamten, „gibt es keinen schönern Augenblick in unsrer Ehe, als wenn ich Männi die Uniform zuknöpfen sowie auch aufknöpfen kann. Dies Gefühl ist unbeschreiblich."

Salomon Markus aber ist gerichtet. Sein Werk ist durch die unvergängliche Veröffentlichung der „Süddeutschen Monatshefte" als das gekennzeichnet, was es ist: als eine vom Feindbund und den Marxisten bezahlte Pechfackel, die dem blanken Panzer der deutschen Wehrhaftigkeit nicht das Wasser lassen kann –!

1929

B. Traven

Einmal habe ich gefragt, warum denn die deutschen Autoren die Herren Geschäftsleute gar so jämmerlich abbildeten: immer im Auto, immer

Millionenschecks unterschreibend, immer mit der Türkei telephonierend und das Weitere den Prokuristen überlassend: Schießbudenfiguren und Götzen eines armseligen Kleinheitswahns. Da schickte mir ein freundlicher Leser ein merkwürdiges Buch: „Die weiße Rose“ von B. Traven, und nun las ich das ganze Werk dieses seltenen Mannes, und davon will ich erzählen.

B. Traven lebt in Mexiko; seine Bücher sind zuerst bei der Büchergilde Gutenberg erschienen, der das Verdienst gebührt, diesen Mann in Deutschland herausgebracht zu haben, und die Bücher heißen:

„Die weiße Rose“. – „Das Totenschiff“. – „Der Busch“. – „Die Baumwollpflücker“. – „Die Brücke im Dschungel“. – „Der Schatz der Sierra Madre“. – „Land des Frühlings“.

B. Traven ist ein episches Talent größten Ausmaßes.

Was die „Weiße Rose“ angeht, so ist das seit Frank Norris, dem amerikanischen viel zu früh gestorbenen Autor des „Oktopus“, wieder einmal eines, das in der Schilderung der Geschäfte an Balzac heranreicht. Bei uns verfallen sie häufig, wenn sie vom Kapitalismus sprechen, in schäumende Lyrik; Traven weiß Bescheid, was mehr wert ist. Das Buch schildert den geglückten Versuch eines Ölmagnaten, einem amerikanischen Indio eine Farm abzujagen, um Petroleum-Bohrtürme darauf zu erbauen. Der Indio will nicht; er sagt die Worte, die da oben als Motto stehn. Sie bieten ihm Geld und immer noch mehr Geld; er will nicht. Da locken sie ihn nach San Francisco. Und dort schlagen sie ihn tot... Verzeihung: der Mann hat einen Autounfall. Er wird tot auf der Straße gefunden. Ein Unglück: Lokales und Vermischtes. Der Ölmensch, Herr Collins, hat damit nichts zu tun. Dafür hat er seine Leute, für diesen Fall einen Herrn Abner, der sich die Finger schmutzig macht, damit Herr Collins weiter Präsident seiner Gesellschaft bleiben kann. Für Geld kann man sich alles kaufen, sogar Moral; grade Moral.

Und der Werdegang dieses Herrn Collins wird erzählt. Ja, Bauer, das ist ganz was anders... so soll man den Kapitalismus bekämpfen. So – und nicht nur mit Deklamationen. Dieser Bursche wird gar nicht als grimmer

Blutsauger dargestellt; er ist wohl etwas gerissner als die andern, etwas rücksichtsloser, etwas gemeiner und etwas schneller. Wie er durch einen geschickt angezettelten Streik zu Vermögen kommt; wie er die Börse tanzen läßt; wie er sich hochschiebt, das ganze puritanische Bewußtsein von der Gottgefälligkeit seines Tuns in den kräftigen Kinnbacken... das steht turmhoch über Upton Sinclair, diesem Sonntagsprediger des Sozialismus. Auch das Bettleben des Herrn Collins wird erzählt, nicht ohne daß es Traven glückt, in der Geliebten, dem Fräulein Betty mit den schönen Beinen, eine Figur zu gestalten, die zu finden man hundert Romane vergeblich durchblättern kann. Und die Geschichte Bettys wird erzählt... es ist eine ganz eigenartige Technik, die in diesem Buch und nur in diesem einen Buch Travens zu finden ist. Es ist eine Schwebe- Technik.

Der Autor fängt die Geschichte mit dem Indio an. Dann unterbricht er die, er hebt gewissermaßen die Hand, sagt: „Einen Augenblick, bitte ...“ und nimmt Herrn Collins vor. Er unterbricht wieder; er hat es nun mit der Betty. Und knüpft dann die alten Fäden genau dort an, wo er sie hat liegen lassen ... so läuft das nebeneinander her, trifft sich wieder, verknotet sich zu einer einheitlichen Handlung, an der alle diese Menschen mitwirken, ohne es zu wissen. Und dies eben, daß sie es nicht wissen, ergibt den bunten Teppich ihres Schicksals. Es ist eine meisterhaft durchgeführte Sache.

Von Deklamation ist so gut wie nichts zu spüren. Wenn Traven ein paar wilde Börsenstunden gibt, dann sieht das eben anders aus als sonst bei diesen schon schematisch gewordenen Amerikanern, weil man hier die Vorgeschichte genau kennt und nicht nur Banklehrlinge in die Telephonkabinen stürzen sieht. Es stimmt alles. Während bei dem höchst begabten Ilja Ehrenburg die Börsen der Welt manchmal kleinen melancholischen Hainen gleichen, in denen die Nachtigallen schlagen und die Makler brüllen, leuchtet hier die Wahrheit noch der letzten Einzelheit ein. So sind Geschäfte, so können Geschäfte sein, und so soll man sie anprangern. Gegen den Schluß hin ist die Gesinnung des Buches leicht unsicher.

Fast alle andern Bücher Travens spielen in Mexiko.

Am bedeutendsten ist wohl „Die Brücke im Dschungel“, eine im ruhigen Fluß der Erzählung vorgetragene Geschichte von einer einzigen Nacht, in der ein kleines Kind während einer Festlichkeit im Fluß ertrinkt. Diese zwölf Stunden sind mit der Zeitlupe aufgenommen – welche Augen! Wie unerbittlich läuft das ab, wie farbig, wie strömend-bewegt, und mindestens alle vier Seiten eine unvergeßliche Wendung, ein Bild, eine Beobachtung ... das ist ein großer Epiker.

Die „Baumwollpflücker“ enthalten ein Stückchen Kriminalgeschichte, auch das ist sehr überlegen gemacht; von dem, was dieser Mann so hinstreut, leben andre Autoren eine Saison lang.

„Der Busch“ gibt kleine Skizzen von unterschiedlichem Wert. Eine wunderschöne Tanzszene bei den Indianern; eine herrliche Radauszene, aus der ich mir für meinen Privatgebrauch das letzte Schimpfwort gemerkt habe: „Von Felipe, Senjor? Da will ich Ihnen nur sagen, der Felipe ist ein gemeiner Schurke, ein Hurensohn, ein Lügner, ein Schwindler, ein Bandit, ein Mörder und ein großer Hausanzünder!“ Und dann steht im „Busch“ die Geschichte von der Bändigung, und da muß ich erst einmal tief Atem holen.

Da ist ein Mann, ein Farmer, der hat sich in ein Mädchen aus der Stadt verliebt. Er heiratet sie, allen Warnungen zum Trotz. Denn sie war, wie die Mathematiker sagen, schon 'n mal verlobt, und alle Verlobungen sind zurückgegangen, weil das liebe Kind unausstehlich herrschsüchtig ist. Herrschsüchtig? Sie hat ein paar der Bräutigams tüchtig gekratzt und gut geprügelt. Er heiratet sie. Es klappt gar nicht ... er berührt sie zunächst überhaupt nicht. Sie kommandiert wütend im Hause herum, vernachlässigt ihn ganz und gar ... es klappt nicht. Da sitzen sie nun so vor dem Haus; die Katze döst in der Sonne, der Papagei schaukelt sich plappernd auf seinem Ring, weiter vorn auf dem Vorplatz ist das schönste Reitpferd des Ehemannes angebunden. Die Frau liegt in der Hängematte, der Mann sitzt im Schaukelstuhl.

Don Juvencio hatte seinen Schaukelstuhl so stehen, daß er den Hof übersehen konnte.

Er hob jetzt seine Arme hoch, reckte sich ein wenig aus, gähnte leicht und ergriff die Zeitung, die vor ihm auf dem Tischchen lag. Er las einige Minuten, und dann legte er die Zeitung wieder hin.

Nun sah er zu dem Papagei, der vor ihm in seiner Schaukel hockte.

„He, Loro", rief nun Don Juvencio befehlend, „hole mir eine Kanne mit Kaffee und eine Tasse aus der Küche, ich habe Durst."

Der Papagei, durch die Worte aus seinem Dahindämmern aufgeweckt, kratzte sich mit dem Fuß am Nacken, rutschte ein kleines Stück weiter auf seiner Schaukel, krächzte ein paar Laute und bemühte sich, sein unterbrochenes Dröseln wiederaufzunehmen.

Don Juvencio griff nach hinten, zog seinen Revolver aus dem Gurt, zielte auf den Papagei und schoß. Der Papagei tat einen Krächzer, es flogen Federn in der Luft herum, der Vogel schwankte, wollte sich festkrallen, die Krallen ließen los, und der Papagei fiel auf den Boden des Portico, schlug ein paarmal um sich und war tot.

Juvencio legte den Revolver vor sich auf den Tisch, nachdem er ihn einige Male in der Hand geschwenkt hatte, als ob er sein Gewicht prüfen wollte.

Nun blickte er hinüber zur Katze, die so fest schlief, daß sie nicht einmal im Traume schnurrte.

„Gato", rief jetzt Don Juvencio, „he, Kater, hole mir Kaffee aus der Küche, ich habe Durst."

Donja Luisa hatte sich umgewandt zu ihrem Manne, als er den Papagei angerufen hatte. Sie hatte das, was er zum Papagei sagte, so angenommen, als ob er mit dem Papagei schäkern wollte, und sie hatte darum nicht weiter darauf geachtet. Als dann der Schuß krachte, drehte sie sich völlig um in ihrer Hängematte und hob den Kopf leicht.

Sie sah den Papagei von seiner Schaukel fallen, und sie wußte, daß Juvencio ihn erschossen hatte.

„Hay no", sagte sie halblaut. „Lächerlich."

Jetzt, als Don Juvencio die Katze anrief, sagte Donja Luisa laut zu ihm herüber: „Warum rufst du denn nicht Anita, daß sie dir den Kaffee bringt?“

„Wenn ich will, daß mir Anita den Kaffee bringen soll, dann rufe ich Anita, und wenn ich will, daß mir die Katze den Kaffee bringen soll, dann rufe ich die Katze.“

„Meinetwegen“, sagte darauf Donja Luisa, und sie rekelte sich wieder in ihrer Hängematte ein.

„He, Gato, hast du nicht gehört, was ich dir befohlen habe?“ wiederholte Don Juvencio seine Anordnung.

Die Katze schlief weiter, in dem sichern Bewußtsein, daß sie, wie alle Katzen, solange es Menschen gibt, ein verbrieftes Anrecht darauf habe, ihren Lebensunterhalt vorgesetzt zu bekommen, ohne irgendeine Verpflichtung zu haben, sich dafür durch Arbeit erkenntlich zu zeigen; denn selbst wenn sie sich doch so weit herablassen sollte, gelegentlich eine Maus zu erjagen, so tut sie es nicht, um den Menschen eine Gefälligkeit zu erweisen, sondern sie tut es, weil ja schließlich selbst eine Katze ein Recht darauf hat, hin und wieder einmal ein Vergnügen zu genießen, das im gewöhnlichen Wochenprogramm nicht vorgesehen ist.

Don Juvencio aber dachte anders über die Pflichten einer Katze, die auf seiner Hacienda lebte. Als die Katze sich nicht regte, um dem Befehle nachzukommen, hob er wieder den Revolver und schoß. Die Katze versuchte hochzuspringen, aber sie brach zusammen, rollte sich einmal über und war tot.

„Belario“, rief Don Juvencio jetzt über den Hof.

„Si, Patron, estoy“, rief der Bursche aus einem Winkel des Hofes hervor. „Hier bin ich, was ist zu tun?“

Als der Bursche auf der untersten Stufe der Treppe stand, mit dem Hute in der Hand, sagte Don Juvencio zu ihm: „Binde das Pferd los und führe es herbei, hier dicht an die Stufen.“

„Soll ich es auch gleich satteln?“ fragte der Bursche.

„Ich werde dich dann rufen", antwortet Don Juvencio.

Das Pferd wird gebracht. Auch an das Pferd ergeht der Befehl, Kaffee zu holen. Das Pferd holt keinen Kaffee. Der Mann erschießt das Pferd.

„Wahnsinn! So ein Prachttier!" schrie jetzt Donja Luisa auf. Ihre Erbostheit war zum vollen Ausbruch gekommen. Es war mit untrüglicher Sicherheit vorauszusehen, daß nunmehr das erste schwere Gefecht, das man Don Juvencio von allen Seiten mit allen seinen Schrecken angekündigt hatte, geliefert werden würde, und daß jetzt, wäre einer der Freunde des Don Juvencio anwesend gewesen, er raschest zur Stadt geritten wäre, um die Ambulanz zu bestellen und ein Bett im Hospital zu mieten ...

Und grade im selben Augenblick, als Donja Luisa aus der Hängematte springen wollte, um sich in die Tigerin zu verwandeln, sagte Don Juvencio mit sterbensruhiger Stimme, aber laut und hart ...

Und die Frau bringt den Kaffee. Und er liebt sie sehr. Und die Frau ist sehr glücklich.

Man vergesse nicht, wo diese Geschichte spielt. Auch erzählt sie Traven gar nicht mit diesem dummen Tonfall männchenhafter Überlegenheit („Donnerwetter, Donnerwetter, wir sind Kerle!") – wie bei ihm überhaupt nie der Stoff auf den Autor abfärbt, einer der schlimmsten Fehler unsrer Literatur. Bei uns halten sich die Leute schon für was Diplomatisches, wenn sie über Talleyrand schreiben, und für grausam, wenn sie ein Stiergefecht zeigen, und für tapfer, weil sie Tapferkeit schildern. Traven ist das, was Edschmid gern sein möchte: er ist ein Mann. Und ein echter Epiker, seine Erzählungskunst ist ein breit und mächtig dahinströmender Fluß, mit kleinen Wirbeln und Schnellen – aber der Strom fließt. Die Kunst dieses Mannes ist so groß, daß er uns, soweit ich es zu fühlen verstehe, sogar über diesen Tod der Tiere da hinwegkommen läßt. Das ist die Geschichte von der Zähmung einer Widerspenstigen aus dem Busch.

Mexiko und wieder Mexiko – vieles, was Traven schreibt, deckt sich mit den Schilderungen von Alfons Goldschmidt, ohne daß etwa störende Belehrungen eingestreut werden. Im „Schatz der Sierra Madre" graben sie nach Gold und schlagen sich deshalb tot, das Gold verschwindet, niemand hat es mehr; es ist aus der Erde gekommen, hat Menschenleben vernichtet und ist wieder zur Erde zurückgekehrt... Das Zusammenleben dreier Goldgräber, maulfaul und streitsüchtig, wird gezeigt; da ist eine Stelle, wie ihnen beim Abschied lange Gedankengänge in: „Good-bye“, „Good luck“ und „So long“ gerinnen ... und die Schilderung eines Mordes ist darin, die an das beste Vorbild der angelsächsischen Literatur, an die geniale Novelle Stevensons, „Markheim“, erinnert und sie nahezu erreicht.

„Land des Frühlings“ ist eine mit Photos ausgestattete Reiseschilderung aus Mexiko; immer, wenn die Situation brenzlig wird, offenbart Traven jenen Satz, von dem unsre Nazis wenig wissen: Ein richtiger Held ist feige. Nun gibt aber diese Schilderung des Travenschen Werkes noch keinen Begriff von der fast unglaublichen Fülle und Dichtigkeit des Witzes, des Humors, den literarischen Kunststückchen, der mühelosen epischen Handgriffe, mit denen das Rad der Erzählung weitergedreht wird.

Da kargt er nicht mit weisen und frommen Lehren, die meist bezaubernd leicht vorgetragen werden. So hat Raabe unter seinem Bart geschmunzelt ... „In diesen Gedankengängen bewegte sich unser Tischgespräch, weil wir, der bessern Verdauung wegen, während des Essens nichts Gedankenschweres in unserm Hirn herumwälzen wollten, und weil man beim Essen nur vom Essen sprechen soll.“ Hierzu Nietzsche: „Wie verstehe ich es, daß Epikur bei Tische sich die ästhetischen Gespräche verbat? – er dachte zu gut vom Essen und von den Dichtern, als daß er das Eine zur Zukost des Andern machen wollte!“ Von der Sprache: „Und gewisse Empfindungen kommen nur dann voll zur Entfaltung, wenn sie mit Worten erweckt werden, die bestimmte Gefühlsnerven treffen, die eine angelernte Sprache niemals treffen kann. Denn solche Worte bringen die Erinnerung an das erste Schamgefühl, die Erinnerung an das erste Mädchen, das man begehrte, die Erinnerung an die mysteriösen Stunden des ersten Reifegefühls zurück.“ Das habe ich, ohne diese Stelle zu kennen, im Schlußwort zu einer Pyrenäenreise gesagt. Und dann solche trocknen Bemerkungen mit nasser Einlage, wie die von Herrn Collins, der sich zu seiner Frau noch eine zweite Dame zugelegt hat. Beiden wird er hier und da in Tampico untreu. „Die Erholung von Flossy, nachdem er mit ihr zehn oder vierzehn Tage ständig zusammen gewesen war, tat ihm sehr gut. Denn Flossy begann seiner Frau immer ähnlicher zu werden. In allen Dingen. Im Bett. Im Sprechen. In der Kleidung. Im Nörgeln. Im Predigen. Er war nicht Philosoph genug, um zu wissen, daß zwei Frauen, die längere Zeit unter dem Einfluß desselben Mannes stehen, von dem sie wirtschaftlich abhängig sind, ähnlich werden wie Zwillinge." Wahr, wahr. Auch hat Traven etwas von dem seltensten und schönsten Humor, den es für meinen Geschmack gibt: vom Spott über sich selbst. „Man braucht mich nur singen zu hören, dann weiß man die letzten Geheimnisse der Welt."

Es wimmelt von dichterischen Pastellbildchen aller Art. Einer ißt. „So, jede überflüssige Kraftverschwendung peinlichst vermeidend, führte er bald die linke, bald die rechte Hand, alles auf Kugellagern laufend, an den Mund, um sein Nachtmahl einzunehmen." Dann gibt es da Stellen von einer Zartheit, die so selten ist ... Dann so etwas, wie der Mörder, ein Goldgräber, der mit dem gestohlenen Gut nur noch einen halben Tagesmarsch von der ersten Stadt entfernt ist. „Er frohlockte. Er fühlte sich auf der sichern Seite. Wenn der Wind günstig herüberwehte, konnte er das Bellen der Güterzüge durch die Stille der Nacht hören. Und dieses merkwürdige heulende Bellen der Lokomotiven, das so unheimlich und so geisterhaft klingen kann, flößte ihm Empfindungen ein, als wäre er schon in einem Hotel nahe der Eisenbahn. Es war der Schrei der Zivilisation. In diesem Schrei fühlte er sich geborgen. Er sehnte sich nach den Gesetzen, nach der Rechtlichkeit, nach den festen Mauern der Stadt, nach allen den Dingen, die sein Gut beschützen sollten. Innerhalb jenes Bereiches, wo Gesetze das Eigentum bestätigten und wo starke Mächte dem Gesetz Achtung verschafften, war er sicher." Das könnte, in seiner abgründigen Hinterhältigkeit, in seiner tiefen Bosheit und in der Stärke der Schilderung, auch von J. V. Jensen sein.

Ist Traven ein Revolutionär? Ja ...

Er ist zunächst ein Mann, der die gesellschaftlichen Zusammenhänge gut erkannt hat. „Jeder Mensch sucht nach einer Rechtfertigung, um das Niederträchtige und Unsoziale, das er tut, vor sich zu begründen, um es dadurch weniger niederträchtig und weniger unsozial erscheinen zu lassen." Bitter ist er und hart, wenn er zuschlägt: „Aber wer arbeiten will, der findet Arbeit. Nur darf man nicht grade zu dem kommen, der diesen Satz spricht; denn der hat keine Arbeit zu vergeben, und der weiß auch niemand zu nennen, der einen Arbeiter sucht." Es trifft alles, was er sagt: die Kritik an dieser Zivilisation, der Spott, der Hieb – alles. „Unter einer Fürstin hatte sie sich immer sehr viel vorgestellt. Wenn von der Freundin eines Magnaten gesprochen wurde, daß sie fürstlich aussehe, so hatte man sofort seine bestimmten Ideen, Ideen und Vorstellungen, die durch den Film gebildet wurden. Durch den Film, wo eine ehemalige Verkäuferin in einem Krawattenladen so lange aufgezaubert, aufgepinselt, aufgediademt, aufgeglittert, aufgeglasperlt und aufgeseidet wird, bis sie das Fürstinnenbedürfnis der Stenotypistinnen und der Lohnlistenschreiber befriedigt."

Ganz scharf und unerbittlich, wenn es um die Arbeiterklasse geht. „Arbeiter streiken vielleicht selten, wenn es den Arbeitern günstig ist, sondern sie streiken meist, wenn es dem Kapitalismus günstig ist. Nicht aus Dummheit, sondern ehernen Gesetzen folgend. Was immer auch Arbeiter tun mögen, innerhalb des kapitalistischen Wirtschaftssystems werden sie das tun, was dem Kapitalismus dienlich ist, weil sie ein Teil des Kapitalismus sind, weil sie mit ihm, während der Herrschaft dieses Systems, verbunden sind auf Tod und Verderben, auf Leben und Untergang." Und am besten und schönsten in dieser Stelle, aus der „Weißen Rose": „Die Company kassierte nur und kassierte. Sie hatte keine Ausgaben. Alle Ausgaben hatte nur die Minenarbeiter-Union, deren reiche Kassen bis auf den letzten kupfernen Cent geleert wurden. Ausgaben hatte nur das Proletariat, das sammelte und sammelte, schimpfend und murrend, aber doch sammelte für die hungernden Miners. Die Könige machen Krieg, und das Proletariat blutet und stirbt. Magnaten machen einen großen Fischzug, und das Proletariat opfert seinen letzten Cent und verhungert. Immer das Proletariat! Und immer und nochmals das Proletariat!“

Die kommunistische Arbeiterpresse hat bereits Romane von Traven gebracht; sie sollte sie alle bringen. Denn sie sind von einem Proletarier auch für Proletarier geschrieben – und das hier ist Arbeiterkunst, Kunst, weil sie gewachsen ist und destilliert durch die Persönlichkeit eines großen Erzählers.

Vielleicht ist er parteimäßig nicht „richtig“ ... Ich halte die Versuche, die zum Beispiel neulich Witfogel wieder aufgenommen hat: aus dem Klassenkampf eine neue Ästhetik zu kochen, für gründlich verfehlt. So wird das nie etwas. Immer wird in großen Kunstwerken jenes unbekannte X zittern, das sich in kein Schema bringen läßt. Was Witfogel mit viel Kenntnis und Wissen versucht hat, mußte zu dem gewünschten Resultat führen, weil das vorher für ihn feststand. Denn es gibt eine kommunistische Theologie, die so unleidlich zu werden beginnt, wie die der katholischen Theologen: Mißbrauch des Verstandes, um einen Glauben zu rechtfertigen. Diese neue Theologie hat bereits ihren eignen Jargon, und es sollte ein Gesetz erlassen werden, das bis auf weiteres den Gebrauch des so schön vieldeutigen Wortes „dialektisch“ verbietet. Meilenweit ist Traven von diesem Unfug entfernt.

Aber auch er ist ein Opfer seiner Klasse. Dieser Proletarier kann nämlich nicht richtig Deutsch. Ich hielt seine Werke zunächst für übersetzt, und zwar für schlecht übersetzt. Es ist aber Unkenntnis, verbunden mit bösen Amerikanismen. Er sagt: „Ein Haus ausmöblieren“. Er sagt: „Bei Telephon fragen“. Er spricht, was immerhin noch komisch klingt, von einem „Brumm-Redakteur“ und meint einen Sitz-Redakteur. Er erzählt von Aktien, die „unsicher“ wurden. Er schreibt: „Mehr brauchte sie nicht zu wissen. Weder er.“ Er schreibt: „In solcher Umgebung lebend, nur solche Farmer kennend, wie konnte man erwarten, daß Mr. Collins die Weiße Rose verstand.“ Das Partizipium bezieht sich auf „man“, es soll sich aber auf Collins beziehen. Und so fort. Manchmal ist diese Unkenntnis ganz lustig – so bildet er das Wort „Genetz“ –, aber meist ist sie störend. Sogar im englischen Text ist ein Fehler (disturp). Es ist tief bedauerlich, daß der

Mann diesen Klecks nicht ausradiert oder ausradieren läßt. Ein Fleck auf der Sonne. Im ganzen und dennoch: Ein großer Epiker. Sicherlich kein sehr angenehmer Herr, sicherlich kein sehr glücklicher Mensch. Aber ein großer Epiker.

Die Bücher sind in einer Buchgemeinschaft erschienen, also durch den Buchhandel nicht zu beziehen – daher meine ausführlichen Zitate. Nur „Das Totenschiff" ist jetzt bei der Universitas, Deutschen Verlags-Aktiengesellschaft in Berlin, herausgekommen. Der Verlag läßt es sich angelegen sein, seinen neuen Autor ebenso wohlmeinend wie klobig anzukündigen. Merkwürdig ist das ... entweder tun unsre Verleger gar nichts für uns, oder sie verwandeln sich in wilde Marktschreier. Dieser hier ruft: „Traven! Der deutsche Jack London!" Der Kaufmann, dem diese Formel eingefallen ist, ist darauf gewiß sehr stolz; fühlt er nicht, wie er seinen Autor damit herabsetzt? Traven ist so wenig ein deutscher Jack London, wie Westerland das deutsche Biarritz ist oder Oberhof das deutsche Chamonix ... deutscher Whisky. Traven ist Traven. Das ist sehr viel.

Ich wünschte, daß alle seine Werke recht bald bei den Sortimentern zu haben wären.

1930

Pariser Gelächter

Neben der Todestraurigkeit der großen Pomp-Revuen, die mir so bekannt vorkommen, obgleich ich nicht weiß; was „Haller" auf französich heißt, gibt es die kleinen, und wenn sie von Rip sind, dann sind sie gut. Diese hier – im „Theatre du Palais Royal" – heißt „Das goldene Zeitalter" und ist sogar sehr gut, und sie ist wirklich durch und durch französisch und gar nicht für die Amerikaner gemacht. Die glücklichen Schauspieler waten knietief in Gelächter.

Zunächst einmal hat Rip eine fulminante Technik: für die Couplets und für die Wirkungen des Theaters, das findet sich selten in derselben Hand.

Seine Texte sind sauberste Handarbeit, auf Rand genäht, das sitzt und schließt und paßt wie angegossen. Es gibt Bilder; von „durchgehender Handlung“ ist zum Glück keine Rede, aber diese Bilder sind durchweg gelungen, und drei mehr als das.

Der König von Albanien kriegt eins auf den Reiherhelm, Literatenkrachs erstehen neu – glückliches Land, wo so etwas populär ist! Den Streit zwischen G[/e]mier und Bernstein hat man noch nicht vergessen, und wenn es gegen Kollegen geht, dann ist Rip frech wie ein Spatz; es erscheint der Komiker Dorville als Konkurrent des Eisernen Justav, dem er sogar ein sanft ironisches Lied widmet, einmal spielen sie die „Rückkehr zur Natur“, da zieht Rip einfach alle Leute aus, und auf einmal ist alles komisch: der nackte Negerboy, der die Tür öffnet, der nackte Herr des Hauses, die nackte Dame des Hauses, und der Präsident des Senats mit der Ehrenlegions-Rosette auf dem schwarzen Badeanzug, er trägt dazu passenderweise einen Zylinder, und nur die Tante aus der Provinz hat einen langen Rock und fällt peinlich auf. Worauf sie sich entschließt, die neue Pariser Mode mitzumachen, sie kommt also ziemlich ausgezogen herausgeklappert, auf den Brüstchen aber trägt sie für die Moral und gegen den Regen zwei spitze Trichter...

Die drei besten Szenen aber sind so:

Probe im „Moulin Rouge“, mit der Mistinguett, welche sehr geschäftstüchtig ist. Aufmarsch der verschiedenen Revueleute: die Maschinisten und der Herr Direktor und die Girls, und, richtig, die Autoren – und jeder singt: „Ach, Irma – ach, Irma – ohne mich verkracht die Firma!“ und dann erscheint der „Stern“ und kriegt erst einmal so viel Geld, wie es gar nicht gibt; und nimmt noch vom Interviewer Geld, und als der mal aufs Töpfchen gehen muß, spricht jene: „Geradeaus die zweite Tür rechts – fünfzig Centimes, bitte!“ – Und dann kommt sie heraus, in zerlumpten Bettlerkleidern, mit einem Körbchen in der Hand, und probiert.

Nun steht aber nebenbei auf einem Tischchen ein Telephon, und in die Probe hinein klingelt es, und jedesmal bricht die falsche Mistinguett ihr

Jammerlied ab, in dem sie herausplärrt, daß sie nichts zu essen habe, und macht am Telephon Börsengeschäfte und treibt Mieten ein und Hypothekenzinsen und was der Mensch so braucht... Beinahe hätte ich hinaufgerufen: „Gründen Sie doch eine Mistinguett-G.m.b.H. – das soll vorkommen!“ aber ich bin ein feiner Mann, und außerdem habe ich auch zu sehr lachen müssen, denn immer, wenn sie abgehängt hatte, begann sie von neuem:

„In meinen Hosen pfeift der Wind –
Ich armes Proletarierkind!“

Es war sehr schön. Rip überstrahlt das alles mit seinem Witz – Sie kennen doch die Beleuchtungstricks der großen Revuen? Rip hat die „fesses lumineuses“ erfunden, i, wo werde ich das übersetzen!

Und dann ist da eine Szene, die eben das Handgelenk des Autors zeigt. Es tritt ein schüchterner Polizeikommissar auf, der um die Hand eines jungen Mädchens anhalten soll – es aber nicht kann: er traut sich nicht. „Ich bin so schüchtern,“ sagt er zu einem Freund, „so schüchtern...! Heute haben sie mir im Café dreimal denselben Witz erzählt – meinen Sie, ich könnte sagen: Bitte, den habe ich schon gehört! Ich kann das nicht...“ – „C'est bizarre ...“, sagt der Freund, „übrigens – kennst du das mit der Arche Noah? Wo der Elefant nicht einschlafen kann, weil es so bumst, und dann schickt er herauf, und da sagt der Noah: „Entschuldigen Sie vielmals, Herr Elefant – aber das ist der Tausendfuß – der zieht sich grade die Stiefel aus!“ – „Großartig!“ sagt der schüchterne Kommissar und lacht sich tot. Freund ab. Kommissar, ins Publikum: „Das ist doch dieselbe Geschichte, die sie mir heute im Cafe erzählt haben!“ – Und wie er nun diesen Witz ununterbrochen erzählt bekommt – lang und kurz, niedlich von seiner Braut, dramatisch bewegt von einem Marseiller, verkorkst von einer Ausländerin („Und da sagt Noah: Das ist der Ohrwurm, der sich die Hosen auszieht!“) – das ist nun zum Entzücken gar. Am besten aber ist die dritte Szene.

„Sur les Toits." Auf den Dächern. Auf den Dächern arbeiten zwei Handwerker und reparieren da den Blechbelag. Und der Dicke, es ist Dorville, der so parisern kann wie Graetz berlinert, der Dicke verzapft Politik. Was er so in den Blättern gelesen hat: Keinen Krieg mehr! Und keine Grenzen! Und keinen König! Und keine Steuern! Und alles durcheinander. Und der Kollege führt ihn, ohne es eigentlich zu wollen, sanft ab, ein dialektisches Kunststück, das grade so gut umgekehrt vor sich gehen könnte.

Perlen der Unterhaltung: „Du liest den „Ami du Peuple", Cognasse?" – Cognasse ist leicht geniert; der Ami du Peuple des Herrn Coty kostet zwar drei Sous weniger als die andern Zeitungen, aber sehr kommunistisch ist er ja nun grade nicht... „Je ne le lis pas", sagt er. „Je l'achète!" – Er war so verblüffend echt – ganz Paris stand da auf den Dächern... Und da hört man plötzlich leise, ganz leise Militärmusik, Klingkling, Bummbumm und Tschindrara – die Musik wird lauter und lauter – „Cognasse! Guck! Soldaten!" – Und sie treten an die Rampe und sehen auf die fingierte Straße hinunter... nun ist die Musik ganz laut, der schnelle Takt der französischen Militärmärsche klingt an unser Ohr, nun wird sie wieder leiser, verklingt fast... Und da muß nun wohl unten die Fahne vorbeigezogen sein – denn den beiden da oben gibt es einen Ruck, und Cognasse, der radikale Cognasse, und sein Genosse – sie nehmen beide die Mützen herunter. Pause. „Du grüßt die Fahne, Cognasse?" sagt der erstaunte Genosse. Cognasse kommt wieder zu sich. „Quatsch!" sagt er. „Ich kenne den Fahnenträger!"

Wobei denn schnell zu sagen, daß es in Frankreich keinen Militärfimmel gibt, und daß der französische Offizier etwas hinter dem „Zivilisten" rangiert. Und daß es doch leider, leider sehr wahr ist, was sich da auf den Dächern abspielt...

Wie denn überhaupt das französische Kabarett und die kleinen Revuen einen reaktionären Witz aufweisen, den wir nicht haben, und der sich zum Teil daraus erklärt, daß das Land links regiert wird, die Opposition hat es ja immer leichter. Die Satire des Herrn Rip ist politisch von einer geradezu imposanten Gesinnungslosigkeit, aber, um die Wahrheit zu sagen, sie ist den Linken über. Die haben keinen solchen zu versenden. Es ist da eine Szene über und gegen das Frauenstimmrecht, das die Französin nicht nötig hat, weil sie sowieso herrscht – und zwar nicht, wie man denken könnte – sondern durch ihre Sparsamkeit, durch ihre Kraft, den Haushalt zu führen, das Geld einzuteilen, die Geschäfte zu verwalten – in dieser Szene werden Thesen aus dem Jahre 1896 breitgetreten, unter dem jubelnden Beifall einer strahlenden Bürgerschicht, die sich in ihren Ur-Instinkten gestärkt fühlt. Wir Deutschen sind von rechts her Langeweile gewohnt. Verständnislosigkeit für die Zeit, Attentate und Holzknüppel. Hier aber gibt es einen reaktionären Witz, eine reaktionäre Geistigkeit und etwas für uns schier Unverständliches: einen intellektuell untermauerten Nationalismus, der übrigens niemals offensiv ist.

So kann eine richtige Theaterkritik nicht aufhören. Die Damen Josylla, Dorny (die die Mistinguett himmlisch kopiert), Sinoel und Franconay entledigten sich ihrer Aufgabe. Warum aber alle Pariser Schauspielerinnen heiser sind, wird mir ewig ein Rätsel bleiben. Vielleicht wären sie es nicht, wenn Frankreich eine Prohibition hätte. Und selbst der gewitzigste Halsarzt könnte ihnen keinen andern Ratschlag geben als: „Schön gurgeln, nicht so viel saufen und nachts gut zudecken!"

1928

Anatole France in Pantoffeln

In Paris ist ein kurioses Buch erschienen, das in einem Monat fünfzig Auflagen erreicht hat: „Anatole France en pantoufles" von Jean-Jacques Brousson (bei G. Crès et Cie. Paris). Brousson war Sekretär bei France. Er schildert in kleinen Geschichten und Anekdoten tausend Charakterzüge, Eigenheiten, persönliche und häusliche Szenen aus dem Privatleben des Meisters. Vielleicht hätte er lieber „Anatole France im Käppchen" schreiben sollen, weil das ja charakteristisch für den großen Mann war.

Das Buch ist – um seinen Vorzug zuerst zu nennen – unendlich amüsant. Manches geht für uns deutsche Leser verloren; da findet sich viel französischer Literaturklatsch (die französische Literatur ist um vieles verklatschter als die deutsche; jeder weiß jedes von jedem, und neulich stand sehr ernsthaft in der Zeitung auseinandergesetzt, welchen Likör der Preisträger des Prix Goncourt den Besuchern kredenzt hat). Es finden sich aber außerordentlich viel Anekdoten und Bemerkungen des alten Herrn, die auch einem deutschen Leser ohne weiteres verständlich sind. Darunter sind reizende Geschichten. So die von der nicht mehr ganz jungen Dame, die sich vor France niedlich machte, ihn fast mit Gewalt in den Wagen nötigte und dort ein neckisches Spiel mit ihm anhub. Bis es dem Meister zu viel wurde und er sie fragte, ob sie mit ihm wohl ein kleines Spiel spielen würde. „Wenn es unschuldig ist," sagte die Schelmin, „gewiß!" – „Na, dann," sagte France, „wollen wir einmal alle spielen, daß wir die Hände hübsch an den Wagentüren halten!" – Worauf sie den Wagen halten ließ und er sehr freundlich „Guten Abend, gnädige Frau!" sagte. Es finden sich viele interessante Bemerkungen über Literatur aufgezeichnet sowie eine Fülle maßlos unziemlicher Geschichten, die auch nicht andeutungsweise übersetzt werden können.

Und hier steckt der Nachteil des Buches. Es ist das erste undelikate französische Buch, das mir in die Finger fällt. Ganz abgesehen davon, daß manches etwas reichlich massiv ist und sogar durch die französische Sprache kaum gemildert erscheint, hat doch dieser Eckermann seinen Posten nicht taktvoll aufgefaßt. Er stellt Frau France hin ... das muß man gelesen haben, welche Rolle sie in diesen Schilderungen spielt. Gut – das mag noch angehen. Aber daß Herr Brousson Dinge veröffentlicht, die France ihm – und sicherlich nicht in dieser Form – vom Mann zu Mann anvertraut haben mag, das geht übers Bohnenlied. In Frankreich verliert France durch diese kleinen Skandalgeschichten nichts, bei uns wäre er unten durch. Aber es schmeckt nicht gut, das Gericht; es bleibt ein unangenehmer Nachgeschmack auf der Zunge, man hat ein bißchen gelacht, und hinterher wird man ärgerlich. Denn alles paßt zu dem Andenken an diesen einzigen Schriftsteller: nur keine plumpe Vergröberung seiner erotischen Erlebnisse. Solche Dinge kann man vielleicht einmal sagen – aber man kann sie nicht in fünfzig Auflagen drucken lassen.

Hier folgt mit der Genehmigung des Verlages Crès et Cie. eine Probe aus dem trotz allem lesenswerten Buch (das übrigens wegen seines ungepflegten Stils und wegen seiner mangelnden Tiefe auch bei französischen Kritikern Widerspruch gefunden hat). Die Übertragung ist frei; außerdem muß man sich immer vergegenwärtigen, daß es sich hier um unkontrollierbare Gesprächswiedergaben handelt.

Als Clemenceau Ministerpräsident war, hat Anatole France seinen Posten bei der „Neuen Freien Presse" in Wien übernommen. Frau France hatte die Sache abgeschlossen. Alle Woche, an jedem Mittwoch, wiederholte sich um 5 Uhr nachmittags folgende Szene:

Frau France: „Der Mann ist da von der „Neuen Freien Presse"."

Herr France: „Was will der Mann von der „Neuen Freien Presse"?"

„Er will den Artikel. Er muß heute abend noch nach Wien weg, sonst kommt er nicht mehr rechtzeitig an."

„Heute abend noch? Ja, wer hält ihn denn zurück?"

„Du. Ich habe dich schon ein paarmal daran erinnert, aber du hörst ja nicht auf mich."

„Deine häßlichen Beleidigungen zerreißen mir das Herz. Häßlich und außerdem durchaus ungerecht ..."

„Rede nicht. Man braucht dich nur um etwas zu bitten, schon machst du das Gegenteil. Der Mann muß diesen Artikel mitnehmen, du hast eine halbe Stunde Zeit."

„Gut. Schick' den bösen Mann von der „Neuen Freien Presse" in die Küche und gib ihm ein Glas Wein, er soll das hübsch langsam austrinken. So, und mir gib den „Figaro" und die „Humanite" und ..."

Die Zeitungen werden in aller Hast zusammengesucht. Alle Mann sind an Deck. Anatole France, Frau France, der Sekretär. Die Zeitungen fliegen nur so herum, wie in einem Garten, wenn es windig ist. "Also, vor allen

Dingen möchte ich gern wissen: Was ist das wichtigste Ereignis der Woche?“

„Kommst du vom Mond? Wo lebst du? In Frankreich oder bei den Hottentotten? Und außerdem weißt du ganz genau, das wichtigste Ereignis ist das, worüber du schreibst. Die Leute in Wien werden das genießen, was du die Gnade hast ihnen zu schicken, es wird ihnen eingehen wie Butter.“

„Aber nun hilf mir doch! Diese „Neue Freie Presse“ ist die Pein meines Alters. Wenn ich nur wüßte, warum ich diesen Sklavendienst auf mich genommen habe!“ Aus den Zeitungen werden die wichtigsten Stellen mit der Schere ausgeschnitten.

„Wozu soll ich da eigentlich noch etwas ändern?“ sagt Anatole France. „Das wird einfach übersetzt.“

Nächste Szene. Die Vorigen. François, der Kammerdiener.

„Gnädige Frau, der Bote von der „Neuen Freien Presse“ ...“

„Geben Sie ihm noch ein Glas Wein.“

Mit großer Mühe hat France den ersten Absatz fertig. Dann kommt ein riesiges Zitat. Der Meinung von „La Croix“ stellt Frau France (mit der Schere) ein anderes Zitat aus der „Humanité“ gegenüber.

Was ich (der erzählende Sekretär) aufgekritzelt habe, wird mir aus den Händen gerissen. Das macht alles zusammen eine Spalte aus.

Nächste Szene. Die Vorigen. François.

„Der Mann von der „Neuen Freien Presse“ ... Er sagt, er muß mit dem Artikel los, sonst verfehlt er den Zug!“

„Er soll noch ein Glas Wein ...“ “Gnädige Frau, er hat schon die ganze Flasche ausgetrunken.“

„Was war es für welcher? Weißer oder roter?“

„Roter, gnädige Frau!“

„Dann geben Sie ihm weißen! Und halten Sie ihn noch eine Viertelstunde auf. Und, Fran[c,]ois, wenn er Hunger hat, dann soll er Schinken und Käse bekommen ... Was hast du nun inzwischen gemacht, während ich so kostbare Zeit für dich gewonnen habe? Du hast inzwischen kleine Mädchen gezeichnet! Und dabei soll das Ministerium gestürzt werden! Das ist, um sich aus dem Fenster zu werfen!“

„Da gibt es eine Stelle bei Lamennais ...“

„Du hast nur noch eine Viertelstunde Zeit. Ich kenne dich doch. Du brauchst mindestens acht Tage, um eine Stelle oder sonst etwas zu finden. Was sagt denn dein Lamennais vom Ministerium? – Na ja, dann schreib's hin.“

Nächste Szene. Fran[c,]ois(wie oben):

„Der Mann von der „Neuen Freien Presse“ sagt, er hat keine Lust, entlassen zu werden, er geht jetzt. Übrigens ist er voll wie ein Omnibus!“

France signiert den Artikel.

„Schade um den schönen Artikel!“ sagt er. „Jetzt hat der Mann einen sitzen und wird ihn im Rinnstein verlieren!“

Heinrich Zille

Zweeter Uffjang, vierta Hof
wohnen deine Leute;
Kinder quieken: „Na, so dof!“
jestern, morjn, heute.
Liebe, Krach, Jeburt und Schiß ...
Du hast jesacht, wies is.

Kleene Jöhren mit Pipi
un vabogne Fieße;
Tanz mit durchjedrickte Knie,
er sacht: „Meine Sieße!"
Stank und Stunk, Berliner Schmiß ...
Du hast jesacht, wies is.

Jrimmich wahste eijntlich nich –
mal traurich un mal munta.
Dir war det jahnich lächalich:
„Mutta, schmeiß Stulle runta –!"
Leierkastenmelodien ...
Menschen in Berlin.

Int Alter beinah ein Schenie –
Dein Bleistift! na, von wejn ...!
Janz richtich vastandn ham se dir nie –
die lachtn so übalejn.
Die fanden dir riehrend un komisch zujleich.
Im übrijen: Hoch det Deutsche Reich!

Malen kannste.
Zeichnen kannste.
Witze machen sollste.
Aba Ernst machen dürfste nich.
Du kennst den janzen Kleista –
den ihr Schicksal: Stirb oda friß!
Du wahst ein jroßa Meista.
Du hast jesacht, wies is.

1929

Fratzen von Grosz

Der Zusammenhang zwischen der bildenden Kunst und dem Leben ist nicht ganz aufgeklärt. Es ist noch nicht heraus, ob die Damen in England um 1830 so ausgesehen haben, weil Burne Jones sie so hingehaucht hat, oder ob er so malte, weil sie so aussahen. Jedenfalls waren sich beide einig: der Maler und seine Zeit, und so war Alles in bester Ordnung.

Der Karikaturist hats schon schwerer. Nach ihm richtet sich Keiner. Im Gegenteil: der Getroffene – und grade der Getroffene – erkennt sich nicht einmal, und jeder Fleischermeister erklärt, solche Specknacken gäbe es überhaupt nicht. Und doch richtet sich Einer nach dem Zeichner mit dem Zerrstift.

Der Sehende richtet sich nach ihm. Sicherlich hat Spitzweg Viele veranlaßt, mit seinen Augen zu sehen – und was der (alte) „Simplicissimus" auf diesem Gebiet geleistet hat, wißt Ihr noch Alle: sahen wir nicht Gulbranssons Spießer mit den Korkzieherhosen und dem Wellenbauch, Thönys feisten Agrarier und dann die Herren Leutnants ...?

Lang, lang ists her. Der „Simplicissimus" ist tot. Thoma lebt in der Nähe ländlicher Sauställe, und ein Witzblatt von Gesinnung haben wir nicht mehr. Aber einen Karikaturisten, der sie alle, die von damals, überragt, einen, der mit Monokel, Mikroskop und zwei gesunden Augen neu, neu und noch einmal neu sieht: George Grosz.

Fünfundfünfzig politische Zeichnungen sind von ihm unter dem Titel „Das Gesicht der herrschenden Klasse" im Malik-Verlag erschienen. Neben der Mappe: „Gott mit uns" das meisterlichste Bildwerk der Nachkriegszeit.

Die deutschen Gesichter haben sich verhärtet. Schärfer sind die Kinne geworden, verbissener die Lippen, brutaler die Unterkiefer. („Haifische" nennt der Italiener seine Blutgewinner.) Und ich weiß Keinen, der das moderne Gesicht des Machthabenden so bis zum letzten Rotweinäderchen erfaßt hat wie dieser Eine. Das Geheimnis: er lacht nicht nur – er haßt. Das andre Geheimnis: er zeichnet nicht nur, sondern zeigt die Figuren – welche patriotischen Hammelbeine! welche Bäuche! – mit ihrem Lebensdunst, ihrer gesamten Lebenssphäre in ihrer Welt. So, wie diese Offiziere, diese Unternehmer, diese uniformierten Nachtwächter der öffentlichen Ordnung in jeder einzelnen Situation bei Grosz aussehen: so sind sie immer, ihr ganzes Leben lang.

Sie sind alle da: die brutalen Mordoffiziere und Nachfahren eines Ludendorff, die allesamt nicht ertragen können, in Zivil zu arbeiten, und die vorziehen, in Uniform zu töten – so das Blatt: „Prost Noske! Die Revolution ist tot!“, eines der stärksten politischen Pamphlete unsrer Zeit; früher machte das lächerlich, heute wird man, wenn man nur sonst ein guter Gustav ist, Oberpräsident –; die Kaufleute, die gar nichts andres sehen als Geschäft, und deren Kinne zeigen, wie man lebt, und deren Lippen, wie man leben läßt; die Viechskerle von Soldaten, Bulldoggen und Sergeanten des kaiserlichen Heeres; Herren und Generäle; einen bezaubernden, immer wiederkehrenden Typus eines Waschlappens: Demokraten mit Pelerine, Umhängebart, Schlapphut, Regenschirm und der jeweils nötigen Überzeugung; Studentenschnösel und Klassenmediziner – und der Letzte, nicht der Beste: Erich Ludendorff-Lindström. (Grosz hat sich liebevoll in dieses Gesicht versenkt – es ist dem Gesicht nicht gut bekommen. Aber Vater Hindenburg ist auch nicht ohne.)

Und all das ist von neuer Formulierung. Ob Grosz der erste war, weiß ich nicht. Er muß Väter gehabt haben: Primitive, die ersten Expressionisten, Alle, die aus der Haut und aus der Samtjacke fuhren und die Malerei wieder den geistigen Künsten zuführen wollten. Aber er ist doch der Erste von ihnen Allen.

Und alle Blätter – die man bald bestellen möge, bevor sich eine deutsche Strafkammer mit einem Beschlagnahmebeschluß vor ihnen blamiert – rufen uns jene Zeit ins Gedächtnis, wo Alles zusammenzubrechen schien und Alles blieb; wo so viel verpaßt wurde und so viel geschont; die uns dreihundert oppositionelle Führer kostete und Mörder: Exekutive, Militär und Richter am Leben ließ. Guten Abend, deutsche Revolution!

Der Hakenkreuzgastwirt, der Wenn-und-aber-Demokrat, der verhetzte Student, der gefügige Staatsanwalt, der grauenhafte sture Kleinbauer – sie werden das Heft nie zu sehen bekommen, weil bei uns ja alle nebeneinander leben und zumal unbequeme geistige Regungen gern unbeachtet bleiben. Was nützt Groszens Pazifismus und all Das? Ungestört singen die Kindergärtnerinnen ihr: „Ja, mit Herz und Hand ...“; ungestört lehren wildgewordene Oberlehrer ehrwürdige Geschichtslügen; ungestört toben Justiz und Universität. Vom Kapital zu schweigen. Und wohin du blickst: Fratzen von Grosz. All diese Gesichter kann man auch zum Sitzen benutzen.

Wir aber wollen in dies Bilderbuch sehen und jener Jungfrau Germania gedenken, die mit jedem Offizier – bis zum Feldwebel abwärts – gehurt hat. Und sprechen: „So siehst du aus!“

1921

Alfred Kerr

Nu schicken alle Bäcker Kuchen
nach Ihrem Haus in'n Jrunewald.
Schohspieler kommen Sie besuchen
von wegen hmzig Jahre alt.
Ich schieb mir leise mit se ran,
mit Orska und Herrn Sudermann,
und ruf aus der pariser Ferne:
„Ick kann mir nich helfen – ick hab Ihnen jerne –:“

Sie haben, als wir angefangen,
uns doch das Laufen beigebracht.
Ick bin nich imma mitjejangen –
zum Beispiel: bei die Russenschlacht...
Doch einen, der die Sprache packt,
und nie Bolljong – und stets Extrakt –

des such dir man mit die Lanterne:
Ick kann mir nich helfen – ick hab Ihnen jerne.

Musik! Musik vor allen Dingen!
Sie heben eine schmale Hand
und lassen Aetherwellen klingen
und spielen den Dichter an die Wand.
Sie zogen manchem stramm die Hosen
bei uns und in den USA,
und trugen ein Florett in Rosen;
es pfeift Ihr Nein, es ehrt Ihr Ja.
Sie haben unsere Tränen geweint,
Ihr Lachen hat uns alle vereint.
Sie sehen die Erde
und die Sterne –:
Ick kann mir nich helfen – ick hab Ihnen jerne.

1927

Maximilian Harden

Maximilian Harden ist tot. Es ziemt sich, auf das Grab dieses großen Schriftstellers einen Kranz zu legen. Aus welchen Blumen –?

S. J. pflegte, wenn von Harden die Rede war, zu sagen: „Dem schreibe ich einmal meinen schönsten Nekrolog -!" Er hätte es getan; denn er kannte ihn nicht nur ganz, sondern er hatte auch die so seltene Gabe, einem Toten nachrufend ein Leben zu rekonstruieren und eine Figur auf ihre platonische Idee zurückzuführen. Diesen Nekrolog nun hat er nicht schreiben dürfen. Ich glaube, daß wir damit eine der besten Charakteristiken Maximilian Hardens verloren haben – niemand hat das

Zwiespältige, das in diesem Essayisten war, so gut erkannt wie sein Freundfeind S. J. Aus welchen Blumen sei der Kranz –?

Es wird bei fünfzigsten und sechzigsten Geburtstagen so viel zusammengelogen, daß wir angesichts eines Todes aussagenwollen, als gäbe es keinen Schmerz. Also die Wahrheit.

Harden ganz zu begreifen und abzuschildern vermag nur der, der mit ihm groß geworden ist. Er ragte in unsre Generation hinein wie ein Turm: ein historisches Bauwerk. Das Mordattentat, das deutsche Offiziere auf ihn verübt hatten, war nicht der Grund seines letzten Schweigens – es war der Anlaß. Er verstand diese neue Welt sehr gut, weil er ihre geschichtliche Entstehung kannte aber er verstand diese Welt nicht mehr, von der er behauptete, sie liefe falsch. Das gibt es nicht. Die Realität ist niemals falsch. Sie ist. Maximilian Harden hat den Deserteur Wilhelm bekämpft, als der noch Kronprinz war – „Phaeton" nannte er ihn – und es kostete auch damals schon allerhand, die Wahrheit zu sagen: Harden hat seine Festungsstrafe abgesessen. Sein glitzernder Feind war sein eignes Widerspiel: er fiel fast automatisch zusammen, als der nicht mehr war; sein Gleichgewicht war von Stund an gestört, ihm fehlte etwas. Er hat über Ebert die erfreulichsten Sätze geschrieben – ein Ersatz war der nicht.

Wenn Schriftsteller Analogien im Tierreich haben –: dieser war eine Schlange. Schön, gefährlich, giftig, böse, im Jagdeifer herrlich anzusehen, nimmersatt. Er stand turmhoch über den deutschen Journalisten, deren erster er war – die Gockel des Leitartikels, die ihn heute bekrähen und sich überlegen dünken, nur, weil jener tot ist und sie leben, dürfen auch nicht im selben Zimmer mit ihm genannt werden. Sein Fachwissen war fast so schmerzlich groß, wie seine Personalkenntnis, und es spricht für die ganze Dumpfheit und Beschränktheit der deutschen Beamtenkaste unter zwei Regimen, daß kein Amt mit diesem Mann jemals zusammengearbeitet hat. In Frankreich hätten ihm alle politischen Karrieren offen gestanden – niemals haben die Franzosen solche Begabungen in fressender Negativität verkümmern lassen. In Deutschland – Freilich: er hatte kein Konsulatsexamen gemacht.

Maximilian Harden war einer der wenigen deutschen Journalisten, die eine Macht bedeuteten. Davon gibt es nicht viele: der deutsche Zeitungsbesitzer will keine Macht, sondern Geld verdienen (daher ist die deutsche Zeitung im allgemeinen sauber und wenig korrupt) – der deutsche Journalist braucht nicht bestochen zu werden, er ist so stolz, eingeladen zu sein, ein paar Schmeicheleien... Er ist schon zufrieden, wie eine Macht behandelt zu werden. Er übt sie nicht aus. Zu Harden floß der breite Strom der Information, die Abwässer des Klatsches, die Springbäche der witzigen Verleumdungen... er wußte alles. Und er verwertete es auf eine gradezu meisterhafte Weise. Wie das Gehörte in der Klammer wiederkehrte, in kleinen fingierten Gesprächen aufblitzte, wie eine Intimität unsicher machte, die dem Angegriffenen zeigte, daß der Angreifer längst innerhalb der Festungsmauern stand, während die Besatzung ihn noch draußen wähnte – das wurde nur abgeschwächt durch einen Stil, mit dem sich unsereiner niemals hat befreunden können.

Der Stil war nicht der Mann. Karl Kraus, der „Den im Grunewald" vernichtend geschlagen hat, hat nicht die ganze Armee besiegt – da waren noch Reserven, die nicht im Kampf gestanden hatten. Der Mann war überhaupt nicht zu schlagen, weil er zu vielfältig, zu gespalten, zu vibrierend war – er war niemals ganz zu fassen. Zu fassen war der Stil, jener belächelte, nachgeäffte, parodierte, übersättigte und überpfropfte Stil, von dem ein Boshafter einmal gesagt hat, er sei eine Landschaft, durch die Mayonnaise fließe. Manchmal aber trug der Strom klarstes Gebirgswasser, und merkwürdigerweise allemal dann, wenn Harden nicht für sein Blatt schrieb. So ist zum Beispiel sein Nachruf auf Erzberger – als echte Journalistenarbeit in der stärksten Eile für das Berliner Acht-Uhr-Abendblatt geschrieben – ein Meisterstück schärfster und feinster Charakterisierung. Er konnte so schreiben, daß ihn auch der Mann auf der Straße verstand. Hätte er stets so geschrieben –: er wäre keines natürlichen Todes gestorben.

Der junge Harden ist Schauspieler gewesen, der alte ist es geblieben. Aber seine zweite Natur war ihm zur ersten geworden, und was vielen als Pose erschien, war seine Art, sich zu geben, – die war ganz echt. Freilich war er nie liebenswerter und bezaubernder wie dann, wenn er sie verließ. Dann... wie war er dann?

Ich habe Maximilian Harden erst nach jenem Mordversuch kennengelernt, bei dem übrigens der preußische Justizminister gefragt werden darf, ob denn die Attentäter, deren schmutzige Gesinnung aus jedem Wort sprach, ihre Strafe auch zu Ende abgesessen haben. Es sollte mich nicht wundern, wenn sie im Dunkel der Verwaltungsmaßnahmen heimlich begnadigt worden wären... Damals also sah ich ihn zum ersten Mal, und was mir da entgegentrat, war ein Europäer. Abneigung hin, Kritik her –: ich habe jedesmal wieder diesen kleinen Schauer der Ehrfurcht gehabt, wenn ich mit ihm sprechen durfte. Das war jemand.

Das war einer, der die Unterhaltung wie eine Florettklinge führte – seine Ähnlichkeit mit Josef Kainz war nicht nur äußerlich. Er sprach nicht so schnell, nicht mit jenem Furor der Rede – er dachte, wie Kainz sprach; aber er sprach langsam, überlegt, die Pointen liefen haardünn aus, oben blitzte das Licht und ein Tröpfchen Gift, wenn er wollte. Es kitzelte, tat kaum weh – erst zu Hause merkten die Opfer, daß sie tödlich getroffen waren. Er liebte es, in ernste Gespräche bewußt grobe Berlinismen zu flechten; sie wirkten in seinem Munde niemals roh, er veredelte noch die derbsten Wörter, es war etwas sehr Seltsames. Einen Eindruck aber wurde man niemals los, wenn man mit ihm sprach – und ich besinne mich noch genau, wie erschütternd das besonders in der Inflation gewirkt hat: er war ein Europäer. Verknüpft mit allen Ländern dieses Kontinents, geistig verwandt mit den Geistigen, die sie leiteten – er bewegte sich mühelos unter ihnen, war kein Geduldeter, kein geschmeicheltes Schreiberchen, das von der Atmosphäre in Genf schon beschimpft wurde – ein Gleichberechtigter unter Gleichen, so lebte er dahin.

Und das wußten sie. Harden hat unter allen deutschen Journalisten das größte Echo im Ausland gehabt – er gehörte zu ihnen, sie fühlten das, hier war eine Brücke zu dem sonst unzugänglichen Deutschland. Sie glaubten ihm; sie verstanden die Methodik seines Denkens, seine Dialektik, seine Bildungselemente – er war ihnen vertraut. Nie hat das einer genützt. „Ein

Zeitungsschreiber...“ hieß es bei den Kaiserlichen. „Ein Außenseiter...“ bei den Republikanern. Er verachtete beide.

Wenn der Schriftsteller packte, dann packte er mit Zangen. Unvergeßlich ist mir der Jugendeindruck, den ich bei der Lektüre seines Artikels über den sadistischen Erzieher Dippold empfing. Der hatte einen Jungen des Bankdirektors Koch zu Tode gequält – und wie Harden die Herren Eltern hernahm, wie er sie öffentlich auspeitschte, weil sie aus Unachtsamkeit, aus Lässigkeit, aus Faulheit ein junges Leben hatten zerstören lassen... das erinnerte an die besten Pamphlete aller Literaturen. „Jede Proletarierfrau“, so stand da ungefähr, „wäre auf einen Notschrei ihres Kindes sofort zum Tatort gefahren. Frau Rosalie Koch schrieb einen Brief.“ Mene mene tekel – so ein Satz stand wie ein Flammenzeichen am dunkeln Himmel der Bourgeois. Was bleibt davon?

Es bleibt immer viel weniger als man glaubt. Die Geschichtsfälscher sind schon an der Arbeit, und die emsigen Handlanger des Herrn Eulenburg schreiben ein wackres Buch nach dem andern; welcher Historiker wird die Warnungsrufe Maximilian Hardens nachschlagen; seine Prophezeiungen (Frühjahr 1914: „In diesem Sommer wird Schicksal“) – wütenden Angriffe, seine Hiebe und seine Attacken?

Moritz Heimann hat einmal von Maximilian Harden gesagt: „Er lügt nicht. Er ist eine Lüge.“ Hart: wenn es ein ethisch vernichtendes Urteil ist. Wahr: wenn es den Schein meint, der dieser Mann war, eine Zwiebel, deren Blätter du abstreifen konntest, immer wieder neue Blätter, immer wieder – und was kam dann? Dann kam nichts. Er ist nie weise geworden wie etwa der alte Clemenceau, dessen Lebenserfahrungen zum Schluß eine Art Extrakt ergeben haben. Maximilian Harden ist nicht alt geworden – er war, als er starb, nicht mehr jung.

Mit ihm ist ein Typus dahingegangen, der für die nächsten fünfzig Jahre kaum wiederkehren wird: ein Einzelgänger von Format und Einfluß. Er hat in den letzten Jahren seines Lebens wiederholt davon gesprochen, die „Zukunft“ wieder aufleben zu lassen – ich glaube nicht, daß diese Gattung Zeitschrift in Mitteleuropa heute möglich und wünschenswert ist. Denn es kommt nicht mehr darauf an, die Welt originell, isoliert, ganz von oben zu sehen – gegen alle zu sein und fern von allen –: sondern es kommt darauf an, bei der Masse zu bleiben, mit ihr zu sein – als Führer oder Widersacher oder Aristokrat oder Mönch – aber bei der Masse. Die Zeitschrift, in der es Einer „allen aber gehörig sagen kann", ist eine gute Sache; die Tat, die man mit allen und für alle tun kann, eine bessere.

Eine „Zukunft" ist Vergangenheit geworden. Ihrem Schöpfer gebührt, als einem Gulliver unter Pygmäen, die Ehre, die die mittlern Beamten der Journalistik und der Politik ihm nur formal und aufatmend gewähren werden. Sie waren sein – aber „er war nicht unser". Wir grüßen das Andenken Maximilian Hardens.

1927

Dem Andenken Siegfried Jacobsohns

Gestorben am 3. Dezember 1926

Die Welt sieht anders aus. Noch glaub ichs nicht.
Es kann nicht sein.
Und eine leise, tiefe Stimme spricht:
„Wir sind allein."

Tag ohne Kampf – das war kein guter Tag.
Du hasts gewagt.
Was jeder fühlt, was keiner sagen mag:
du hasts gesagt.

Ein jeder von uns war dein lieber Gast,
der Freude macht.
Wir trugen alles zu dir hin. Du hast
so gern gelacht.

Und nie pathetisch. Davon stand nichts drin
in all der Zeit.
Du warst Berliner, und du hattest wenig Sinn
für Feierlichkeit.

Wir gehen, weil wir müssen, deine Bahn.
Du ruhst im Schlaf.
Nun hast du mir den ersten Schmerz getan.
Der aber traf.

Du hast ermutigt. Still gepflegt. Gelacht.
Wenn ich was kann:
Es ist ja alles nur für dich gemacht
So nimm es an.

1926

S. J.

Wärst du noch da!

Soviel wartet auf dich.
Alles wartet vergebens.
Du tätest dein Werk so säuberlich
wie im Laufe deines Lebens.
Ich seh dich am Tisch. Und die trübe Zeit
wäre hell – denn du bist heiter.
Du pfiffst auf die härteste Schwierigkeit:
du lachst und arbeitest weiter.

Du kanntest das Blatt und seinen Ort
im Strudel der tausend Parteien.
Leise schobst du die Bonzen
fort und ließest die Schreier schreien.

Du warst dem, der schreiten und folgen kann,
der treuste Begleiter.
Pfiff der Wind recht laut: wir sahn dich nur an –
du lachst und arbeitest weiter.

Aber nun bist du untergetaucht.
Wir sehn noch nach deinen Zielen.
Jeder hat mal einen Vater gebraucht...
du warst der Vater von vielen.
Ich hör deine Stimme: „Wer schwach ist, flennt.
Arbeiten ist gescheiter."
Und wenn der ganze Schnee verbrennt:
wir lachen und arbeiten weiter.

1930

Auf dem Nachttisch

Ein Leser hat's gut:
er kann sich seine Schriftsteller aussuch

Wo bist du – ?

Ich möchte mal fragen, ob vielleicht jemand weiß, wo es geblieben ist.

Als ich noch ein ganz kleiner Junge war, Tanzstunden nahm und glaubte, daß Richter Leute seien, die Recht sprächen, da besuchte ich zusammen mit einem dicken Freunde den Max Brod in Prag. Brod war freundlich und nett, zeigte uns seine schöne Stadt, machte uns mit Oskar Baum bekannt, dem blinden, feinen Dichter – es waren leuchtende Tage. Eines Tages fielen wir in ein Café am Bahnhof – und der Oberkellner, der aussah wie der Sohn eines Fiakerkutschers, einer Bardame und Kaiser

Franz Josefs, kam auf uns zu und fragte, ob wir neben dem Kaffee auch etwas zu lesen haben wollten. Ja, das wollten wir. „Etwas zu lesen oder Lektüre?“ fragte er. Ich sah ihn an mit einem ratlosen Ausdruck in meinen Kinderaugen. „Zu lesen ... Lektüre ...“, sagte ich.

„Lektüre, bitte sehr, bitte gleich!“ sagte er. Und eilte herbei, einen Packen Bücher und Hefte auf dem Handteller wie ein Tablett mit vielen Tassen Kaffee balancierend. Und gab uns das.

Heilige Gertrud Bäumer! Es waren die gesammelten Schweinereien des Jahrhunderts: Bücher mit Dialogen, die nur in begeisterten Ausrufen bestanden, sorgsame Schilderungen gesellschaftlicher Vorgänge, wie: „Die Baronin riß sich das Hemd vom Leibe, ergriff eine Peitsche und – –“ Auch hatte der vorsorgliche Mann uns mit Bilderbüchern versehen: Photographiealben mit allgemein verständlichen Aufnahmen, auf denen der brave Gesichtsausdruck der Handelnden in sonderbarem Gegensatz zu ihrem Tun stand, auch Zeichnungen und Gemälde aller Art. Ich sah um mich: da saßen neben mir viele Freudensgefährten, die stierten mit hochroten Köpfen in ebensolche Alben, und wenn sich eine Dame durch die Tische schlängelte, dann klappten sie ihr Heft nonchalant zu. Wir fanden das sehr interessant und sahen es uns alles an.

Unter den Büchern war eins, das machte mächtigen Eindruck auf mich. Es hieß: „Liebe“ und bestand aus vierzig Lithographien eines russischen Malers, des Grafen Zichy. Sie waren nicht unwitzig. In Erinnerung blieb mir manche Szene: emsiges Treiben nachts im Knabenpensionat, viele leicht und zierlich hingehuschte Bettbilder von lockender Wärme der Frauenkörper, in den Bildecken saß gewöhnlich eine kleine freche Unterschrift, so: „J'avais une tante qui m'aimait beaucoup“ und „Bons Souvenirs!“ und ähnliches. Die letzte Seite bestand nur aus Skizzen von Händen, die sich mit allerhand beschäftigten, eine teilte einen Nasenstüber aus. Es war recht heiter.

Kaum staken wir wieder in Berlin, da ging ich zum sel. Meyer in der Potsdamer Straße, demselben, der seine Kunden als Begrüßung gern auf den Bauch zu klopfen pflegte, und befragte ihn nach diesem Werk. Er grinste und zog es aus einem Stapel seiner Bücher, unter denen nur er sich herausfand. Da hatte ich es, und es war nicht einmal teuer gewesen: fünfundsiebenzig; handeln hatte Meyer nicht gern, wenn er es nicht selber tat. Ich ließ es binden: in einem Anfall von Größenwahn in Ganzpergament, das ganze große Ding in Pergament, mit hellgelbem Seidenvorsatz. Es war ein rechtes Prachtalbum geworden.

Vierzehn Jahre ist das Buch bei mir geblieben. Es bekam langsam Daumenabdrücke von allerlei Damen: auch von Frau Knautschke, meiner damaligen, nunmehr in Gott eingegangenen Wirtin, die es sich während meiner Abwesenheit genau ansah. „Man will doch auch mal was haben!" sagte sie, als wir darüber sprachen. Dann packte ich es fort, man wird dicker und älter, in den Krieg habe ich es nicht mitgenommen, wir Soldaten lesen seit unserer Kadettenzeit nur noch militärische Bücher, und dann sah ich es immer weniger und weniger an.

Und als sie dann meine Siebensachen packten, weil Poincaré mich rief, da legte ich es obenauf, unvorsichtigerweise uneingewickelt. Die Kisten reisten über Kehl, rollten über den Rhein, den deutschen Strom, nicht Deutschlands Grenze, und als der ganze Schwung in Paris ankam, da fehlte etliches. Das schöne Buch von Prinzhorn „Bildnerei der Geisteskranken" und dies und jenes, und auch der Zichy. Was nun –?

Ah, Ersatz in Paris, nein, das war es nicht. Es ist doch ein kleines Stückchen Leben gewesen, das sich losgelöst hatte – und nur, weil ein Möbelpacker seinen Mund von einem Ohr bis zum andern aufgerissen hatte, als er es sah, sollte ich es entbehren ...? Das war bitter. Auch war immerhin möglich, daß ein Zollbeamter ... ich wage es nicht zu Ende zu denken. Kurz: der Zichy war weg. Und da wollte ich mal fragen, ob es vielleicht jemand gesehen hat. Es wäre ja denkbar, daß es sich einer gekauft hat, zu Studienzwecken, der Wissenschaft halber, nur um sich so etwas mal anzusehn, und was man so sagt. Der Pergamentdeckel ist leicht fleckig, das Buch gut erhalten, nur unten, an den rechten Ecken, sind manchmal die Seiten ein wenig eingerissen, wie wenn es da jemand beim Umblättern furchtbar eilig gehabt hätte.

Und wenn es einer hat, dann soll er mirs doch bitte sagen. Ich kaufe ihm ein neues, aber das da möchte ich gern wiederhaben. Es hat so viel aufgesaugt; an Gegenständen bleibt ja bekanntlich, wie auch an Wänden, das Leben haften, man lebt sie voll ... Es ist eine Art Erinnerung, eine Erinnerung an die schönen Zeiten, als wir noch jung waren und erheblich neugieriger als heute. Eine Erinnerung an die Zeit, wo noch nicht ein Auge immer zuguckte, wenn das andere leuchtete – darin lebt ein Jahrzehnt. So wie in einer alten Grammophonplatte, die ein nun Verstorbener besungen hat, wie etwa der erschossene Chansonnier Fragson, in den Atempausen die damalige Zeit rauscht: 1910, vorbei, vorüber – aber doch einmal gewesen.

Wo bist du? In guter Pflege? Sind sie nett zu dir? Wo bist du – ?

1926

Geheimnisse des Harems

„Ich sah im Draum e gleenes Dromedar;
das liebe Dhier war gaum e halbes Jahr.
Am Halfter fiehrts e blondes Därkenkind –
in seinen Locken seiselte der Wind ...
Ach, war das scheen –!"

Sächsisch-türkisches Volkslied

Am hübschesten sind eigentlich Bücher, die gar keine sind. Die richtigen Bücher: diese Lyriksammlungen, diese Entwicklungsromane („Adolar blickte versonnen auf die letzten vierundachtzig Jahre seines Lebens"), diese expressionistisch geballten Bücher, in denen es scheinbar zackig, in Wirklichkeit aber aalglatt zugeht –: wer will denn das alles noch lesen! Ich weiß etwas viel Schöneres.

„Durch türkische und ägyptische Harems. Erlebnisse eines deutschen Landsturmmannes, von August Mies, Landsturmmann und Kriegsteilnehmer, abkommandiert nach der Türkei zur Organisation der

Viehherden des ehemaligen Kriegsministers Enver Bey." Wir wollen uns zunächst einmal einigen: ich habe weder den Titel noch das Buch erfunden: das Werk ist im Verlag des Allgemeinen Stallschweizerbundes, Sitz Plauen i. V., wirklich erschienen.

Jetzt gehts los.

„Der Kapitän eines russischen Kriegsschiffes nimmt seine Tochter Tatjana auf eine Fahrt über das Schwarze Meer mit. Das russische Schiff wird von den Türken gekapert. Der Kapitän kommt in ein Internierungslager, während die junge Dame, die Braut eines russischen Offiziers, in den Harem eines Paschas verschleppt wird. Ein deutscher Landsturmmann wird für den Viehstand Enver Beys abkommandiert. Mit seiner Herde weilt er auf einsamer Heide, als der Pascha mit seinem Harem bei ihm sein Zeltlager aufschlägt. Hier lernt der deutsche Landstürmer die Russin als solche kennen und verspricht ihr, sie zu retten und heimzubringen."

Mit diesen einleitenden Worten erzählt der Verlag den Inhalt des Büchleins „Der Jugend möchte der Inhalt meiner Schilderungen besser ferngehalten werden". Kinder, rein!

Thomas Mann hat einmal von einem Bahnbeamten erzählt, er habe in einer Nacht gar kein Eisenbahnunglück erlebt, sondern den Zeitungsbericht über ein Eisenbahnunglück. So auch der Dichter August Mies, Landsturmmann und Kriegsteilnehmer. „Na, Steuermann, beruhige dich, noch vier Stunden, und wir sind im sichern Hafen. – Aber halt, siehe da, gegen Südwest, ist dies nicht eine Rauchfahne?" Beide standen wie versteinert vor Schreck, beide sahen mit ihren Fernrohren nach dieser Stelle. „Heil, Wladimir, der Dampfer hat uns gemerkt..." So pflegen sich die Russen auf See zu unterhalten.

Was aber das Haremsleben türkischer Wüstlinge im Orient angeht, so ist selbes noch niemals mit einer solchen Bliemchenkaffeepoesie geschildert worden wie hier. Unwiderstehlich komisch, wie da orientalische Sinnenlust und preußische Organisation durcheinanderwirbeln. Es geht alles ganz ordentlich vor sich. Ein Kapitel heißt: „Wie man Eunuche wird“ (wahrscheinlich eine Gebrauchsanweisung), – einer wird „Zum Obereunuchen befördert“, und auch sonst ist es lebensgefährlich. „Als dieser nun sah, daß Mohammed kein Eunuche, sondern ein Mann war, nahm er seine stets bei sich tragende Pistole und schoß Mohammed auf der Stelle nieder.“ Die edle Tatjana aber bleibt keusch und unberührt inmitten all des Greuels. Zwar mußte sie den wildesten Ausschweifungen zusehen, aber: „Sie zog sich Beinkleider an, wickelte sich kreuz und quer Tücher um ihren Unterleib und hielt Aspirin bereit. Wenn auch so ein hoher Herr lüstern ist, aber vor einer kranken Frau hat er Abscheu.“ Tatjana wußte schon, warum, sie sich so schützte, denn die Türken, das sind ja dolle Nummern! Was sehen meine entzündeten Augen –? „Entkleide dich“, befahl er, welchem Verlangen dieselbe sofort nachkam.“ Kinder, wieder raus.

Die anstößigen Stellen des Buches sind mit erfreulicher Diskretion gemildert, die Vorgänge der wilden Sinnenlust hat der Verfasser in das geliebte Papierdeutsch übertragen, wodurch sie etwas abgeklärt Registrierendes bekommen. Einmal entschuldigt er sich geradezu.

Er hat, durch einen Eunuchen geführt, die Hakori, die Liebesnacht seines Effendis, mit angesehen. Seine Tatjana, die er aus dem Harem befreit hat, fragt ihn eifersüchtig, wo er denn nachts gewesen sei. Er sagt es ihr. „Höre auf, deiner Erzählung bedarf es nicht, du hast heute nacht dem Hakori beigewohnt.“ – „Wie meinst du das, daß ich beigewohnt oder zugesehen habe?“ – „Natürlich zugesehen. Ja, mein Lieber, zu diesem Treiben war ich immer schwerkrank. Einen Ekel empfinde ich, wenn ich nur daran denke, und du siehst zu?“ Und nun der brave Landsturmmann: „Nicht aus Wollust, liebe Tatjana, sondern nur um das in der Heimat schwebende Dunkel etwas zu lüften!“ Das kann jeder sagen. Wenn das seine Alte liest, dann glaubt sie es ihm doch nicht, und er bekommt sicherlich mit dem Besen.

Aber es sind auch allgemein gültige Betrachtungen in dem Büchlein. „Was ist ein Mensch neben einer Pyramide?“ Wie wahr! Und wie erschütternd ist nicht jene Szene, in der der Vater des Eunuchen bedauert, denselben zu einem solchen gemacht zu haben und das Geschehene rückgängig machen will! Dahin, dahin! Denn das wäre das Ei des Kolumbus.

Schließlich kommt der Landsturmmann und Kriegsteilnehmer nach Odessa und liefert seine Tatjana, die frühere Haremsdame, zu Hause ab... Die Courts-Mahler steht beim Einzug ein bißchen Pate. Tatjana hatte als Haremsdame den Namen Hakara bekommen. „Nun ließ sich aber die frühere Haremsdame nicht mehr Hakara titulieren. „Nein, mein Lieber, jetzt mußt du mir schon meinen früheren Namen gönnen: Fräulein Tatjana Borewitsch." – „Aber wenn ich bloß Tatjana sage, bist du da zufrieden?" – „Aber selbstverständlich!" Mit diesem kleinen Geplänkel lief der Zug in Pultawa ein..." In Kiew ist große Hochzeit. Die Haremsdame heiratet, und der Landsturmmann bekommt viele Küsse, viele Wodkas und viele Rubel und fährt in die Heimat.

Als ich das Buch bis hierher gelesen hatte, zwinkerte ich erheblich. Was, August? du bist jahrelang mit diesem Haremsmädchen herumgezogen und willst uns nun einreden, du habest selbstlos, ohne einmal zu trinken, diesen Quell der Freude in seine Heimat transportiert? War Tatjana so keusch? Sie war es. Wenigstens dir gegenüber, August, denn am Schluß des Buches ist das Bild des Verfassers angebracht, und wenn er auch in Polen wohnt: Gott strafe mich, wenn er nicht sächselt. Er hat einen bunten Gummikragen und ein kleines Vorhemdbrettchen und einen geklebten Schlips und eine Brille und einen viereckigen Kopf. Du keusche Tatjana! „Der Verfasser ist früher jahrelang der Vorsitzende des Allgemeinen Stallschweizerbundes, Sitz Plauen, gewesen. Er besitzt umfangreiche Kenntnisse auf dem Gebiete der Rinderzucht, und ihm unterstanden schon vor dem Kriege große Rinderbestände von weit über hundert Stück. Seine Fachkenntnisse auf diesem Gebiet waren die Ursache für die ihm gewordene in Kriegszeit als Auszeichnung geltende Abkommandierung nach der Türkei zwecks Verwaltung des dortigen großen Rindviehbestandes." Daß der Mann nicht Reichstagspräsident geworden ist –!

Wonach also festzustellen, daß auch diesmal am deutschen Wesen die Welt genesen ist, und daß unsere Fahnen kulturell und siegreich über den

Zeltharems türkischer Paschas geflattert haben. Bitte erheben Sie sich von Ihren Sitzen und ehren Sie mit mir den Verfasser dieses aufschlußreichen Büchleins.

1929

Narkose durch Bücher

„Und wenn alles aus ist...“

Es ist niemals alles aus. Alles geht weiter – eine sehr schmerzliche Erfahrung, die man erst ziemlich spät lernt. Alles geht weiter. Was aber, wenn es doch weitergeht, und man denkt, alles sei aus... was dann?

Manche betrinken sich. Es steht einer Dame nicht wohl an, sich zu betrinken – wir sind doch hier nicht in Amerika.

Nun, also dann: eine neue Liebe? Nie wieder Liebe -! In den Romanen der neunziger Jahre vergaßen die Heldinnen im „Strudel des rauschenden und eleganten Vergnügungslebens“ ihren Kummer – aber wo strudelt es denn heute schon und noch? Dann gibt es also nur ein Mittel, nein zwei.

Das eine ist: Narkose durch Bücher. Durch welche Bücher kann man das Leid betäuben? Das kommt auf die zu Betäubende an.

Ist es eine sehr kluge, eine sehr gebildete, eine sehr intellektuell trainierte Dame, dann mag es wohl sein, daß sie zu den Klassikern greift – zu deutschen oder zu französischen oder zu englischen; in diesen Büchern steht gewöhnlich immer ein Teil mehr, als man bei der ersten Lektüre herausgelesen hat. Man kann zum Beispiel in den Swift auch viel hineinlesen; das kann man nicht bei jedem Buch... Aber das ist noch nicht das Richtige.

Das Richtige ist: das intensive Buch.

Das Buch, dessen Autor dem Leser sofort ein Lasso um den Hals wirft, ihn zerrt, zerrt und nicht mehr losläßt – bis zum Ende nicht, bis zur Seite 354. Lies oder stirb! Dann liest man lieber. (Musterbeispiel dieser Gattung nicht etwa Wallace, der es ja nunmehr schon etwas reichlich grob treibt, womit nicht gesagt sein soll, daß er es nicht immer so getrieben habe) – Musterbeispiel: „Prinzgemahl“ von Philip MacDonald. Davon gibt es natürlich viele hundert Beispiele. Betäubt dergleichen -?

Ja, es betäubt; diese Gattung Literatur betäubt. So, wie es gegen Kopfschmerzen ein wirkliches Universalmittel gibt: nämlich starke Zahnschmerzen-: so wird bei der Lektüre dieser modernen Märchenbücher nur ein kleines Feld im Gehirn angestrengt, der Rest ist gelähmt, er ruht... die Sache mit Martin wagt sich nicht hervor... für den Augenblick ist sie nicht da...

Der Autor schleppt die Liebeskranke (gibt's!) durch die Dschungel und durch die Unterwelten der großen Städte; es knallt und es brennt; die Heldin stürzt mit rutschendem Büstenhalter aus dem 44. Stockwerk, und unten wartet der Befreier, weiter! weiter! Die Leidende liest weiter.

Sie liest, wenn sie allein ist, bei Tisch, zum Kaffee und den ganzen Nachmittag lang – und wenn sie noch so ein Buch hat, auch noch an diesen langen Abenden, die schlaflose Nacht werden wollen, die Stunden wollen nicht enden, der Schlaf kommt nicht... Er braucht nicht zu kommen. „Mit einem einzigen Blick übersah Jack die Situation. Er ergriff den Konservenbüchsenöffner, der auf dem Tisch lag, und stürzte sich auf den Chinesen ...“

Faul wird die Sache nur dann, wenn in diesem Rumor plötzlich ein Kerl auftaucht, der zufällig Martin heißt. Martin ...

Dann läßt sie das Buch sinken, und der ganze Kram ist wieder da. Hat er sich nicht gemein benommen? Er hat sich gemein benommen. Hätte ich mich anders benehmen können? Ich hätte mich nicht anders benehmen können! Hätte ich ihm den Brief... hätte er mir den Brief... hätten wir uns die Briefe... äh!

Einer, der Martin heißt, darf also nicht vorkommen. Aber sonst sind diese Bücher bunte Oasen, in die die Leserin aus der Wüstenei flieht, wo man sie so grimmig enttäuscht hat...

Und es muß nicht immer unglückliche Liebe sein (gibt's!). Da ist die Rekonvaleszenz: die süße Mattigkeit, die Zeit, in der sie alle gut zu einem sind und so leise und so rücksichtsvoll... ach, daß sie ewig grünen bliebe, die schöne Zeit...! Da sind dann mildere Bücher am Platze – aber gut geschrieben müssen sie sein und sanft und hinreißend (Musterbeispiel: Raucat „Die ehrenwerte Landpartie“, bei Erich Reiß erschienen). Glatt wie Öl geht dir das ein, die Seiten wenden sich so lind um, die Erzählung fließt sanft dahin, unaufhaltsam, man muß nicht alles so genau verstehen, lesen genügt auch ... die Zeit vergeht... die Krankheit entweicht... die Gesundheit wächst langsam ... Kummer und Elend liegen grollend in der Ecke, niemand kümmert sich um sie, und das bekommt ihnen schlecht; denn das Unglück ist eine eitle Frau und will hofiert sein. Beachtet man es nicht, dann stirbt es.

Wer wird denn Kokain schnupfen, dieses Stimulans unserer Großmütter aus der Inflation! Bücher sind auch sehr schön. Aber es müssen die richtigen Bücher sein. Und so ist es denn das Beste, wenn die Dame den Herrn Martin gleich zu Beginn ihrer Beziehungen fragt: „Sag mal was rätst du mir zu lesen, wenn wir uns gezankt haben?“ Wenn er so nett ist, sagt er's. Wo lesen wir unsere Bücher?

Wo –?

Im Fahren.

Denn in dieser Position, sitzend-bewegt, will der Mensch sich verzaubern lassen, besonders wenn er die Umgebung so genau kennt wie der Fahrgast der Linie 57 morgens um halb neun. Da liest er die Zeitung. Wenn er aber zurückfährt, dann liest er ein Buch. Das hat er in der Mappe. (Enten werden mit Schwimmhäuten geboren – manche Völkerschaften mit Mappe.) Liest der Mensch in der Untergrundbahn? Ja. Was? Bücher. Kann er dort dicke und schwere Bücher lesen? Manche können es. Wie schwere Bücher? So schwer, wie sie sie tragen können. Es geht mitunter sehr philosophisch in den Bahnen zu. Im Autobus nicht so – der ist mehr für die leichtere Lektüre eingerichtet. Manche Menschen lesen auch auf der Straße... wie die Tiere.

Die Bücher, die der Mensch nicht im Fahren liest, liest er im Bett. (Folgt eine längere Exkursion über Liebe und Bücher, Bücher und Frauen – im Bett, außerhalb des Bettes... gestrichen.) Also im Bett. Sehr ungesund. Doch – sehr ungesund, weil der schiefe Winkel, in dem die Augen auf das Buch fallen ... fragen Sie Ihren Augenarzt. Fragen Sie ihn lieber nicht; er wird Ihnen die abendliche Lektüre verbieten, und Sie werden nicht davon lassen – sehr ungesund. Im Bett soll man nur leichte und unterhaltende Lektüre zu sich nehmen sowie spannende und beruhigende, ferner ganz schwere, wissenschaftliche und frivole sowie mittelschwere und jede sonstige, andere Arten aber nicht.

Dann lesen die Leute ihre Bücher nach dem Sonntagessen – man kann in etwa zwei bis zweieinhalb Stunden bequem vierhundert Seiten verschlafen.

Manche Menschen lesen Bücher in einem Boot oder auf ihrem eigenen Bauch, auf einer grünen Wiese. Besonders um diese Jahreszeit.

Manche Menschen lesen, wenn sie Knaben sind, ihre Bücher unter der Schulbank.

Manche Menschen lesen überhaupt keine Bücher, sondern kritisieren sie.

Manche Menschen lesen die Bücher am Strand, davon kommen die Bücher in die Hoffnung. Nach etwa ein bis zwei Wochen schwellen sie ganz dick an – nun werden sie wohl ein Broschürchen gebären, denkt man – aber es ist nichts damit, es ist nur der Sand, mit dem sie sich vollgesogen haben. Das raschelt so schön, wenn man umblättert...

Manche Menschen lesen ihre Bücher in... also das muß nun einmal ernsthaft besprochen werden.

Ich bin ja dagegen. Aber ich weiß, daß viele Männer es tun. Sie rauchen dabei und lesen. Das ist nicht gut. Hört auf einen alten Mann – es ist nicht gut. Erstens, weil es nicht gut ist, und dann auch nicht hygienisch, und es ist auch wider die Würde des Dichters, der das Buch geschrieben hat und überhaupt. Gewiß kann man sich Bücher vorstellen, die man nur dort lesen sollte, Völkische Beobachter und dergleichen. Denn sie sind hinterher unbrauchbar: so naß werden sie. Man soll in der Badewanne eben keine Bücher lesen. (Aufatmen des gebildeten Publikums.)

Merke: Es gibt nur sehr wenige Situationen jedes menschlichen Lebens, in denen man keine Bücher lesen kann, könnte, sollte... Wo aber werden diese Bücher hergestellt? Das ist ein anderes Kapitel.

1930

Das wäre das ein Mittel, um den Kummer zu vergessen.

Es gibt aber noch ein zweites.

Arbeit ist auch nicht schlecht.

1930

Die letzte Seite

Mein Beruf – ich bin Zweiter Leuchtturmwächter auf der kleinen Ostseeinsel Achnoe, und die Nächte sind lang mein Beruf zwingt mich, viel und ausgiebig zu lesen. Um neue Bücher ist mir nicht bange – die bekomme ich von meinem Freund, Herrn Andreas Portrykus, dem Nachtredakteur des „Strahlförder Generalanzeigers“ (mit Unfallversicherung). Er schenkt mir alle Rezensionsexemplare, und so lese ich Nacht für Nacht, alles durcheinander: Romane und Reisebeschreibungen und zarte, sinnige Geschichten aus edler Frauenhand, und was man eben so liest.

Und wenn der Wind an die dicken Scheiben stößt, wenn mein Burgunderpunsch auf dem Tisch dampft, der bräunliche Tabak knastert und ich alter Mann wieder einmal froh bin, diesen Posten ergattert zu haben –: dann kommt es wohl vor, daß ich, aus Zerstreutheit und guter Laune die Bücher von hinten zu lesen beginne, so, wie man aus einem Kuchen sich zuerst die Rosinen herausknabbert.

Und da bin ich zu der Entdeckung gekommen, daß die Schlüsse all der vielen Bücher sich deutlich nach verschiedenen Arten gruppieren lassen.

Es gibt Normalschlüsse, die immer wiederkehren: der Autor mag vom Mond heruntergefallen sein, am Schlusse besinnt er sich doch auf sein edles Menschentum und redet deutsch.

Heute nacht habe ich wieder vier Pfund Bücher gelesen mir ist noch manches im Gedächtnis. Ich will es einmal versuchen.

Der Unterhaltungsroman, der Erfolg hat

„... Gefühlt habe ich es schon lange“, flüsterte Helene. „Aber du hast es mir erst ins Bewußtsein gebracht. Jetzt beginne ich erst wirklich zu leben.“ – Edgar zog sie an sich ...

So verrannen ihnen die Stunden, ohne daß sie es merkten. Dann schritten sie miteinander über das abendlich dämmernde Feld, auf dem sich der würzige Geruch der jungen Kartoffeln mit dem süßen Duft der Rosen mischte. Edgar Helmenberg führte seine junge Braut in das Haus auf dem Hügel. Der Mond ging auf. Er ergriff ihre Hand. „Siehst du den Mond?“ sagte er stark. „Ich aber will dir die Sonne geben!“ – Und gebannt flüsterte sie: „Die Sonne!“ –

Der Unterhaltungsroman, der keinen Erfolg hat

Es war alles aus. Kuno stand an den Scherben seines bescheidenen Glücks. Warum ihm das Unglück? Warum gerade ihm? Und die anderen? Ingrimmig ballte er die Fäuste – und ließ dann doch die Hände wieder sinken.

Da zogen sie hin; wie sie gelacht hatte, seine – ja seine! – Gertrud. Herr Doktor Holtzenheimer aber hatte Geld und war ein flotter Kerl...

Die lange Liebe, die Werbungen so vieler Jahre – alles vergebens. Da brach er weinend zusammen und zerknickte die Rose in seiner Tasche...

Professorale Reisebeschreibung

So endet diese meine schöne und lehrreiche Reise in das Sonnenland Ägypten. Sie hat mir viel Neues gezeigt und meinen Wissenskreis erweitert. Sie hat mir aber auch bewiesen, wie heutzutage der Deutsche überall wohlgelitten ist, wenn er nur seinen Platz an der Sonne verteidigt. Möge das Büchlein seinen Lesern Unterhaltung und anregende Belehrung gewähren, damit auch sie dereinst hinausziehen in das altehrwürdige Land des Nils und der Könige Ramses und Ramsenit!

Bemerkt mag noch werden, daß der auf Seite 154 erwähnte mittlere Fliegenpilz auch in Deutschland beobachtet worden ist. So hat nach einer Mitteilung Schaedlers im „Geographischen Wochenblatt" ein Lehrer in Meißen einen solchen gefunden und auch bestimmt.

Die Moderne um 1900

„Seele", flüsterte er. Dann knallte ein Schuß. Die aufgeschreckten Hausbewohner liefen durcheinander – Schutzleute bahnten sich einen Weg durch die Menge. Der Mann im Hausflur war tot. Sein Blut sickerte durch den linken Ärmel auf den hellblau und grünlich karrierten Steinfliesboden und verrann in Rinnsein in den staubigen Fugen ...

Altes Buch

„Möge euch", so schloß der Geistliche seine alle Anwesenden aufs tiefste ergreifende Rede, „der liebe Gott den Bund segnen, den zwei so mächtige Familien miteinander durch ihre Kinder geschlossen haben!" –

Was soll ich noch viel erzählen? – Eduard und Kunigunde wurden ein glückliches, aber kinderreiches Paar; der alte Hader war begraben und vergessen. Draußen aber pfeift der Wächter schon die zwölfte Stunde, laß mich das Licht löschen, geneigter Leser! Gute Nacht! –

Das richtige Jungensbuch

(Die Lagerfeuer in Kalifornien)

„Schurke!“ knirschte der Mestize. Ein Messer blitzte in seiner Hand – aber mit einem gewaltigen Schlage streckte ihn der alte Trapper nieder. Ein kurzes Röcheln – dann war alles vorbei.

Der alte Trapper geleitete die Karawane noch in die nächste große Stadt S., dann begab er sich wieder in seine Einöde zurück. „Einen Dank brauche ich nicht“, sagte er.

„Ich habe nur getan, was rechtens war.“

Franz und Fräulein Armstrong, die Erbin des Goldfundes, wurden ein Paar und lebten glücklich und zufrieden.

Der Kellner Fritz bekam eine zuträgliche Stellung in San Franzisko, die er heute noch innehat.

Von dem hinterhältigen Don Pedro hat kein Mensch mehr etwas gehört. Er blieb verschollen.

Der alte Indianer Hefrakorn aber erhielt das Gnadenbrot bei Krafts. Franz Kraft ist ein alter Mann geworden, und Kinder und Enkel umspielen seine Knie. Wenn er aber mit seiner immer noch schönen Frau, seinen Kindern und dem alten Indianer um den runden Tisch zusammensitzt, dann gedenken sie wohl noch oft der

„Lagerfeuer in Kalifornien“.

Ja, wird stets der geneigte Leser nun sagen: Das ist ja alles sehr schön und nett – aber wie soll denn ein Buchschluß nun sein? Diese gefallen doch dem Herrn Leuchtturmwächter alle nicht... Ich muß sagen, daß ich in meiner jetzt zwanzigjährigen Dienstzeit nur einmal einen wirklich guten, ehrlichen und motivierten Buchschluß gefunden habe. Er fand sich in einem Gedichtbüchlein „Frühlingsstimmen“ von Herrn Hugo Taubensee. Der Mann war – wie man aus dem beigehefteten Porträt sehen konnte – Postschaffner, aber auch Dichter, eine der so häufigen

Verbindungen von Geschäftsmann und Romantiker. Der Verleger war nur Geschäftsmann.

Diese „Frühlingsstimmen" klangen folgendermaßen aus:

„Mitteilung an den Leser!

Die gesammelten Gedichte des Verfassers gehen in Wirklichkeit noch weiter. Weil ich aber nicht in der bemittelten Lage bin, weiteres Papier und auch die Druckkosten anzuschaffen, so sehe ich mich gezwungen, die Gedichte hier abzubrechen. Ich will aber, wenn der Absatz dieses Büchleins ein entsprechender ist, die „Frühlingsstimmen" gern fortsetzen. Die Leser handeln also im eigenen Interesse, wenn sie das Buch fleißig kaufen und weiterempfehlen!"

Das heiß ich einen Schluß! Von jetzt an werde ich mich mehr den Anfängen zuwenden.

1916

Wo lesen wir unsere Bücher?

Wo –?

Im Fahren.

Denn in dieser Position, sitzend-bewegt, will der Mensch sich verzaubern lassen, besonders wenn er die Umgebung so genau kennt wie der Fahrgast der Linie 57 morgens um halb neun. Da liest er die Zeitung. Wenn er aber zurückfährt, dann liest er ein Buch. Das hat er in der Mappe. (Enten werden mit Schwimmhäuten geboren – manche Völkerschaften mit Mappe.) Liest der Mensch in der Untergrundbahn? Ja. Was? Bücher. Kann er dort dicke und schwere Bücher lesen? Manche können es. Wie schwere Bücher? So schwer, wie sie sie tragen können. Es geht mitunter sehr philosophisch in den Bahnen zu. Im Autobus nicht so – der ist mehr für die leichtere Lektüre eingerichtet. Manche Menschen lesen auch auf der Straße... wie die Tiere.

Die Bücher, die der Mensch nicht im Fahren liest, liest er im Bett. (Folgt eine längere Exkursion über Liebe und Bücher, Bücher und Frauen – im Bett, außerhalb des Bettes... gestrichen.) Also im Bett. Sehr ungesund. Doch – sehr ungesund, weil der schiefe Winkel, in dem die Augen auf das Buch fallen ... fragen Sie Ihren Augenarzt. Fragen Sie ihn lieber nicht; er wird Ihnen die abendliche Lektüre verbieten, und Sie werden nicht davon lassen – sehr ungesund. Im Bett soll man nur leichte und unterhaltende Lektüre zu sich nehmen sowie spannende und beruhigende, ferner ganz schwere, wissenschaftliche und frivole sowie mittelschwere und jede sonstige, andere Arten aber nicht.

Dann lesen die Leute ihre Bücher nach dem Sonntagessen – man kann in etwa zwei bis zweieinhalb Stunden bequem vierhundert Seiten verschlafen.

Manche Menschen lesen Bücher in einem Boot oder auf ihrem eigenen Bauch, auf einer grünen Wiese. Besonders um diese Jahreszeit.

Manche Menschen lesen, wenn sie Knaben sind, ihre Bücher unter der Schulbank.

Manche Menschen lesen überhaupt keine Bücher, sondern kritisieren sie.

Manche Menschen lesen die Bücher am Strand, davon kommen die Bücher in die Hoffnung. Nach etwa ein bis zwei Wochen schwellen sie ganz dick an – nun werden sie wohl ein Broschürchen gebären, denkt man – aber es ist nichts damit, es ist nur der Sand, mit dem sie sich vollgesogen haben. Das raschelt so schön, wenn man umblättert...

Manche Menschen lesen ihre Bücher in... also das muß nun einmal ernsthaft besprochen werden.

Ich bin ja dagegen. Aber ich weiß, daß viele Männer es tun. Sie rauchen dabei und lesen. Das ist nicht gut. Hört auf einen alten Mann – es ist nicht gut. Erstens, weil es nicht gut ist, und dann auch nicht hygienisch, und es ist auch wider die Würde des Dichters, der das Buch geschrieben hat und überhaupt. Gewiß kann man sich Bücher vorstellen, die man nur dort lesen sollte, Völkische Beobachter und dergleichen. Denn sie sind hinterher unbrauchbar: so naß werden sie. Man soll in der Badewanne eben keine Bücher lesen. (Aufatmen des gebildeten Publikums.)

Merke: Es gibt nur sehr wenige Situationen jedes menschlichen Lebens, in denen man keine Bücher lesen kann, könnte, sollte... Wo aber werden diese Bücher hergestellt? Das ist ein anderes Kapitel.

1930

Titelmoden

Früher, als ich meiner Mama die ersten Leihbibliotheksbände aus dem Schrank stibietzte, las ich zuerst immer den Titel – und dann wunderte ich mich. Warum hieß wohl dieses Buch „Herbststürme“? Auf der ersten Seite stand etwas vom Frühling... Und jedesmal, bei jedem Buch, dachte ich: Wirst du auch verstehen, warum, warum dieses Werk nun grade so heißt, wie es heißt? Manchmal verstand ich es nicht, denn der Titel war das, was Wilhelm Bendow früher zu sagen pflegte, wenn er eine besonders gesalzene Sache gesagt hatte: „Symbolisch“.

Wie heißen Bücher –? Kleine Kinder heißen Emma oder Horst, Lydia oder Lottchen ... woher die Leute nur immer wissen, wie die Kinder heißen ... aber wie heißen Bücher, und warum heißen sie so – ?

Thomas Mann ist es gewesen, der, wenn ich nicht irre, einmal gesagt hat, der anständigste Titel sei noch immer ein Eigenname. Dann heißt das Buch nach der Hauptperson seiner Handlung wie ein Mensch – und den symbolischen Gehalt darf sich der Leser selbst heraussuchen.

Büchertitel sind der Mode unterworfen, wie alles andere.

In grauer Vorzeit hießen Bücher etwa: „Von der grausamen Türken-Schlacht/ so bei Konstantinopul in diesem Jahre stattgeffunden/ und mehr denn dreihunderttausend Menschen erschröcklich umgekommen/ Gettrukkt in diesem Jahre/“. Aber solch ein Buch brauchte man nicht telefonisch zu bestellen.

Ferne sei es von mir, die Damen mit einer Doktorarbeit zu langweilen: „Zur Geschichte des deutschen Büchertitels von Karl dem Großen bis auf die Gegenwart“, denn so heißen wieder nur Doktorarbeiten. Aber wenn man in der Zeit zurückblättert...

Bei den Klassikern und ihren Epigonen des neunzehnten Jahrhunderts hießen die Bücher: „Lucinde“ oder „Wilhelm Meister“, „Des Knaben Wunderhorn“ oder „Die Räuber“. Sie trugen also Eigennamen oder eine Etikettenbezeichnung, auf der genau zu lesen war, was den Leser erwartete. Er wußte, was in der Flasche drin war. Das änderte sich.

Es änderte sich, als das Buch in den scharfen Konkurrenzkampf seiner Mitbücher trat. Der Titel war nun mehr als nur Etikettenaufschrift: er sollte anlocken, neugierig machen, das Buch aus den Bücherballen der Saison herausheben. Die Titelmode wurde bewegter und bunter.

Das begann, um von den letzten deutschen Jahrzehnten zu sprechen, damit, daß die Eigennamen in den Titeln einen Artikel bekamen. „Das Tagebuch der Susanne Oevelgönne“. – „Der Weg des Thomas Truck“, und so fort und so fort. Die Figur wurde damit deutlicher bezeichnet, sie wurde herausgehoben, es war nicht mehr irgendeine Regina, sondern diese Regina, einmalig und nie wiederkehrend. Diese Mode hatte von Anfang an etwas Pretiöses und verfiel rasch, wie alle solche Moden, und da, nach einem Worte Rodas, nicht nur Kleider, sondern auch geistige Moden im Hinterhause aufgetragen werden, so findet man solche „Dies“ und solche „Ders“ heute nur noch bei schlechten und murksigen Romanen aus vierter Hand.

Neben solchen Moden lief natürlich stets die Schar der Bücher, die eine ganz brave und sachliche Bezeichnung trugen: „Der Pfefferhandel in Nord-Guayana“ oder: „Das Schiffereiwesen in Tibet“ und so. Die Mode der Titel aber wandelte sich.

Einen gewaltigen Einschnitt gab es, als einer, nein: eine, darauf verfiel, daß man ja als Titel auch einen halben Satz nehmen könnte. Dieses Buch, dessen Titel heute noch herumspukt, hieß: „Briefe, die ihn nicht erreichten“. Was dieser Titel angerichtet hat, das ist nicht zu blasen.

„Frauen, die den Kranz verloren…“ – „Winzer, die im Herbste winzen“ – (Hans Reimann: „Männer, die im Keller husten“) – „Wollwesten, wie wir sie lieben“ … ein Meer von Relativsätzen ergoß sich über den Leser. Kompliziert noch durch die drei Punkte, die man ehedem überall setzte, damals, als die „Skizzen“ in den Tageszeitungen keinen Eigennamen enthielten, sondern so anfingen: „Er sah trübe auf seine ungereinigten Fingernägel und dachte sich sein Teil…“ – in dieser Dreipunkte-Zeit hatten auch die Titel drei Punkte. „Mädchen, die…“ – „Büßer…“ – „Sünde…?“ Und was der Mensch so braucht.

Bis auch dieses eines Tages nicht mehr genügte. Die neue Entwicklung begann damit, daß die Titel lockender wurden. Der ausgezeichnete Titel „Mit Blitzlicht und Büchse durch Afrika“ ist gradezu ein Musterbeispiel geworden, und ausnahmsweise ein gutes. Es knallte aber noch nicht genug – und da kam ein ganz Findiger auf den Gedanken: Ein Titel? Ein Titel kann auch ein ganzer Satz sein. Und nun ging es los.

„Finden Sie, daß Juckenack sich richtig verhält?“ – „Wer weint um Constanze?“ – „Blonde Frauen sehn dich an“ –

„Gentlemen prefer beasts“ – die Titel wurden immer lauter, immer frecher, immer schreiender, immer lyrischer … Hierzu Alfred Polgar: Ich liebe es nicht, wenn man auf dem Menü Proben der Gerichte sieht. Da ungefähr halten wir.

Der Rückschlag ist schon spürbar.

Über ein kleines, und die ruhigeren Titel werden wieder modern werden; die lauten, krachenden werden dann wieder nach unten versickern. Noch heißen viele Bücher: „Ich stehe Kopf – was tun Sie?“, aber das wird sich legen. Die großen Schriftsteller haben übrigens diese Mode niemals mitgemacht, und das ist gut so. Literatur ist keine Würfelbude.

Moden, Moden. Einmal trug man „… als Erzieher“; einmal: „Goethe und …“; einmal lange Titel und lange Kleider, einmal kurze Kleider und kurze Titel. Das Tagesbuch, das es so gut gibt wie die Tageszeitung, unterliegt der Titelmode; das gute Buch unterliegt dem Zeitgeist, und bei dem großen Kunstwerk ist der Titel Hekuba.

1930

Die Zeit schreit nach Satire

1

Per Eilboten.

Sehr geehrter Herr!

In der Annahme, daß Sie für die Ausarbeitung einer literarischen Groß-Revue mit satirischem Einschlag Interesse haben, erlauben wir uns, uns mit der Bitte an Sie zu wenden, unserm Herrn Generaldirektor Bönheim – möglichst heute noch – Gelegenheit zu einer persönlichen Rücksprache mit Ihnen zu geben.

Wir erwarten Ihren Anruf zwischen 11 und ½ 12 Uhr. Indem wir hoffen, von Ihnen *umgehend* eine zusagende Antwort zu erhalten, begrüßen wir Sie

mit vorzüglicher Hochachtung
Deutscher Literatur-Betrieb G. m. b. H.
Abteilung: Theater
Für den geschäftsführenden Direktor:
(gez.) Dr. Milbe

2

– „Hallo!"

– „Hier Deutscher Literatur-Betrieb!"

– „Hier Peter Panter. Sie hatten mir geschrieben; Ihr Herr Generaldirektor Bönheim möchte mich sprechen; es handelt sich um eine Revue..."

– „'n Augenblick mal.– – Ja –?"

– „Sie hatten mir geschrieben ..."

– „Wer ist denn da?“

– „Hier Peter Panter. Sie hatten mir geschrieben: Ihr Herr Generaldirektor Bönheim möchte mich ...“

– „Ich verbinde mit dem Generalsekretariat Generaldirektor Bönheim.“

– „Hier Generalsekretariat Generaldirektor Bönheim?“

– „Hier Peter Panter. Sie hatten mir geschrieben: Ihr Herr Generaldirektor Bönheim möchte mich sprechen es handelt sich um eine Revue...“

– „'n Augenblick mal... ! – Ja, was gibts denn –?“

– „Hier Peter Panter. Sie hatten mir geschrieben: Ihr Herr Direktor Bönheim möchte mich sprechen; es handelt sich um eine Revue...“

– „Sie meinen Herrn *General*direktor Bönheim –! Herr Generaldirektor ist nicht zu sprechen, er ist verreist; wenn er hier wäre, wäre er in einer wichtigen Konferenz.“

– „Ja, aber... in dem Brief stand, es war eilig... unterzeichnet hat ein Herr Doktor Milbe.“

– „Das ist Abteilung: Theater. Ich verbinde mit der Abteilung: Theater.“

(Schlaganfall)

Darauf: Verabredung mit Herrn Dr. Milbe.

3

– „Also, sehn Se, ich hab mir das so gedacht –: wir machen eine Revue, verstehn Se, also eine Revue, so was hat Berlin überhaupt noch nicht gesehn! Scharf, verstehn Sie mich, witzig, spritzig – also es ist ja gar kein Zweifel: *dieseZeitschreitjanachSatire*!– das wird eine ganz große Sache! Wir haben sofort an Sie gedacht – nehm Sie 'ne Zigarette? – kommt ja gar kein anderer in Frahre. Wir engagieren Pallenberg, die Valetti, Paul Graetz, Ilka Grüning, Otto Wallburg – – Hallo? 'tschuldjen 'n Momentchen...! (Viertelstündiges Telephongespräch) – also, wo waren wir stehengeblieben – Ja! Engagieren also die Massary, Emil Jannings,

Lucie Höflich ... Nu ist da allerdings ein Haken: Ablieferungstermin des Manuskripts in acht Tagen. Ja, also das is nich anders! Warten ist zu teuer. Wir haben das Theater gepachtet wir müssen mit der Sache raus. Na, Sie werden das schon machen! Regie? Piscator! Seffaständlich! Hat schon zugesagt; wenn er also nicht kann, dann Jeßner. Oder Haller. Auf alle Fälle: 1a. Da können Sie sich auf uns verlassen.

Und gehn Sie ran, besonders in den Couplets ... nein, halt, machen Sie keine Couplets – machen Sie Sonx – jetzt macht man Sonx – natürlich nicht zu literarisch, nicha, wir wenden uns ja an ein großes Publikum... also 'n bißchen allgemein-verständlich... wir haben so etwa gedacht: Dreigroschenoper mitm Schuß Lehar. Komponisten? Na, wahrscheinlich Meisel und Kollo oder Hindemith und Nelson, ein bißchen einheitlich muß es ja schon sein. Das Geschäftliche –? besprechen wir noch – unser leitender Herr ist heut grade in Moabit. Als Zeuge. Wissen Sie, ich war früher auch literarisch tätig; was meinen Sie, beneide ich Sie, wie gern würd ich wieder... Hallo? nein! gehn Sie noch nicht weg! ich hab Ihnen noch was zu sagen! (Dreiviertelstündiges Telephongespräch) –

Also wir verbleiben dann so, nicht wahr: es bleibt dann dabei: am 18. liefern Sie ab, und am 19. fangen wir an mit den Proben! Hier gehts raus ..."

4

– „Doktor Milbe hat mich aber um halb elf bestellt."

– „Tut mir sehr leid, Herr Doktor Milbe ist in einer wichtigen Konferenz."

– „Da werd ich warten – Nanu! Mehring? Was machen Sie denn hier?... und was... der Onkel Kästner!"

– „Tag, Panter. Ja, wir kommen hierher, wir haben uns unten getroffen, wir wissen auch nicht... Mehring sagt mir, er arbeitet hier an einer Revue. Ich arbeite hier auch an einer Revue."

– „Ich auch. Ganz ulkig – mir hat der Mann gar nichts gesagt, daß er noch andere auffordert... da hätten wir doch gut zusammenarbeiten können... so ein –“

– „Herr Doktor Milbe läßt die Herren bitten!“

(gezischt) – „Ich hab Ihnen doch gesagt, nicht alle drei zusammen –!

Also... sehr nett, daß Sie kommen: ich habe die Herren gleich zusammengebeten, nicht wahr, es ist einfacher – – es war ja auch so besprochen. Bitte nehmen Sie Platz... Tja... also wir haben Ihre Texte durchgesehen ... durchgesehen ... ja, also da muß ich Ihnen nun leider sagen: also so geht das nicht. Sehn Se mal... Hallo? 'tschuldjen 'n Momentchen ... (Halbstündiges Telephongespräch) – Wo waren wir stehengeblieben... ja, also meine Herren, ich habe Ihnen das ja eben auseinandergesetzt, warum es so nicht geht. Herr Kästner, das ist ja viel zu fein, was Sie da gemacht haben – das verstehen die Leute ja gar nicht... nee, die Revue soll natürlich gut sein, aber zu gut soll sie auch wieder nich sein! Herr Panter, das ist unmöglich, unmöglich, verstehen Sie mich – sehn Sie, hier das da, das ist gut, diese Szene mit dem Spreewaldkahn –“

– „Die hatte ich mir als Parodie gedacht; die Szene ist gar nicht ernst...“

– „Na, das ist ja ganz gleich – dann machen wir sie eben ernst. So müßte die ganze Revue sein... und hier, das da –:

Komm mal rüber –
komm mal rüber mit der Marie! –

Sie irren, wenn Sie glauben, daß unsere Besucher für Geld „Marie“ sagen – na ja, *ich* versteh das ja, aber wir haben Smoking-Publikum ... und dann hier, das mit der Reichswehr, das geht natürlich nicht, und das mit Zörrgiebel muß weg... aber sonst ist es ganz... Hallo? 'tschuldjen mich ... Zum Donnerwetter! Ich bin jetzt in einer wichtigen Konferenz! Ich will jetzt nicht gestört werden! Nein! Ja! Weiß ich nicht! Hören Se mal – –! (Halbstündiges Telephongespräch) – Also wo ... ja, Herr Mehring, nehmen Sie mir das nicht übel – ich habe das nicht verstanden! Also ich versteh das nicht! Na, dann bin ich eben literarisch nicht so gebildet wie Ihr ... ich habe schließlich meine journalistischen Sporen verdient; ich trau mich gar nicht, das Herrn Generaldirektor Bönheim vorzulegen, der lacht uns ja glatt aus! Hier –:

> Und weil der Eskimo anders als der Börsianer spricht:
> Deswegen verstehen, verstehen wir alle, wir alle uns nicht!

Verstehn Sie das? Natürlich spricht er anders. Na, und das da:

> Es liegt eine Leiche im Landwehrkanal.
> Fischerin, du kleine –

also erstens ist das alt – und außerdem ist das unappetitlich; die Leute wollen doch nachher essen gehn. Nee, meine Herren – so geht das nicht. Also arbeiten Sie mir das um... verstehen sie mich, pikant, witzig, spritzig; ich habe für heute nachmittag auch noch Herrn Polgar und Herrn Marcellus Schiffer und Herrn Roellinghoff gebeten – wir müssen das schaffen. Sonst wende ich mich eben an Herrn Ammer oder an Herrn Villon oder schlimmstenfalls an Herrn Brecht... also um vier Uhr, meine Herren, beim Regisseur... auf Wiedersehn –!"

5

– „Ich habe ihm erklärt: ich übernehme die Inszenierung überhaupt nicht. Ich weiß gar nicht, warum er Sie hier alle zu mir herbestellt hat! Wenn ich das mache, dann mach ich es nur unter folgenden Bedingungen: Gesinnung! Gesinnung! Gesinnung! Es muß was rein von der Wohnungsnot; es muß was rein von der Aufhebung des § 194 der Strafprozeßordnung – das sind doch Probleme! Außerdem ist da natürlich der Film."

– „Was für ein Film?"

– „Der Film nach dem Stück von Bronnen."

– „Was für ein Stück von Bronnen?"

– „Das Stück nach dem Roman von Remarque. Also dieser Film nach dem Stück nach dem Roman – daraus mach ich einen Tonfilm, also es wird eigentlich kein Tonfilm, aber ich mach das so, mit einer laufenden Treppe, Jeßner hat... Guten Tag, Herr Doktor! Guten Tag, Herr Direktor Bönheim – sehr nett, daß Sie gekommen sind ...“

– „Wo kann man bei Ihnen mal telephonieren –?“

– „Hier, bitte...“ – –

– „So. Also jetzt kanns losgehen. Ja, also, meine Herren, wir fangen morgen an, mit den Proben, aber es müssen da noch einige Kleinigkeiten geändert werden. Das hier, geben Sie mal her, das hier geht nicht. Über die Justiz können wir uns so nicht lustig machen; das muß – bitte mal den Rotstift, danke! – das muß hier raus. Meine Herren, wenn Sie es nicht wissen sollten: wir sind mit Bosenstein & Klappholz liiert, und hinter denen stehn IG-Farben, solche Witze über die Börse – nee, also Taktlosigkeiten, verzeihen Sie, aber das wolln wir nicht machen. Immer hübsch im Rahmen bleiben. Na, hier... das mit der Internationale... die können Sie ja singen lassen, wenn Sie durchaus meinen; das hören ja die Leute vorm Abendbrot immer ganz gerne. Also arbeiten Sie mir das um – “

– „Herr Generaldirektor Bönheim wird am Telephon verlangt!“

– „Ich? – 'tschuldjen einen Augenblick mal –!“

(Bängliche Pause. Geflüster)

– „Herr Doktor Milbe meint... mit der Massary!“

– „Na, das können Sie doch machen, Panter; Sie haben doch schon so oft für die Frau Couplets, danke, ich rauch jetzt nicht, machen wollen ...“

– „So, da bin ich wieder. Ja, also ich höre eben, Emil Jannings hat abtelegraphiert und Otto Wallburg auch, das schadet aber nichts, das besetzen wir um, ich habe da ein paar sehr begabte junge Leute. (Milbe, ich dachte an... puschpuschpusch...) Ja, also wie weit sind Sie nu –? Mit den Streichungen. Ja. Herr Mehring, was hat Ihnen eigentlich der Reichskanzler getan? Lassen Sie doch den Mann in Frieden – wird auch kein leichtes Leben haben. Is nich wahr? Nein, sehn Se mal... zum Beispiel die Berliner Verkehrsregelung, *das* ist ein Skandal! Vorhin hat mein Wagen geschlagene fünf Minuten am Wittenbergplatz halten müssen – *da* müßtet Ihr mal was schreiben! Ja. Na, und der Titel?"

– „Ja, der Titel...?"

– „Herr Kästner, wie nennen Sie das Ding?"

– „Herz im Spiegel."

– „Und Sie, Herr Panter?"

– „Schwedenpunsch."

– „Und Sie, Herr Mehring?"

– „Nacht auf dem Blocksberg."

– „Also schön – dann heißt die Revue: Jeder einmal in Berlin. Meine Herren, Herr Doktor Milbe wird Ihnen das weitere auseinandersetzen; ich habe noch eine wichtige Konferenz... Auf Wieder –!"

„Gewiß, Herr Generaldirektor. Famos, Herr Generaldirektor!

Also, meine Herren, wie ich Ihnen gesagt habe: die Revue – steht. Nu arbeiten Sie sie um!"

6

– „Halt!"

– „Warum Halt?"

– „Wie kommt der Alligator auf die Bühne?"

– „Ich hab das so angeordnet – Herr Klöpfer will das so ..."

– „Das hat doch aber... hat doch aber gar keinen Bezug auf den Text –? Es ist ein Lied des Kuppelvaters... was soll um alles in der Welt..."

– „Ich schmeiße euch die Rrrolle hin, wenn Herr Panter hier immer stört! So kann ich nicht probieren! Da soll der Teufel probieren – ich nicht! Da –"

– „Aber, Herr Klöpfer… wir …“

– „Halten Sie Ihren Mund! Ich erwürrge Sie mit meinen nackten Händen! Wenn ich aus diesem Drecktext nicht was mache, dann lacht kein Aas, dann geht überhaupt keiner rein! Alle Nuancen sind von mir, alles von mir: hier, das mit dem Reifen, und beim zweiten Refrain mache ich falschen Abgang und komm mit 'ner Gasmaske wieder raus, und wenn ich hier nicht den Alligator auf den Arm nehmen kann, dann könnt ihr mich alle …“

– „Herr Panter, lassen Sie ihm schon den Alligator –! Es ist vielleicht wirklich ganz gut! (Piano) Am Abend geb ich dem Tier Rhizinus!“

7

– „Das sing ich nicht.“

– „Ja, Kinder, wenn ihr nicht singt, was da steht – Ihr könnt doch nicht eigene Verse reinmachen!“

– „Warum nicht! Das können wir sehr schön! Dann mußt du uns eben bessere Texte machen, Panterchen!“

– „Gnädige Frau, das geht wirklich nicht. Von mir aus kann ja hier gesungen werden, was will… aber mein Name steht auf dem Zettel – – –“

– „Ich kann das nicht! Ich kann das nicht! Meine Nerven halten das nicht aus! Ich werf euch den ganzen Kram hin! Entweder ich singe hier, oder ich singe hier nicht! Sie gehn überhaupt raus, Sie alter Bock – den ganzen Tag ist der Kerl hinter der Kate her… gearbeitet wird hier nichts… ich wunder mich, daß Ihr die Betten nicht mit ins Theater bringt!“

– „Aber, Kindchen… es…“

– „Dieses Bordell ist ein Theater… ich meine: dieses Theater… ich geh überhaupt ab! Spielt euch euern Dreck alleine–!“

8

– „Bühne frei –! Halt mal, nicht! noch nicht anfangen! Was ist, Herr Direktor –?“

– „Milbe, ändern Sie mir das um! Hier, das hier im vierten Bild. Unmöglich! Wie konnten Sie das stehenlassen! Stresemann verkehrt im Bühnenklub, so kann man nicht mit unserer Diplomatie umspringen! Herr Kommerzienrat Moosheimer hat mir überhaupt schon Vorwürfe gemacht, daß ich mich auf die Sache eingelassen habe mir ist schon mies vor der ganzen Revue ... unntä ... dann dürfen die Schupos im achten Bild keinesfalls wieder ihre Uniform anziehen; die müssen französische Uniformen nehmen, wir haben ja noch welche aus der vorigen Revue ... lassen Sie Pichorek mal sofort nachsehen – und das Lied gegen den Reichstag wird gestrichen ... das...“

– „Hat aber auf der Generalprobe sehr gewirkt, Herr Direktor!“

– „Das ist mir pipenegal! Wer ist hier Direktor, Sie oder ich? Diese revolutionären Texte, ich bin ein guter Republikaner ... die Karikatur vom Kronprinzen in der Gerichtsszene kommt mir auch runter, es ist leicht, einem toten Löwen einen Fußtritt zu versetzen, außerdem hab ich nicht Lust, euretwegen meine ganzen Geschäftsverbindungen ...“

– „Bühnefrei! Gong–!“

9

(Deutsche Tageszeitung):– – Dieser rote Schund – –

(Vossische Zeitung): ... unser Freund Peter Panter wohl seinen matten Tag gehabt haben mag. Das kann jedem passieren. Aber an solchen Tagen dichtet man eben nicht. Nach der Reichstagsszene, die seltsam salzlos war, ging der Sprecher ab, und wir blieben zurück, ratlos, was das wohl zu bedeuten hätte; es schien dann, als wollte der Schauspieler, der den Reichstagspräsidenten darstellte, noch irgend etwas sagen, aber wahrscheinlich hat hier die Erfindungsgabe des Autoren nicht gereicht... was französische Polizisten in einem deutschen Versammlungssaal zu tun haben, wird wohl das ewige Geheimnis unseres Autors bleiben... es war kein guter Tag für ihn. Man werfe diesem Raubtier einen andern Braten vor und lasse es durch neue Reifen springen.

10

(Frau Wendriner am Telephon; morgens halb elf) –

„hat sie gesagt, wenn sie ein neues Mädchen für dich hat, wird sie mich anklingeln. Du kannst dich unbedingt auf sie verlassen; sie besorgt mir immer die Tassen nach, fürs Geschirr; sie ist durchaus zuverlässig. Gestern –? Im Majolika-Theater, zu der neuen Revue, Premiere. Nei-en – mäßig. Die Bois ganz nett, aber es war alles so durcheinander, wir haben gar nicht gelacht. Es hieß erst, das war nu die ganz große Sache, aber wir wollten schon nach der Pause gehen. Oskar ist dann noch geblieben, weil er Paul nach der Vorstellung noch sprechen wollte, geschäftlich. Das einzige war noch Graetz und die Hesterberg, sonst gar nichts. Margot hat gestern angerufen; warum du denn gar nicht mal bei ihr anrufst, sie will mich morgen anklingeln, und du sollst doch auch mal Lina anklingeln, damit Lina Trudchen anruft, wegen dem Schleiflack, Kate ist sehr zufrie –"

11

– „Sie sind schuld –!"

– „Ich? Das ist ja großartig! Sie sind schuld –!"

– „Wer hat es gleich gesagt? Wer hat es gleich gesagt?"

– „Macht hier nicht sonen Krach im Theaterbüro! Davon kommt das Geld auch nicht wieder! – Statt sich anständige Autoren zu holen! Presber! Remarque! Ferdinand Bruckner! Nein, da holen sie sich ihre guten Freunde ran..."

– „Das verbitte ich mir."

– „Sie haben sich hier gar nichts zu verbitten – das ist mein Unternehmen, Herr Doktor Milbe –! Was steht ihr überhaupt hier alle rum? Wollt ihr vielleicht Geld von mir? Dafür wollt ihr noch Geld? Wozu zahle ich meine Theaterpacht... Ich will euch mal was sagen –"

– „Was ist denn das für ein Ton –?"

– „Sie sind entlassen! Sie ehmfalls! Ich werde hier mit eisernem Besen ..."

– „Sie mir auch! Diese Dreckbude von Theater – Mahlzeit!"

– „Raus hier! Hat einen Charakter wie ein Klosettdeckel –!"

– „Panter! Los! Ab!"

– „Sie hätten…" – „Ich habe…" – „Sie Riesenroß, wer hat gleich am ersten Tag… aber auf mich hört ja keiner, in meinem eigenen Betrieb… das wird mir von heute ab… ich bin ein alter Theaterhase, und diese Lausejungen… Ich verkaufe den Betrieb überhaupt, da könnt ihr sehen, wie ihr ohne mich fertig werdet! Ich geh ins Tonfilmsyndikat oder zurück zur Konfektion –!"

– „Ihr kommt runter? Ich geh rauf – mein Geld holen."

– „Da bemühen Sie sich gar nicht erst nach oben. Geld is nich. Aber Krach."

– „Um Gottes willen … was ist da oben los? Man möcht ja meinen, es war Mord und Totschlag – wer schreit denn da so –?"

– „Das? Das ist die Zeit. Sie schreit nach Satire –!"

1929

E. R. Curtius' Essays

Ein Führer durch die französische Literatur

Wenn hier öfter von französischen Büchern und Neuerscheinungen die Rede sein soll, so werden die Berichte, wie sie ein einzelner zu geben vermag, kleine Landpartien in ein fremdes Gebiet sein. Die große Landkarte liegt vor und kann nicht genug gerühmt werden: „Französischer Geist im neuen Europa" von Ernst Robert Curtius (Deutsche Verlagsanstalt Stuttgart). Es ist die beste deutsche Publikation über Frankreich, die mir aus den letzten Jahren bekannt geworden ist.

Curtius ist der Typus des deutschen Gelehrten, der fast verschollen scheint: er kennt seine Sache, versteht mit dem Mikroskop umzugehen, ohne kurzsichtig zu sein und er ist politisch ehrlich objektiv. Wir sind nicht verwöhnt: das Gros der Professoren macht, schlecht versteckt, üble Propaganda für ebenso üble Ideen, und dazu steht dieser gesamte „völkische" Kram ungefähr auf dem Niveau schlechter Volksredner.

Es kann vor allem Curtius nicht hoch genug angerechnet werden, daß er nicht im Sumpf des Snobismus steckengeblieben ist. Bei ihm werden wir belehrt, und nicht kaltlächelnd verachtet, weil wir irgendeine französische Modegröße nicht gelesen haben, die es meist auch nur für Berlin ist.

Hier spricht einer, der beide Völker, das deutsche und das französische, genau kennt, beiden von Herzen zugetan ist und nach genauer Durchforschung ihrer Geschichte urteilt und urteilen darf.

Der Leser findet in dem Band eine minutiöse Untersuchung über Marcel Proust, Essays über Paul Valéry, Valéry Larbaud und die wichtigsten Kritiker Frankreichs, die insofern eine größere Rolle als die Kollegen in Deutschland spielen, als ihre Kritik schöpferischer ist.

Was ganz besonders lobend erwähnt zu werden verdient, ist die kluge und feine Mischung von Formenverständnis und materieller Beurteilung. So vertieft sich etwa Curtius in den Rhythmus der Prosa Prousts, in die letzten feinsten Schwingungen dieses komplizierten Stils und sagt, genauso klar, genauso bestimmt, genauso fest: dieses Leben, dieses Werk, diese Gesellschaftsschicht basieren auf einer Rente. Sie sind ohne Reichtum nicht möglich.

Das ist eine objektive Feststellung, sein Lied kann sich nun jeder selbst darauf singen.

Und je länger ich die literarische Wasserscheide der Vogesen betrachte, um so klarer kommt mir zum Bewußtsein, daß Werturteile über fremde Kulturen zunächst nur etwas über den Beurteiler aussagen und herzlich wenig über den Beurteilten. Behauptet etwa einer, er könne mit Proust und Valéry überhaupt nichts, dagegen mit Larbaud sehr viel anfangen, sagt er etwa, die letzten Feinheiten in der Beschreibung eines Fliederstraußes sagten ihm nichts, solange Leute hungerten, Leute totgeschossen würden, Leute in Gefängnissen heulten – so ist das ein durchaus verständlicher politischer Materialismus –, aber an die fremden Dichter kommt man so nicht heran. (Noch weniger freilich, indem man kritiklos vor ihnen auf dem Bauch liegt.) Curtius ist der einzige mir bekannte Literarhistoriker, der sich erlauben darf, den Satz auszusprechen, daß die ersten, sublimsten Ausschläge des Geschichts-Seismographen in der Geistigkeit eines Landes wahrgenommen werden und nicht in seiner Wirtschaftslage. Darüber kann man sich unterhalten – er aber darf es sagen, weil er neben den Formwerten niemals den Grund und Boden vernachlässigt, auf dem jene erwachsen sind.

Um die ganze Höhe und Weite dieses Werks zu ermessen, braucht man nicht einmal in jene engen Tiefen zu steigen, in denen die deutschen Professoren des Patriotismus hausen, wie etwa jener Josef Hofmiller von den „Süddeutschen Monatsheften", ein Mann, der vor dem Kriege durchaus brauchbare und gute Versuche veröffentlicht hat. Wie tief einer sinken kann, zeigt das Zitat, das Curtius von ihm gibt, und in dem Hofmiller erklärt, die französische Literatur sei eine solche aus zweiter Hand und zweiten Ranges, auch sei die französische Sprache „nasal getrübt". Dieser Professor, den man sich nicht ohne einen baumwollenen Regenschirm vorstellen kann, ist nicht nur nasal getrübt, und wir wollen ihn getrost seinen Lesern überlassen.

Dieses Buch aber sei empfohlen. Man liest es mit Gewinn, man lernt daraus, man sieht weiter, über die Grenzpfosten hinweg. Man ersieht daraus, wo das so komplizierte Geistesleben Frankreichs heute steht; man erkennt die Gründe für die scheinbare Nichtachtung des Fremden, man unterscheidet die Kräfte, die von einem festen Mittelpunkt aus nach draußen streben – man versteht aufs neue die lebendigen humanistischen Tendenzen der Lateiner.

Und man wünscht sich über die Bindung der Geistigen hinweg eine festere Bindung beider Länder. Daß Max Scheler nach Frankreich fährt und dort diskutiert, will mir noch nicht viel bedeuten. Ich habe behalten, was er im Kriege geschrieben hat, das Gute und das Schlechte. Ich wünschte – und sicherlich viele mit mir – daß, von solchen

Unterhaltungen ausgehend, sich die Massen der arbeitenden Klassen durchdringen und verstehen. Eine größere gegenseitige Befruchtung durch zwei Völker ist nicht denkbar.

1926

Der Streit um den Sergeanten Grischa

Wenn die Operettenautoren Haskel und Jablononski einen Schmarren „Anneliese von Dessau“ zusammenschustern und ein fetter Tenor, ein bieriger Baß und zwei kreischende Sopran-Nutten unter Zuhilfenahme von etwas Statisterie, bengalischem Licht und einem Eßlöffel voll „Deutschland, Deutschland über alles!“ dergleichen in einem Theatersaal hinter der Rampe aufbauen –: dann gehen vierundzwanzig Männer hin und machen Theaterkritik.

Ich weiß, daß das Theater ein Massenerlebnis ist, eine lebendige Sache (mit leichtem Schlaganfall) – aber ich vermag nicht einzusehen, warum es gar so wichtig sein soll, wenn Holländer, denken Sie mal, wieder die Neher verrissen hat, er hat was gegen die Neher, überhaupt das Achtuhrabendblatt... „Es wird alles,“ spricht der Weise, „maßlos überschätzt.“ Läßt Kerr die Schreibmaschine aufklappen, so reicht das weit über alles Theater hinaus, über den windigen Zank der Leute vom Bau, diese Talmiaufregungen, die schon erkaltet sind, wenn sie noch heiß serviert werden; weit über Nervenkrisen, Telephonattacken, wild gewordene Telegrammformulare... Kunst ist schon kein Selbstzweck – wie sollte Theaterkritik einer sein –!

Dies voraufgeschickt, mag von Zeit zu Zeit versucht werden, bedeutende Bücher mit derselben Sorgfalt und derselben Liebe zu betrachten, mit der sie geschrieben worden sind. Denn es ist nicht einzusehen, warum Werke, denen ein begabter und intelligenter Mensch Jahre seines Lebens gewidmet hat, in der Zeitung nur deshalb mit vierzehn Zeilen „Buchbesprechung“ wegkommen, weil sie keine Theaterstücke sind. Das Buch, von dem hier die Rede sein soll, kann sich nicht beklagen; es hat auch in der großen Presse die Beachtung gefunden, die es verdient.

Arnold Zweig, Producer, beehrt sich vorzuführen: „Der Streit um den Sergeanten Grischa“ (bei Gustav Kiepenheuer, in Potsdam, o Ironie des Schicksals!). Ein Kriegsbuch? Ein Friedensbuch.

Dem russischen Kriegsgefangenen Grischa Iljitsch Paprotkin glückt ein Fluchtversuch aus dem Lager, er irrt in den weiten Bezirken der Etappe Ober-Ost umher, stößt auf ein Häuflein von Marodeuren und Deserteuren; eine Frau gibt ihm Uniform und Erkennungsmarke eines russischen Soldaten, der in diesem Bezirk beheimatet gewesen ist; wenn Grischa gefaßt wird, soll er angeben, er sei durch die Front gekommen, um seine Eltern wiederzusehen ... Er wird gefaßt. Es ist ein Befehl da, wonach sich alle Russen, die durch die Front kommen, binnen drei Tagen bei einer deutschen Etappenbehörde melden müssen. Grischa hat das nicht getan. Er wird, getreu nach dem Befehl von einem Divisionsgericht, zum Tode verurteilt. Da erst erkennt er seine Lage, schreit, wehrt sich, sagt die Wahrheit: er sei er selbst, er sei Grischa, nicht der andre – er sei gar nicht von vorn gekommen, sondern aus einem Gefangenenlager entwischt... Die Akten gehen an den Oberbefehlshaber.

Der Sergeant Grischa wird, obgleich er doch gar nicht unter jenen Befehl fällt, erschossen, weil Division und Oberkommando sich nicht riechen können, weil die beiden maßgebenden Offiziere sich im Aktengang anstänkern, weil Ressortkämpfe aufflackern, erlöschen, wieder aufbrennen ... Grischa steht am grasigen Abhang und wird, du deutsches Gemüt, er wird „umgelegt“. Da liegt er. Und es ist gar nichts. Ein Russe, du lieber Gott...

Daraus hat Arnold Zweig einen Roman gemacht. Wie er in der Nachbemerkung angibt, ist die zugrunde liegende Geschichte wahr. Das wundert keinen, der die Preußen kennt. Was hat nun Zweig aus dieser Sache herausgeholt?

Es ist ein gut Stück Kriegswahrheit in dem Buch, ein Teil des Soldatenlebens der Deutschen im Osten: ihr aufgeplusterter

Bureaubetrieb, ihre leer laufende Geschäftigkeit, ihr emsiges Nichtstun, ihre faule Betriebsamkeit; ihre Sauberkeit und Fürsorge für sich selbst und, wenn was abfiel, auch für die Bevölkerung, „Panjes" geheißen; und das Leben der Ostjuden, deren unendliche Überlegenheit über die kriegführenden Parteien, ihre äonenweite Weisheit und ihre tiefe Philosophie. Einzelheiten sind in diesem Roman mit einem gradezu bienenhaften Fleiß zusammengetragen, ein gehobener Naturalismus, die schärfste realistische Beobachtung, sauber stilisiert – man merkt oft, wie der Autor warm geworden ist, nirgends riecht es nach Schweiß.

Über die Gesinnung des tapfern Friedenssoldaten Arnold Zweig ist nicht zu reden. Das Buch könnte, bei stärkster pazifistischer Wirkung, schwach sein – es ist sehr stark. Es wird wahrscheinlich mehr Menschen zum Nachdenken über das Wesen des Krieges bringen als alle Propagandaaufsätze der letzten Jahre – es bohrt sehr tief und wendet sich an ganz einfache Empfindungen; es sagt gewissermaßen: „Wir beide wollen uns doch nichts vormachen, wie –?" Endlich einmal wird der Krieg gar nicht diskutiert, sondern mit einer solchen Selbstverständlichkeit abgelehnt, wie er und seine Schlächter das verdienen. Erst heute –?

Es ist merkwürdig genug: nach neun Jahren stößt den Deutschen der Krieg sauer auf. In Frankreich ist das längst vorüber: „Les Croix de Bois" von Roland Dorgelès und „Gaspard" von René Benjamin liegen weit zurück; hier haben sie nur noch die aus Amerika importierte Mode der Kriegsfilme; die Literatur beschäftigt sich kaum noch mit dem Krieg. Bei den Deutschen hatten, bitte nach Ihnen, die Generäle den Vortritt: die Pension der Republik gab ihnen die Muße, auf ihren Gütern und in den hohen Zimmern alter Wohnungen ihre Lügengeschichten zu erzählen: trockner Aktenkram, am Schluß mit blechernem Pathos, vertrauliche Briefe oder gestohlene Akten, die ganze Leere dieser Hirne fürchterlich erweisend. Es ist ungemein bezeichnend, daß unter dieser Memoirenliteratur auch nicht ein einziges lesbares Buch ist – sie sind alle gleich schlecht geschrieben, und wenn einer, der sich die Finger nicht am Füllfederhalter schmutzig machen wollte, einen Literaten engagierte, dann ließ er bei der Auswahl seinen Geschmack sprechen, und was herauskam, hieß Karl Rosner. Da haben wir Glück gehabt.

Und nun, nachdem das alles vorbei ist und selbst das Geschmier der von der Reichsbahnverwaltung vorzugsweise beförderten Hermine von niemand mehr ausgelacht wird –: nun kommen die Soldaten, die den Krieg am eignen Leibe erlebt haben, und wagen sich hervor und sagen die Wahrheit. Es war die höchste Zeit.

Nach neun Jahren ... Aber was heute die Reichswehr treibt; was in den kleinen Garnisonen, wo sie unter sich sind, vor sich geht; was da „auf Stube“ gemacht wird und bei den Sportsleuten; was die Werbeoffiziere für Leute sind und die Wehrkreiskommandeure; wie die Leute auf Urlaub gehen und wie sie sich beschweren, und worüber sie sich freuen und worunter sie leiden –: davon hören wir kein Wort. Die Reichswehr fühlt sich sehr wohl unter diesem Schweigen; sie hat es nötig. Und wir werden wohl erst in vierzig Jahren, wenn lebendige Wirklichkeit „Geschichte“ geworden ist, einen Roman zu lesen bekommen: „Der Streit um den Sergeanten Noske“ oder „Die 11. Traditions-Kompagnie“. Wir sind gründliche Leute. Wir sind ungefährliche Leute.

Warum wird der Roman von Zweig überall gekauft? Weil er ein anständiges Stück Ware ist. Weil er gut gearbeitet ist. Weil das Publikum einen fast untrüglichen Instinkt für sorgsame Mühe hat (die ein Künstler sich gibt) – weil keine Seite, kein Satz hingeschwindelt ist. Ich gehe nicht so weit, wie der vortreffliche Lion Feuchtwanger, zu sagen, daß dergleichen nun die Zukunft der deutschen Literatur sei – im Kielschwert des Zweigschen und des Feuchtwangerschen Detailfleißes liegt die dichterische Kraft; fehlte die, kippte das Fahrzeug im leichtesten Wind. Wie groß der Kunstwille bei Autoren dieser Gattung ist, steht dahin – ihre handwerkliche Anständigkeit ist unbestreitbar. Aber lockert die Schleusen nicht!

Ströme von Schweiß ergössen sich durch das Land, denn fleißig sind sie bei uns. Beschütze uns, heilige Staatsbibliothek, vor den Neumännern, die die Geschichte romanisieren! Also so geht das nicht. Die Modeschluderer lassen es allerdings doppelt schätzen, wenn einer arbeitet. Der Dichter Zweig hat gearbeitet. (Daher auch die Vorliebe der angelsächsischen Länder für solche Bücher, bei denen sich der Käufer nicht betrogen fühlt.)

Wir hier wissen das, was Zweig uns aus dem Krieg erzählt. Wie viele Männer haben ihn erlebt und gar nicht erlebt; wie viele Frauen ahnen bis auf den heutigen Tag überhaupt noch nicht, was der Krieg gewesen ist. Es sind herrliche, ganz und gar echte Züge in diesem Buch.

Der Feldwebel Matz geht auf Zehenspitzen zum Generalmajor Schieffenzahn hinein, um ihm ein Telephonat zu überbringen. Schieffenzahn ist am Schreibtisch vor Müdigkeit eingeschlummert. Matz, auf Zehenspitzen, will ihn nicht wecken. Nun so:

„Der siegt für uns, der plagt sich für uns, nu laß ihn man schlafen, Matz. Die Welt wird ja nicht einstürzen und Deutschland nicht ins Wasser fallen, bloß wenn er das 'ne Stunde später erfährt." Absatz. „Damit entnahm er der Zigarrenkiste zwei der großen Brasil, um sich für seine Rücksicht zu belohnen und kopfschüttelnd, voll aufrichtiger Bewunderung, nach einem letzten Blick auf den Ruhenden, zog er ganz leise die Tür hinter sich zu." Neid ist immer ein gutes Kriterium: Diese Sätze möchte ich geschrieben haben.

Ganz echt der Abschied der Arresthauswache von Grischa, als der zum Umlegen geführt wird. Sie haben den Russen lange Monate bei sich gehabt, er hat ihnen die Öfen geheizt, die Zigaretten mit ihnen geteilt, jeder hat den Russen gern gehabt. „Die Deutschen bringen keinen Laut heraus, nur ein junger, blaß und mit aufgerissenen Augen, erwidert ihm" – ... was? Etwas völlig Blödsinniges, denn er weiß ja, wohin es mit jenem geht – aber etwas ganz und gar Echtes. Er sagt:

„Machs gut, Kamerad, leb wohl!"

Es wimmelt von sprachlichen Feinheiten, jede der letzte Extrakt saubersten Arbeit, quellender Einfälle. Bei der Erschießung: „Der Priester murmelt und priestert." Einmal, als Grischa in seiner Zelle verzweifelt liegt: „Der Russe sprach mit sich selbst; halblaut und ununterbrochen raunte er in seiner Sprache Worte." Und sofort die Reaktion des pathoslosen Soldaten daneben: „Er sabbert, dachte Sacht, es läuft ihm vom Munde weg wie Spucke...“ Einmal das ganze deutsche Militär in einem Satz: „Macht der Angeklagte einen guten Eindruck – steht er militärisch stramm und sauber da, geweckt, aber nicht zu intelligent ...“ In Ordnung.

Ein Dichter ist ein Mensch, der seine Gefühle aufbewahren kann. Welch ein sorgfältiger Arbeiter dieser Zweig ist, zeigt die Stelle, in der beschrieben wird, wie der zum Tode verurteilte Russe sein eignes Grab graben muß. Der Keim zu diesem Thema liegt schon in einer Novelle Zweigs, die hier in der „Weltbühne“ im Jahre 1914 erschienen ist („Die Bestie“), und derentwegen unser Blatt damals vom Oberkommando in den Marken beschlagnahmt worden ist. Da ist es ein belgischer Bauer, der sich sein Grab vor der Erschießung gräbt, und beide Mal ist der schöne dichterische Gedanke ausgeführt, wie den Grabenden die Erde freut: die fette, fruchtbare, saubere Bauern-Erde.

Wenn es manchmal mit dem Stil der gesprochnen Sprache für mein Empfinden nicht so recht klappt, so hängt das mit einer sehr, sehr schwer zu entwirrenden Sache zusammen. Ich will nicht von den kleinen Spritzern reden; merkwürdig, wie ein musikalischer Autor so etwas stehenlassen kann: Ein Militär-Lokomotivführer unterhält sich vorn auf der Lokomotive mit seinem Heizer. „Weißt du noch, wie du immer Wild zu sehen glaubtest ... ?“ Nun gibt es im Volk wenig erzählende Imperfekta; da steht fast allemal das Perfektum, und natürlich hat der Mann gesagt: „Weißt du noch, wie du immer gedacht hast, da war Wild ...“ Und daß das Wort „Triumph“ mit einem f geschrieben ist und das Wort „Atmosphäre“ auch: das hat mich einen Löffel Fruchtsalz gekostet. Ich weiß, daß die Sprache fortschreitet und sich wandelt: dies ist kein schöner Wandel, wenn auch ein diskutierbarer.

Aber das ist es nicht; es ist nicht nur dieser Satz und jener – es ist etwas andres, schwereres.

Es gibt einen Realismus, der mit der photographischen Abbildung der Wirklichkeit eine Freude am Abbilden vereint; einen Naturalismus der

Tuchfühlung, des leichten Puffs mit dem Ellenbogen: „Du weißt doch, wie ichs meine?" Hauptmann hat das im großen Stil; der Vorgang ist so unerklärlich wie jeder biochemische; das, was herauskommt, lebt einfach, ist ein warmer Organismus, der zuckt. Die Gefahr für schwache Autoren ist zu große Nähe des Objekts. Bei Zweig liegt exakteste Beobachtungsgabe zugrunde: sie ist aber häufig in eine Sphäre herauf gehoben, die mir zu „edel" erscheint. Das Buch fängt so an:

„Es steht ein Mann im dicken Schnee, unten am Fuße eines schwarz angekohlten Baumes, der spitzwinklig in gute Höhe ragt mitten im verbrannten Walde, schwarz auf vielfach zertretener Weiße. Der Mensch, gekleidet in viele Hüllen, versenkt die Hände in die Taschen – –" Nein, so fängt es leider nicht an. Sondern so:

„Die Erde, Tellus, ein kleiner Planet, strudelt emsig durch den kohlschwarzen, atemlos eisigen Raum, der durchspült wird von Hunderten von Wellen, Schwingungen, Bewegungen eines Unbekannten, des Aethers, und die, wenn sie Festes treffen und Widerstand sie aufflammen läßt, Licht werden..." O du mein Deutschland! Aber könnt ihr denn nicht begreifen, daß der liebe Gott benebst anhängendem Kosmos im Zwiebelmuster einer Kaffeekanne zu finden ist und nicht in dem, was ihr als „Relativität" ausgebt? Wozu das? Entehrt Naturalismus? Erscheint er euch zu niedrig, wenn ihr ihn nicht durch pathetische Beziehungen zum „All" adelt? Ein neuer Adel. Taugt nicht viel.

Und hier ist das Manko des Buches.

Die Sache geht noch an, wenn es sich um die Juden handelt; die versteht der Vollblutjude Zweig sehr gut. Schon bei den Soldaten wird die Sache zweifelhafter. Es stimmt alles: er ist der erste Autor, der den Mut hat, zu sagen, daß das Telephongespräch zwischen einer Krankenschwester und einem Schreiber durch einen Mann im Keller vermittelt wird, der da stumpfsinnig stöpselt, er hat einen Brief von seiner Frau bekommen: zu Hause klappt es nicht mit der Kriegsunterstützung... Es stimmt vieles: wie sie geschlafen haben und gegessen; sehr oft, auch wie sie reden; wie die Formationsbureaukraie viel wichtiger war als der ganze Krieg... Alles, was da gegen den dreimal verfluchten deutschen Militarismus steht, stimmt. Aber wenn Zweig von den Offizieren spricht, dann stimmt etwas nicht. Shakespeare ist auch Hamlet. Zweig betrachtet – sehr gehirnlich, sehr überlegen – seine Figuren. Aus weiter Nähe.

Natürlich ist er viel zu klug, nun das umgekehrte Militär -Buch zu schreiben: der pechrabenschwarze General und der gute Muschkot; das wäre ja kindisch. Diese Rangordnung hat man nicht umzukehren, sondern zu ignorieren. Das tut er. Er zieht seinen Leuten Zivil an. Aber diese Offiziere sind, Zweig, seien Sie mir nicht böse, sie sind von unten gesehen. Auch Exzellenz von Lychow, geb. Fontane. Sie sind mit den feinsten Mitteln psychologisch erklärt. So waren sie auch – so waren sie nicht.

Der Generalmajor Schieffenzahn wird sondiert; er schlummert, wie dargetan, am Schreibtisch ein, nachdem er sich seiner Kadettenjugend erinnert hat, er wird biologisch expliziert, es ist alles in schönster Ordnung. Aber es fehlt das Einfach-Kräftige, das diese Burschen bei aller Schlauheit hatten – Schieffenzahn ist jüdisch gesehen, er ist ganz durchtränkt mit Judentum, und er trägt Schläfenlocken, sozusagen Gardepeies.

Es ist zunächst das jüdische Element, das sich hier hindernd einschiebt. Ich spreche gar nicht von der Zuneigung Zweigs zu seiner Figur Posnanski, dem ironischen und Gutes wirkenden Kriegsgerichtsrat und von meiner Abneigung gegen solche Männer: ja, sie waren so witzig und haben es alles durchschaut und die stumpfsinnige Brutalität der Preußen gemildert, wo sie nur konnten, und sie hatten die herrlichsten Talmudworte für alles und waren schnell in der Auffassung und blendend. Und haben mitgemacht.

Das Heer aber war in seinen Grundtönen deutsch: bayrisch das Fluchen und niederdeutsch der Furz; plattdeutsch das Schmalzpaket und säcksch das Kaffeegelabber. Eine pommersche Gänsebrust rituell gekocht? Ja, aber es ist nicht „das“.

Arnold Zweig hat das beste deutsche Kriegsbuch geschrieben – immer neben Vogels „Es lebe der Krieg!" Das deutsche Kriegsbuch ist noch nicht geschrieben.

Die Küche der Befehlsempfänger, wo die Ordonnanzen und die Reiter und die Chauffeure auf den Bänken lümmeln und dem Stabskoch von weitem ehrfurchtsvoll in die vorgesetzte Suppe sehen; die dicke Luft in der Schreibstube, wo geduckte Schreiber sich das Wohlwollen der niedern Götter durch fingiertes Nichtvorhandensein erkauften, ihnen gegenüber war der fremde, eben eintretende Soldat ein Freier; der Kriegsschauplatz, der stets aufgeräumt sein mußte, ein Hund spielt mit einem Knochen, an einem Ende der Hund, am andern der Gefreite Fulte, und der Unteroffizier König steht dabei und grinst – da kommt der Hauptmann aus dem Unterstand. Hund und Fulte ab wie der Blitz. „Uoffzieh Köönch!" – „Hahaumann!" „Was ist das für ein Knochen?" – „Eh ... Da hat wohl der Hund vom Herrn Leutnant mit gespielt!" – „Der Hund? Na, das kennt man schon –!" Aus.

Keine Spur von Pointe – es ist der vollendete Stumpfsinn aller dreihundertundfünfundsechzig Tage aller vier Jahre. „Wie wars auf Urlaub, Mensch?" – „Zu kurz! Aber vielleicht hier...!" (ausgestreckter Arm, geballte Faust, Einknicken des Unterarms: Soldatengeste für einen stattgehabten Beischlaf); die sinnlosen Brocken, die in den schläfrigen Gehirnen hängenblieben – irgend etwas, eine aufgeschnappte Redensart, die tausendmal wiederkam, Fetzen aus einer bekanntgegebenen Feldherrntirade... „Empfangen haben wir drei Büchsen Schmalzersatz, Dörrgemüse, Marmelade, achtzehn Brote – Sie wollen Deutschland niederringen, es wird ihnen nicht gelingen. Nu wer'ck mal jehn, Löhnung empfangen!" Dixit. Das Soldatengespräch, dessen Charakteristikum war, daß immer einer sprach und drei nicht zuhörten, niemand hörte zu, sondern jeder redete seins, der eine hier lang, der andre da lang... In welchem Buch steht das –?

Das Wesen der Offiziere: die Aktiven, mit denen man umgehen konnte, weil sie das Befehlen gewohnt waren und es ihnen kaum noch Spaß machte, so selbstverständlich war es ihnen geworden; die

Kasinogespräche, die sich um Gehaltsfragen drehten, unermüdlich, wie eine Töpferscheibe: um Reglementsauffassungen, um Stunk und um Gehaltsfragen, zwitschernd unterbrochen von säuischen Witzen ältester Observanz; dazwischen die sehr klugen schmalen Köpfe des guten Adels und des I a (während der von III b schmutziger war als gerissen; du hast nicht überall gute Schüler gehabt, o Nicolai!); die Reservebolzen, die alle militärischen Vögel der Welt in ihren Köpfen hatten, wo sie sie flattern ließen; die maßlose Wichtigkeit, die sie sich beimaßen, auf den Wogen des Lebens getragen von der Uniform und einem Zuchthausreglement ... warum schreibt das keiner?

Alle haben es erlebt, viele haben es gesehen, manche könnten es schreiben. Man muß sie erzählen hören; wie das vor Echtheit tönt, wie es uns warm und kalt den Buckel herunterläuft; diese Freude, wenn zwei zusammenkommen und in drei Worten, einer kopierten Geste, sich als solche legitimieren, die das Typische erkannt haben also nicht: „Da hatten wir einen Feldwebel, der..." sondern, merkwürdig ruhig, unterirdisch, noch nicht grollend: „Machen Sie mal den Knopf zu!" – warum schreibt das keiner?

Weil die Deutschen alles, alles sehen, nur eins nicht. Nur das Einfache nicht.

Arnold Zweig unsern Gruß! Sein Buch ist voll wärmster Güte und voller Mitgefühl, voller Skeptizismus und voller Anständigkeit, voller Verständnis und oft voller Humor. Sanft hat er das getan, was im November durch die Schuld und das Unverständnis der Arbeiterführer versäumt worden ist: er hat einem seelenlosen Götzen die Achselstücke und die Knöpfe abgetrennt, nein, sie fallen von selbst ab, so gleichgültig sind sie ihm, und nackt und dumm steht das Ding da und glotzt mit blinden Augen in die Welt. Keine Sorge, die „Tradition" wird es schon wieder mit rauschendem Leben anfüllen und mit Blut. Mit dem Blut der andern.

Dieser „Streit um den Sergeanten Grischa" ist ein schönes Buch und ein Meilenstein auf dem Wege zum Frieden.

1927

Jakob Wassermann und sein Werk

Die Frau Jakob Wassermanns, Julie Wassermann-Speyer, hat ein kleines Buch über ihren Mann geschrieben, das den Titel trägt: „Jakob Wassermann und sein Werk“ (und im Deutsch-Österreichischen Verlag zu Wien erschienen ist).

Schopenhauer hat einmal gesagt, man solle jedem Buch das Bildnis des Verfassers voransetzen, und es ist ja auch wahr, daß uns bei großen Männern das Menschliche ungeheuer nahegeht: wie sieht er aus, wie sah er als Kind aus, wie wohnt er, wo lebt er, was tut er am Tage? Das Beste an diesem Buch ist sein erstes Kapitel: das Leben Wassermanns.

Der kleine Abschnitt, der mit ein paar schönen Jugendbildern versehen ist, bestätigt, was die Bücher längst ausgesagt haben: Wie hat sich dieser Mensch gequält! Gequält mit sich, mit der Umgebung, mit dem Schicksal, mit Hunger, Kälte und Arbeitslosigkeit, mit dem Unvermögen, sich in die rohe Welt des platten Geldverdienens hineinzufinden und in die verlogene der unordentlichen Bürger mit der Samtjacke oder der Hornbrille – Qual und Unschlüssigkeit, Verzweiflung und Selbsthaß, Verlorenheit innen und Hohn außen. Der Lebensabriß hat etwas Erschütterndes.

Schichtweise hat sich das in den Büchern abgelagert; es wäre törichte Philologie, dem im Einzelnen nachzuspüren – man fühlt so oft den eigenen Herzschlag Dessen, der es schrieb.

Die seltsame Blutmischung, die in Wassermann lebt, hat sein Schicksal sicherlich beeinflußt: von Franken nach Wien, zwischen den beiden Nationen lebend und keiner gehörig, Deutscher und Jude, lebte er schutzlos, ohne Hülle, jedem Nadelstich und jedem Hammerschlag doppelt preisgegeben. Und setzt sich nach Irrfahrten, Enttäuschungen, verlorenen Schlachten und entsetzlichen Hungerjahren in Österreich fest.

„Es geht nicht ums Können, Daniel Nothafft, es geht ums Sein“, heißt es an der entscheidenden Stelle im „Gänsemännchen“. Was Wassermanns Frau der Lebensgeschichte noch an literarischen Betrachtungen anfügt, ist nicht sehr wesentlich. So unwesentlich wie alle aesthetischen Untersuchungen seines Werkes. Zweifellos ist die himmlisch unfertige „Renate Fuchs“ ein besseres Buch als der blendend gemachte „Christian Wahnschaffe“, es gibt Fehlschläge, leere Seiten, Dinge in seinem Werk, die man nicht mag. Aber er gehört mit dazu. Er ist ein Stück unsres Lebens.

Man hat ihm vorgeworfen, daß er, der Jude, deutscher sei als die Deutschen – sicher ist, daß er der deutschen Seele zu einem Ausdruck ihrer selbst verholfen hat, und daß er so weit fort ist von dem Deutschtum dieser Tage. Wie die dunkle Landschaft unter seinen Händen zu singen anfängt -! Wie Musik, Wälder, Maschinen, Bauernwirtschaft und steinerne Straßen aussagen, was sie sind, was sie ihm sind und was sie uns sind -! Er hat das Unsagbare gesagt, er ist das, was der Franzose „bourdon“ nennt, die tiefe, große Kirchenglocke. Der ungeheure Fleiß dieses Mannes ist es nicht allein, der einen mit Respekt erfüllt (obgleich das heute, als eine Ausnahme, angemerkt zu werden verdient). Ich habe einmal die Geschichten aus den „Schwestern“ mit dem Neuen Pitaval verglichen, dem der Stoff teilweise entnommen ist: welche Feinheit in der Verkürzung, welche unmerkliche Umgruppierung der Geschehnisse, Personen und Verknüpfungen – es ist Alles geblieben, und doch anders, doch geheimnisvoller, tiefer, menschlicher. Wie er nun gar das ungeheure Material des Caspar Hauser gemeistert hat, ist ein Rätsel, ein Wunder schon in der Bewältigung des quantitativen Stoffs. (Man weiß vielleicht, daß die Literatur über das aenigma sui temporis heute noch nicht eingeschlafen ist.) Durchtränkt von der Melodie, sehen wir seine Welt auf Schritt und Tritt. Man muß nur die Augen aufmachen. Einmal war er mir ganz nahe. Ich kam an einem Uhrmacherladen vorbei, draußen hatte der Inhaber seine Uhr aufgehängt, und statt der Zahlen hatte er die

Buchstaben seines Namens um das Ziffernblatt herumgeschrieben; es waren genau zwölf, es ging grade auf. Der Mann hieß: JOHANNES QUAL.

Und wie alle Bitterkeit im Schaffen aufgelöst ist, wie kein häßlicher Bodensatz zurückgeblieben ist in ihm! Die Frau spricht von seinen ersten Anfängen; Wassermann war damals, um sich ein paar Groschen zu verdienen, Sekretär bei Ernst von Wolzogen. So spricht er über ihn: „Es war der erste Mensch, der mich ermunterte, der erste überhaupt, der mich als Dichter uneingeschränkt ernst nahm, und das bedeutete für mich so viel wie Rettung und Erlösung." Seitdem ist viel Blut die Marne heruntergeflossen, und bei Wolzogen liest mans in den Lebenserinnerungen, mit denen sich meines Wissens Westermann besudelt hat, ungefähr so: Ein kleiner schiefer Jude suchte mich damals viel auf – meine Frau öffnete immer das Fenster, wenn er gegangen war: es war Jakob Wassermann.

Werk ist auf Werk gefolgt, unbeirrbar, unerschütterlich, mag der Wert hier und da geschwankt haben, hügelauf und hügelan ist der Mann sich gleichgeblieben. Der letzte große Wurf war: „Golowin", die Novelle aus dem „Wendekreis", mit dem unsterblich schönen und tiefen Nachtgespräch zwischen der russischen Frau und dem revolutionären Matrosen, in dessen Verlauf der Satz steht: „Haben – welch ein häßliches Wort! Was heißt denn haben, wenn nicht gegeben wird!"

Es ist kein Wunder, daß in diesen Büchern der Traum eine so große Rolle spielt. Ich mißtraue dem literarischen Traum – in der Traumschilderung ist der Dichter unkontrollierbar, entzieht sich der Wertung und schlüpft immer hinter die Ausrede: es war ein Traum. Bei Wassermann ist Leben und Schlaf gleich traumhaft, die Grenzen sind dünnwandig, traumhaft der Rhythmus dieses einzigen Stils, von so viel Vätern befruchtet geht es immer wieder zum Vater hin. Es ist gut, wie in dem Büchlein die Vaterschaft Wassermanns herausgearbeitet ist – neben dem „Michael Kramer" ist er fast der Einzige, der abseits der weiten Mutter-Poesie den Vater fast schmerzlich betrachtet: den, ders gemacht hat, den, der dabeisteht, dem es aus der Hand wächst, der so gern umarmen möchte und Scheu hat vor Werk und Sohn.

Er ist am Licht. Aber zu denken, daß hunderte und hunderte von Wassermanns sich im Dunkel quälen, sich mühen, untergehen, weil es nicht langt, oder weil sie nicht den glücklichen Zufall treffen, also weil ihr Schicksal es nicht will, weil sie keine Marktware sind, und weil ja Kunst wirklich etwas Überflüssiges, Störendes und Sinnloses bedeutet... Ich wundere mich über Jeden, der noch nicht verhungert ist. Denn der „große Krumme", gegen den die Wassermanns heute angehen, der, der auch gegen sie angeht, hat kaum noch romantische Züge. Der Fette aus der „Ulrike Woytich", der mit der entzückenden, aufgeschwemmten Kunstgewerbewohnung, ist der letzte romantische Typus für lange Zeit. Nach ihm kommt der Gleichgültige, der Tüchtige, der, der seinen Frieden mit der Welt gemacht hat – der „es nicht so schlimm findet". Man ist vernünftig geworden. In der Ecke krepieren unterdes Träumer und Selbstquäler, Verzweifelnde und Verzweifelte. Wer Jakob Wassermanns in Liebe und Respekt gedenkt, mag einen ehrfurchtsvollen Gruß ins Dunkel senden.

Babitt

Hier sind die amerikanischen Buddenbrooks.

Wenn Hanno nicht frühzeitig am Typhus gestorben wäre, sondern eine ehrbare Lübecker Kaufmannstochter geheiratet hätte, deren zweiter Sohn dann später – „wegen einer häßlichen Geschichte, weißt Du?" – nach Amerika ausgewandert wäre: dieser Herr Babbitt von Sinclair Lewis (bei Kurt Wolff in München erschienen) könnte ganz gut fünfzig Jahre nach den Lübecker Stammeltern gelebt haben. Nämlich heute.

Es ist der aktuellste Roman, der mir in der letzten Zeit unter die Finger gekommen ist – er ist durchaus aus unsrer Zeit. Und es ist sehr fesselnd, zu bemerken, daß der Autor diesen Eindruck nicht mit Wortverdrehungen und Verrenkungen, nicht mit wilden Masturbationsphantasien junger Herren erreicht, die da glauben, Alaska als Schauplatz einer Handlung zu wählen sei schon eine Tat für sich, und die das Verhältnis zwischen Mann und Frau so aufplustern wie ein Hahn ohne Hennen sein Gefieder. Babbitt ist ein ganz bürgerlich erzähltes Buch, und es enthält endlich einmal unser Leben genauso, wie wir die Sache immer angesehen haben: fast ohne Pathos, wissend, schmunzelnd, verzweifelt, mit Kopfschütteln.

Die ersten hundertundfünfzig Seiten des Romans sind die Schilderung eines Geschäftstages des Herrn Babbitt. Das ist eine Meisterleistung. Vom Aufwachen bis zum Schlafengehen keinmal eine alberne Übertreibung, keinmal der große soziale Fluch: Ha, Bürrrger! Lewis erzählt, stellt fest, überall ist Herr Babbitt zunächst nur Herr Babbitt, ein voller, saftiger, bunter Kerl, daneben allerdings noch viel mehr. Aber das wird nicht gesagt. Das Buch riecht nach Wahrheit. Es kann nicht nur wahr sein: es muß wahr sein.

Es muß deshalb wahr sein, weil wir die Wahrheit kontrollieren können. Früher, vor den achtziger Jahren, wuschen sich Romanhelden grundsätzlich überhaupt nicht – sie wandelten durchs Leben, wie man heute noch bei Tagore durchs Leben wandelt. Dann kam eine Zeit, da taten sie nichts als sich waschen: das nannte man Naturalismus. Und jetzt ist man wieder im besten Zuge, die Maschinerie entweder zu leugnen oder härter zu machen, als sie ist, oder sie zu umkleiden; aber Pathos und Wasserspülung zu mischen, das ist gar nicht beliebt. Bei Lewis guckt die Apparatur des täglichen Lebens durch alle Luken, und hier ist der Mensch unsrer Tage, der Ford-Automobile, Pear-Soap, Scotch-Whisky und Kalodont benutzt, so, wie er wirklich ist: unfeierlich. Guck mich mal an, Leser, und sei aufrichtig! „Das Auswechseln des Tascheninhalts vom grauen Anzug zum braunen war ein richtiges Ereignis, es war ihm sehr ernst mit diesen Dingen. Sie waren von welterschütternder Bedeutung, genau wie Baseball oder die Republikanische Partei. Da war seine Füllfeder und sein silberner Bleistift (bei dem immer die Minen fehlten), die in die rechte obere Westentasche gehörten. Ohne sie hätte er sich nackt gefühlt." Na, wir wollen uns nichts erzählen... Es ist ein beliebtes Mittel unsrer Literaten, die Maschinerie der Zivilisation den großen Gefühlen gegenüberzustellen, die noch die Bezeichnungen der alten griechischen Tragödie tragen: Badewanne und Trauer um die Geliebte, Haß und Buttersemmeln. Beliebtes Mittel, das einer komischen Wirkung nie entbehrt, aber es spricht doch eigentlich mehr gegen die Benennung der Gefühle als gegen die Buttersemmel. Es gibt eben keinen einfarbigen, alles Andre ausschließenden Haß mehr (wenn es ihn je gegeben hat), und man packt sich nicht umsonst für die Bedürfnisse seines Lebens einen Apparat auf, der langsam Selbstzweck geworden ist. Die Seele hat ihn nicht verdaut und kann ihn nicht verdaut haben; auch in den hehrsten Momenten erinnert eine kleine Gehirnkolik daran, daß sich der Herr Mensch im Zivilisatorischen etwas überfressen hat. Worauf Herr Babbitt ins Geschäft geht – „produzieren, produzieren!“ Dabei produziert er gar nichts. „Er fabrizierte nichts Nennenswertes, weder Butter noch Schuhe noch Lyrik, aber er war geschickt in seinem Berufe, Häuser für weit höhern Preis an die Leute zu verkaufen, als diese eigentlich bezahlen konnten.“

Autofahrt ins Büro, Wettrennen mit der Straßenbahn – „ein selten schönes, kühnes Spiel“ –, Einmarsch in das große Bürogebäude, das mit Recht ein selbständiges „Dorf“ genannt wird, mit Dorfbewohnern, einem Marktplatz und Seitengassen – Arbeit! Die Szene, wie Babbitt einen Brief diktiert, ist von einer Komik, die wir in der ganzen modernen deutschen Literatur suchen können: hier ist endlich einmal ein Chef für hundert gesehen, ohne deshalb ein Atom weniger konturiert, weniger klar geschildert zu sein. Wie sich das Geschwabbel des nervösen, im Zimmer herumstapfenden Babbitt durch die Sekretärin in einen modernen Geschäftsbrief auflöst, mit dem der Diktator selbstverständlich unzufrieden ist – „Ich wünschte wirklich, sie würde nicht immer an meinem Diktat herumverbessern!“: das lohnt allein schon die Lektüre dieses einzigartigen Buches. Folgt die weitere Geschäftstätigkeit Babbitts.

Auf jeder einzelnen Seite möchte man dreimal Hurra schreien.

Ein nationaler Kritiker der Deutschen Zeitung, glaube ich, hat einmal geschrieben: „Wenn man den Namen Rudolf Presber hört, nimmt man unwillkürlich Haltung an.“ Vor Lewis müßte man die Wache herausrufen. Zum Beispiel, weil er klar und unerbittlich alle Vorstellungen über

Geschäfte, die in dem Kopf eines modernen Kaufmanns vorhanden sind, herausgekratzt und sie wie synthetische Perlen auf einer Zuckerschnur aufeinandergereiht hat. „Eine gute Gewerkschaft ist nützlich, weil man dadurch kommunistischen Gewerkschaften, die jeden Privatbesitz unterdrücken würden, ausweicht." Und: „Als Babbitt zweiundzwanzig Jahre alt war, hatte ihm Jemand gesagt, alle Senkgruben seien ungesund, und er eiferte seitdem noch immer dagegen." Ach, meine Brüder: wie viele solcher Senkgruben gibt es auch bei uns! Nachdem Babbitt solchergestalt meditiert hat, verfügt er sich an die Geschäfte. „Er befolgte die Regeln seines Clans und führte nur solche Unredlichkeiten aus, die durch Präzedenzfälle sanktioniert waren." Heilige Börse! Und nachdem sie geschoben, betrogen, sich übers Ohr gehauen haben, daß es nur so kracht, Lewis: „Die große Arbeit der Welt war im Gange. Lyte hatte etwas über 9000 Dollars verdient, Babitt steckte 450 Dollar Vermittlungsgebühren ein, Purdy erhielt mit Hilfe des feinfühligen Mechanismus der modernen Geschäftswelt ein Geschäftsgebäude..."

Ja, Sombart, da staunste –!

Frühstück. „Babbitts Vorbereitungen, um das Büro während seiner anderthalbstündigen Frühstückspause sich selbst zu überlassen, waren etwas weniger kompliziert als die Ausarbeitung eines allgemeinen europäischen Krieges." Das muß man selbst nachlesen: wie er frühstücken geht; wie er sich unterwegs im Auto ausrechnet, was er in diesem Jahr verdient hat – „Die Folge dieses kühlen Vermögensüberschlages war, daß er sich siegreich und wohlhabend und gleichzeitig erschreckend arm vorkam" -; wie er sich einen elektrischen Zigarrenanzünder für den Wagen kauft, wegen arm – „Er hatte nun die Möglichkeit, seine Zigarre anzuzünden, ohne anzuhalten, was ihm in ein bis zwei Monaten gewiß zehn Minuten ersparen würde". Und dieser Babbitt ist gar kein Literaturclown. Jeder mittlere Prokurist einer berliner Bankfirma darf getrost über die falschen Schilderungen der Herren Dichter lachen, die ihn und seine Tätigkeit niemals begriffen haben. Babbitt ist ein Mensch, der in den Einzelheiten seiner Geschäfte vom Autor durchaus richtig beurteilt wird, der sich das Rauchen abgewöhnen will, seine Kinder auf seine Manier liebhat, ins Büro fährt, arbeitet, vom Büro kommt, badet und wieder ins Büro fährt. Zum ersten Mal ist in der großen Schilderung seines Arbeitstages die Gehirntätigkeit eines solchen Menschen richtig wiedergegeben: wie in ganz wichtigen Augenblicken immer wieder irgendeine Albernheit auftaucht; wie durcheinandergedacht wird; wie die Zivilisation über ihn dahinpurzelt; und wie seine Vorstellungen alle eindimensional sind – Rasieren, Familienliebe, Geschäfte, Zigarrenanzünder und eine vage Mischung von Kommunistenangst und Gottesdienst. Dazwischen – was ebenso angelsächsisch wie menschlich ist –: das Jungenhafte im Mann. Babbitt in der Badewanne: „Er patschte ins Wasser, und die Lichtreflexe zersprangen, schwankend und funkelnd. Er war kindisch und zufrieden. Er spielte. Er rasierte einen Streifen an der Wade seines dicken Beines herunter... Er seifte sich ein und wusch sich ab und rieb sich streng und nüchtern trocken, er fand ein Loch im türkischen Handtuch, steckte gedankenvoll einen Finger durch und marschierte, ein ernster und unbeugsamer Bürger, ins Schlafzimmer zurück." Und dann schläft er ein. Und hier hat Lewis den grandiosen Abschluß dieses amerikanischen Tages gefunden: er spielt die große Arie Gleichzeitigkeit, er singt „In solcher Nacht" und malt lauter kleine Bilderchen an die Wand. „Im selben Augenblick saßen..." Denn das ist schrecklich und lustig und merkwürdig zugleich, wie Alles neben einander liegt, hängt, zappelt. „Im selben Augenblick schliefen in der Stadt dreihundertundvierzig – oder fünfzigtausend alltägliche Menschen wie ein ungeheurer undurchdringlicher Schatten. In einer Spelunke jenseits der Eisenbahn öffnete ein junger Mann, der sechs Monate lang vergeblich Arbeit gesucht hatte, den Gashahn und tötete sich und sein Weib." Und nun erst schläft Babbitt richtig ein. „Und im selben Augenblick drehte sich George F. Babbitt schwerfällig im Bette um – ein letztes Zeichen des Bewußtseins, mit dem er andeutete, daß er jetzt genug gehabt hätte von diesem unruhigen Einschlafen und allen Ernstes ans Werk gehen wollte." Gute Nacht.

Es ist ein wahres modernes Buch. Es scheut sich nicht, Annoncenteile mitten im Text zu haben; es gibt endlich einmal die ganz natürlichen

Seiten des Daseins, um die wir so viel Brimborium machen, indem wir sie pathetisch verklären oder pathetisch vereinfachen – so ist da die Reproduktion des kleinen Zettels, der das Resultat einer angestrengten geistigen Abendarbeit Babbitts darstellt: ein Geschmier von ein paar Schlagwörtern, einem gekritzelten Männerkopf, ein paar Zinszahlen und dem aus Langerweile hingemalten Namensmonogramm. Denn so sehen wir aus, wenn wir arbeiten. Babbitt schaukelt langsam in die Politik, er wird ein beliebter Redner; wie ist die soziale Angst geschildert, die so ein Individuum vor jeder Gruppe und ihren Machtträgern hat, diese Feigheit, mit der sich das durchsetzt... Und dann verläßt Babbitt langsam den Photographie-Rahmen seiner Gattung, und aus der Schilderung der Type wird eine Geschichte.

Es ist eigentlich keine rechte Geschichte mit Einleitung, Höhepunkt und Abklang – es ist wie ein Stück Flaubert, was da steht: es zieht so vorbei. Wie Babbitt mit seinem besten Freund in die Sommerferien geht, endlich allein! endlich ohne Familie, wie er kindisch, etwas sentimental und etwas dämlich diese Sommerwochen verlebt, wie er wieder zurückgehen muß, aber nicht will; der Freund schießt auf die eigne Frau, kommt ins Gefängnis, Babbitt wird der heiligen Gesellschaftsordnung beinah untreu (hier ist die dünne Stelle des Buches), er fängt ein Verhältnis an – wie unerotisch ist das gezeichnet! –, verbummelt beinahe, demütigt sich vor kleinen Mädchen, möchte gern, kann nicht und redet sich daher ein, nicht mehr zu möchten, findet wieder nach Hause zurück und bleibt da, wo wir ihn angetroffen haben. Babbitts Frau wird krank, Babbitts Frau, mit der er sich gar nicht mehr gestanden hat die letzten Monate hindurch, weil sie alt und schlaff und fett geworden ist und die Andre vielleicht jünger schien, weniger schlaff, dünner – und überhaupt die Andre ist. Die Krankheit treibt die beiden wieder zusammen. Und wie die alte Frau auf ein Mal und trotz Allem wieder ein Kind wird, seine Hand ergreift und vor der Operation die sicherlich nicht gut übertragbare Romanphrase sagt: „Ich fürchte mich, so ganz allein ins Dunkel hineinzugehen" – da liegen leise Lächerlichkeit und leise Liebe so eng bei einander, daß man erst merkt, wer dieses Buch geschrieben hat. Und Babbitt weiß, daß es nun aus ist mit seinen Eskapaden, und daß er bei ihr bleiben wird bis zum letzten Tag. Das hört sich so an: „Grimmig erkannte er, daß dies sein letzter verzweifelter Ausbruch gewesen war, bevor er sich in die schwerfällige Zufriedenheit des Alterns schickte. „Na," und hier grinste er boshaft, „es war doch eine verdammt lustige Affäre gewesen, solange es eben gedauert hatte!" Und was würde die Operation wohl kosten? „Das hätte ich mit Doktor Dilling genau ausmachen müssen aber nein, hols der Teufel, es ist mir ganz egal, es kostet eben, was es kostet!"" Und dann bleibt er bei Muttern.

Dies ist Babbitt, das Buch vom modernen Amerika. Ich habe eine Amerikanerin gefragt, eine Dame, bei der die ausgezeichnete Alice Salomon drüben zu Gast gewesen ist, was sie von Lewis hielte. Sie sagte: „Ich habe „Main Street"" – das ist ein zweites, in Amerika nicht minder bekanntes Werk von Lewis – „gar nicht zu Ende lesen können: so hat es mich geärgert, und so wahr ist es!" Und das ist auch eine Empfehlung.

Dieser Amerikaner scheint mir weit, weit über Sternheim und Leonhard Frank zu stehn, die den Bürger bekämpfen, beschimpfen, verlachen, kalt schildern – und die ihn nicht ordentlich kennen. Meinethalben: seine Seele oder seine Seelenlosigkeit. Nie und nimmer seinen Apparat, seine Welt, seine Kulissen. Hier sind keine religiösen Ausbrüche, hier sind keine Bürgerschemen, hier ist kein Schutzmann und kein Kanzlist, die sich so benehmen, wie sich Schutzleute und Kanzlisten seit Menschengedenken nicht aufgeführt haben: hier ist einfach ein Lebewesen, das nicht anders sein kann. Nicht sehr dumm, nicht einmal übermäßig beschränkt, vielleicht etwas weniger vollgepfropft mit wissenschaftlichen und gebildeten Redensarten als andre Leute – aber eben ein Zivilisierter.

Das Buch, in einer nichtssagenden grauen Antiqua gedruckt, ist ganz gut übersetzt. Gescheitert ist die Übersetzerin nur am Slang. Es gibt keinen reichsdeutschen Slang; wenn die Leute sich hier in der Sprache gehenlassen, dann fallen sie unbedingt in irgendeine lokale Dialektfärbung. Unglückseligerweise hat die Übersetzerin hierfür das Wienerische gewählt, das für ein amerikanisches Buch besonders ungeeignet ist. „Da schaun's her“ und „so ein Strizzi!“ im Pullman-Wagen ausgerufen: das will mir nicht recht einleuchten. Der Rest ist aber treffend herausgekommen.

Dieser Publikation fehlt nur eins. Auf der letzten Anzeigenseite müßte die Ankündigung eines gleichen deutschen Werkes stehen. Die Deutschen werden über den Amerikaner lachen. Aber nimmermehr begreift Herr Wendriner, daß auch er ein Babbitt ist; daß auch seine Vorstellungen, Gedanken, geläufigen Begriffe so lächerlich wirken können, wenn man sie still und freundlich aufreiht, ohne etwas dazu zu sagen; daß es gerade die Dinge sind, die ihm selbstverständlich erscheinen, über die er gar nicht mehr diskutiert, und die in ihrer Würde so unbegreiflich albern sind; daß seine Dresdner Bank, sein Opernball, seine Literatur, seine Symphoniekonzerte, seine elektrische Wohnungseinrichtung und seine Geschäfte genau, genau, genau dasselbe Maß an Widersinn und Sinnlosigkeit ergeben, wie es bei Babbitt der Fall ist. Bei Babbitt, dessen Autor uns eine Gestalt gegeben hat, eine für Millionen, um ihn herum ein hinreißendes Buch und – so ganz nebenbei –: Amerika.

1925

Das Buchhändler-Börsenblatt

Am 6. August habe ich im Neuen Deutschen Verlag in Berlin ein Bilderbuch erscheinen lassen: „Deutschland, Deutschland über alles!“ John Heartfield hat die Photos montiert. Von dem Buch ist hier – getreu einer alten, guten Tradition S. J.s. – nicht gesprochen worden; wir haben nur eine Probe veröffentlicht. Wenn ich auf das Werk zurückkomme, so geschieht es für uns alle.

Der Neue Deutsche Verlag hat dem „Börsenblatt für den Deutschen Buchhandel“, jenem täglich erscheinenden Organ, das den Sortimentern als Unterlage für ihre Bestellungen dient, ein Inserat übersandt, in dem mitgeteilt wird, daß das 15. bis 25. Tausend des Buches zur Auslieferung gelangt ist.

Die Redaktion des Börsenblatts hat dem Neuen Deutschen Verlag daraufhin folgendes Schreiben übersandt:

Sehr geehrte Firma!

Gegen den weiteren Abdruck der Anzeige betr. Ihr Verlagswerk Tucholskys, „Deutschland, Deutschland über alles" liegt ein Einspruch vor. Unsere vermittelnden Schritte waren ohne Erfolg, so daß sich jetzt die maßgeblichen Stellen des Börsenvereins mit der Angelegenheit beschäftigen werden. Da es nicht abzusehen ist, wann eine Entscheidung getroffen wird, gestatten wir uns, Ihnen das Manuskript zurückzugeben, für den Fall, daß Sie die beiden andern Bücher zunächst gesondert anzeigen wollen.

Hochachtungsvoll ergeben

Schriftleitung des Börsenblatts für den
Deutschen Buchhandel.

Danach scheint der Börsenverein der Deutschen Buchhändler eine Satzung zu haben, die jedem Mitglied gestattet, gegen die Aufnahme eines Inserats einen Einspruch zu erheben, der aufschiebende Wirkung hat. Der Einspruch, der in diesem Fall erfolgt ist, hat ein politisches Motiv.

Ich frage die freiheitlich gesinnten Sortimenter und Verleger:

Ist das so? Laßt ihr euch das gefallen? Haltet ihr es für richtig, daß irgend jemand – sei es eine Person, ein Verband oder der Börsenverein selber – eine Zensur ausübt, die unsittlich ist? Unsittlich deshalb, weil die Zugehörigkeit zum Börsenverein für das reguläre Sortimenter- und Verlagsgeschäft zwangsläufig ist; wenn aber eine derartige Organisation eine Zwangsinnung ist, hat sie der Öffentlichkeit gegenüber Pflichten. Ihre erste und oberste Pflicht ist: Neutralität. Solange dem Börsenblatt nicht zugemutet wird, Bücher anzuzeigen, deren Inhalt strafbar ist – also Bücher, die bereits beschlagnahmt oder durch rechtskräftig gewordenen Urteilsspruch eingezogen sind – solange hat es nicht das Recht, ein Buch zu boykottieren. Die „Weltbühne" darf ein Inserat ablehnen – das Monopolblatt des deutschen Buchhandels darf es nicht. Es geht nicht an, abwechselnd eine Art Behörde des Buchhandels zu spielen und sich dann, wenn es an die Pflichten geht, dahinter zu verstecken, man sei doch nur eine private Fachgilde. Das ist nicht ehrlich, und es ist auch nicht mutig.

Die Haltung des Börsenblatts selbst ist politisch niemals neutral gewesen. Über den redaktionellen Teil ist hier öfter gesprochen worden. Im Anzeigenteil wimmelt es von Verlagsanzeigen solcher Bücher, die bis hart an das Strafrecht republikfeindlich sind –, und zwar von rechts her. Diese Anzeigen stehen dort zu Recht. Es ist nicht sauber und des Standes der Buchhändler unwürdig, einen Boykott einseitig anzuwenden.

Wir haben an solchen Versuchen genug und übergenug: da ist der Mißbrauch des Strafrechts, das Gesetz gegen Schmutz und Schund, die Kirche, die Universitäten, die Filmzensur, die Rundfunkzensur – es ist genug. Was hier getrieben wird, ist nicht loyal. Die reaktionären Buchhändler wissen genau, daß die späte Entscheidung über die Aufnahme des Inserats („eine Entscheidung, die nicht abzusehen ist") den Vertrieb des Buches schädigen kann. Das ist beabsichtigt.

Soweit mir bekannt, ist dieser Fall erstmalig. Es hat einmal vor langen Jahren Schwierigkeiten mit dem tapfern Grelling gegeben, dessen „J'accuse" die weniger tapfern Buchhändler der Reaktion nicht vertragen haben – ich weiß jedoch nicht, ob damals eine förmliche Ablehnung der Inserate erfolgt ist.

Wenn wir unter einer rechten oder einer linken Diktatur leben, so muß ich mir das gefallen lassen. Dies aber ist eine versteckte und hinterhältige Diktatur, die kein anständiger Mensch billigen kann. Was gestern mir geschehen ist, kann morgen jedem unsrer Kameraden geschehen: also den Exponenten einer Gesinnung. Daß wir nicht in einer Demokratie leben, weiß ich; aber dies geht zu weit – wer soll über unsre Bücher abstimmen: der Käufer oder der Verkäufer –?

Der Verlag fragt sich, wer wohl die Stelle gewesen sein mag, die den Einspruch eingelegt hat. Wir haben in Deutschland nicht viel Männer, aber desto mehr Stellen. Nun, da kann ich vielleicht raten helfen.

Am 14. Mai dieses Jahres hat hier Erich Kästner auf den „Deutschen Frauenkampfbund“ hingewiesen, einen Zusammenschluß von etwa fünfzig Vereinen wie: Deutscher Philologinnen-Verband, Rentnerbund, Stahlhelm Groß-Berlin, pp. Die haben es unter anderm mit der Sittlichkeit. Auf ihrer schwarzen Liste steht so ziemlich alles, was in der deutschen Literatur Wert hat, bunt vermengt mit harmlosen Albernheiten. „Die Schlußrubrik“, schrieb Kästner, „führt den gelungenen Namen „Schmutzsonderklasse“ und nennt Polgar, Tucholsky, Klabund, Kästner.“ Dieses Wort „Schmutzsonderklasse“, das mir bis zum 14. Mai unbekannt gewesen war, griff ich auf, und in dem Buch sieht man ein Bild: Zwei bekleidete junge Mädchen stehen lachend auf einem Tisch, der Tisch aber hat eine Platte aus Glas, und ein Photograph hat sie von unten her photographiert. Darunter schrieb ich: „So sieht diese Schmutzsonderklasse die Welt.“ Sollten diese Herrschaften vielleicht... ?

Oder sollte es einer der in dem Buch krumm und lahm geschlagenen Offiziere und Beamten gewesen sein? Zu einer Klage reichts nicht hin, Tapferkeit ist des deutschen Mannes Zier – da machen wir es eben so herum...

Auf der rechten Seite, wo sie nicht nur einen Balken vor dem Kopf haben, sondern mitunter einen ganzen Stapel von Dummheit – auf der rechten Seite wird man mit schlecht kopierten Handbewegungen christeln: „Waih geschrien! Sein Geschäft!“ – Ich muß mir mein Geld mit meiner Arbeit verdienen; ich bin weder Kaiser der Reserve noch geschlagener General im Ruhestande: mir zahlt die Republik nichts. Und ich freue mich, wenn ich durch meine Arbeit verdiene; sie macht mich unabhängig.

Auf den Wert dieses Buches kommt es hier nicht an. Ich habe es der Öffentlichkeit vorgelegt; ich lasse mir von jedem Kritiker sagen, wie es ihm gefallen hat. Hier aber ist etwas andres, hier ist jene schleichende, trockne, giftig-gefährliche Reaktion am Werk, die in diesem ganz leicht anachronistischen Buch nicht zu finden ist –: man kann sie nämlich nicht photographieren. Die neudeutsche Reaktion hat, sehen wir von Zörrgiebeln ab, oft verbindliche Formen; und so ein Vorgang wie dieser hier – nationaler Schuß von hinten, aus Angst vor der Wahrheit – der läßt sich nicht illustrieren. Tatsächlich ist das, was sich heute in Deutschland gegen die Arbeiter vorbereitet, eine sanft dahinkriechende Reaktion, eine Gefahr, die zu wenig beachtet wird. Gegen sie gehen wir an.

Soweit war die Sache gediehen, als auf den Protest des Verlages der Börsenverein – ein Bein auf dem Hugenberg, das andre Bein auf dem Boden der Verfassung – eine „ergänzende Erklärung" abgab.

„In Ergänzung unseres Briefes vom 9.11. erlauben wir uns, Ihnen noch mitzuteilen, daß sich der Einspruch nur gegen die Bildwiedergabe in dem Inserat richtet, da darin eine Verächtlichmachung der Nationalhymne der Deutschen Republik gesehen wird, die dem Börsenblatt zur Unehre gereiche. Der Anzeige des Buches an sich steht nichts im Wege. Wir bitten zu entschuldigen, daß in der Eile zunächst vergessen worden ist, Ihnen diese genauere Kennzeichnung des Einspruchs zu geben."

Der Zurückzieher gibt es mannigfache Arten: kluge und dumme.

Zunächst wird weder im Titel noch auf der Umschlagseite des Buches die Nationalhymne der Republik lächerlich gemacht. Ob eine Verächtlichmachung vorliegt, haben nur die Richter in Anwendung der Gesetze zu entscheiden – nicht die Buchhändler in Anwendung ihrer Satzungen, die gleichgültig sind. Wie subtil sie sich auf einmal haben –! Wie ängstlich –! Wie verfassungstreu –! Nun muß man aber sehen, was da in ihren Anzeigen gegen diese selbe Republik zusammengeflucht, gedroht, gebrüllt und gekreischt wird –! Die Gleichsetzung von Blatt und Anzeige wäre in der Tat ungerechtfertigt, wenn nicht die Mehrzahl der leitenden Männer im deutschen Buchhandel von jener kleinbürgerlichen Rückwärtserei besessen wäre, wie sie von der Industrie und der Landwirtschaft bezahlt und propagiert wird: diese Gehirne sind Matern von Hugenberg.

Die Wirkung –? Eine gute Reklame für das Buch, bei allen Gesinnungsfreunden unter den Buchhändlern. Im übrigen muß der Hieb doch wohl gesessen haben. Der Vorfall bestärkt mich in meiner Haltung:

Für die Unterdrückten, gegen diese vermufften deutschen Spießer, ist jedes Mittel recht, keines zu scharf und alle zu schade. Es wird weiter gekämpft.

1929

Kritik

Da oben spielen sie ein schweres Drama
mit Weltanschauung, Kampf von Herz und Pflicht:
Susannen attackiert ein ganz infama
Patron und läßt sie nicht

Ich sitze im Parkett und zück den Faber
und schreibe auf, ob alles richtig sei;
Exposition, geschürzter Knoten –
aber ich denk mir nichts dabei.

Mein Herz weilt fromm bei jenem lieben Kinde,
das lächelnd eine Kindermagd agiert:
ich streichle ihr im Geiste sehr gelinde,
was sie so lieblich ziert.

Nun sieh mal einer diese süßen Pfoten,
dies Seidenhaar mit einem Häubchen drauf
es gibt da sicher manch geschürzten Knoten:
ich löst' ihn gerne auf.

Wer sagte da, daß ich nicht sachlich bliebe?
(Nu sieh mal einer dieses schlanke Bein!)

Begeisterung, Freude am Beruf und „Liebe“ –:
So soll es sein!

1913

Briefe an einen Kinoschauspieler

Vor mir liegt ein Päckchen Briefe, blauer, weißer, gelb getönter und tangofarbener; hübsche, kleine Briefe. Sie sind alle an einen Mann gerichtet, an einen sehr bekannten Kinoschauspieler, dessen Namen hier nicht genannt sein soll. Ich blättere und raschele in den Papieren, und eine ganze kleine Welt tut sich auf.

Wir glauben, die Menschen zu kennen, wenn wir ihre Zeitungen lesen und in die Theater gehen und die Bücher lesen, die gerade Erfolg haben. Falsch. Heute, 1919, müssen wir sie im Kino aufsuchen: da sind sie ganz, da sind sie Mensch, da darf man's sein – da ist Leben und Liebe, Leidenschaft und leichter Sinn – da sind sie ganz. Denn auf der mittleren Linie zwischen Kunst und Moritatenleinwand hat sich eine neue Gattung Kunscht gebildet – eine, die die Gemüter völlig im Bann hält, bezaubert, fesselt und einlullt.

Wenn ein großes Meisterwerk Erfolg hat, so kann man in neunzig Fällen von hundert darauf schwören, daß sich das Publikum aus dem Ding etwas zurechtgemacht hat, das nur noch gerade die äußeren Umrisse mit dem ursprünglichen gemein hat. Es gibt einen Publikumshamlet, einen Publikumsbeethoven, einen Publikumsrembrandt – und kommt der Nachtreter, der das große Vorbild kitschig kopiert, so hat er denselben Erfolg, weil sie den Unterschied nicht merken. Beim Kino bedarfs des Umwegs nicht. Hier sind ihre Lüste und ihre Passionen, ihre Probleme und ihre Seligkeiten. Hier ist alles. Hier ist ihre Welt. Und weil die Welt Götter braucht, so schufen sie sich welche und haben welche und verehren sie mit einer Leidenschaft, die mit der alten Liebe zum Schauspieler wenig zu tun hat. Gewiß, als wir klein gewesen sind, standen auch wir einmal am „Bühnentürl“ und warteten in der bittersten

Winterkälte, bis, blond und vermummt, Lucie Höflich auftauchte oder Rosa Bertens oder eine andere Königin unseres Herzens, und wir nahmen bescheiden den Hut ab und brachten wirklich der Kunst unser kleines Opfer dar, und nicht nur der Frau. Dieses hier aber ist ganz etwas anderes.

Durchdrungen von der naiven Annahme, der Kinoschauspieler sei im Leben gerade so wie in den aufregenden Rollen, legen die jungen Damen und Herren ihren Idolen Eigenschaften bei, die denen schon manche Träne der Heiterkeit entlockt haben (wenn sie klug sind – das gibt's). Und sehe ich von den üblichen Bettelbriefen ab, so bauscht sich der Vorhang vor einer Komödie von Eitelkeit, Sinnlichkeit, Neugierde, Dummheit und falsch angebrachtem Charme, daß es einen Hund, einen Panther jammern kann. Blättern wir.

„Da ich die Einsamkeit nicht mehr ertragen kann, wage ich es, an Sie zu schreiben, denn Sie *müssen* verstehen können. Ich sah Sie als... in ... Jene Stunden im Kino – wie banal das klingt, zähle ich zu den wertvollsten meines Lebens. Ich sah nie einen Menschen spielen mit dieser beinahe krampfhaften Innerlichkeit, die Ihnen eigen ist, und die alle anderen Schauspieler in den Schatten stellte. Es war, als wollten Sie alle anderen mit Ihrer starken Innerlichkeit anfeuern; ich zitterte vor Erregung. Ich will Ihnen keine Komplimente sagen, denn es kommt mir nicht zu, aber darf man Empfindungen, die aus tiefster Seele kommen, unterdrücken? Nein, nicht wahr? Sie sind so gut, daß ich es einmal wage, Ihnen mein Herz auszuschütten, werden Sie mich verstehen, oder wenigstens versuchen mich zu verstehen?“

Und nun nach der Melodie: Hedda aus der Prenzlauer Allee:

„Ich bin so jung und doch so müde schon; denn die Menschen traten meine schönheitsdurstige Seele in den Schmutz des Alltags. Ich habe keinen Menschen, der zu mir hält, denn für so exzentrische Geschöpfe, wie ich eines bin, hat die Masse ja kein Verständnis. Wie ein Geschenk habe ich es daher empfunden als ich Sie spielen sah, und seitdem ist ein tiefinnerliches, unaufhaltsames Weinen in mir – – Ich sehe immer noch Ihre wundersam weiße Hand, die geschaffen ist zum Guttun, und mit

Entzücken träume ich von Ihren schwarzen Augenlidern, die sich beinahe wie aus Angst so seltsam schmerzhaft auf die Wangen senkten. Ich bete Sie an, mir zum Leide und der Welt zum Trotz – -- Ganz allein für mich sollten Sie einmal spielen – – ganz allein für mich – – Ich kann nicht anders: antworten Sie mir auf meinen Brief, es hängt alles davon ab. – Ich küsse Ihre Hände!"

Eine fragt geradezu, ob der Künstler und der Mann des Lebens – nicht: der Lebemann – sich decken:

„Habe bis jetzt noch keinen Film versäumt, in welchem Sie spielten. Spielen Sie einen großen Freund oder Kameraden, bin ich glücklich, ist aber das Gegenteil der Fall, stimmt es mich tieftraurig. Habe den Wunsch zu wissen, ob meine Annahme bestätigt ist, ob Sie in Ihrem sonstigen Leben so sind wie auf der Bühne. Oder sollte es nur Kunst sein?"

Nur – du himmlische Verehrerin!

Aber man kann auch böse werden, und wenn der Gefeierte nicht gleich antwortet, bekommt er folgenden Brief:

„Da ich bis heute noch keine Antwort auf meinen *dritten* Brief vom 5. d. M. erhielt und auch nicht mehr damit rechne, bitte ich Sie nur noch, mir mein Bild, das für Sie schwerlich noch Interesse haben kann, unter Benutzung des *nochmals* angefügten Freibriefumschlags zu retournieren. Eigentlich ist es wohl unter „gewöhnlichen Sterblichen" üblich, eine höfliche Anfrage zu beantworten, je wie man es für möglich hält, entgegenkommend oder ablehnend. Aber natürlich gibt es auch eine gewisse Art von Menschen, die hoch über der erwähnten Gattung mit ihren Lebensregeln steht. Wie zum Beispiel käme ein „umschwärmter" Schauspieler wohl dazu, auf die Briefe eines „kleinen unbedeutenden Mädels" zu antworten, geschweige denn näher darauf einzugehen!? Da genügt doch schon die Einsendung eines Autogramms. Nicht wahr, das ist sicher auch Ihre Ansicht, deren Richtigkeit ich Ihnen auch durchaus nicht absprechen möchte?!? In diesem Sinne bin ich mit ganz besonderer Hochachtung..."

Mit ganz besonderer Hochachtung – das ist die wahre Liebe nicht. Da lob' ich mir diese junge Dame, die durchaus weiß, was und wen sie will:

„Berlin, den 15. August 1919. (Das Ganze auf der Rückseite einer Porträtkarte.) Du, ich hab' Dich so furchtbar lieb! Möchtest Du mir nicht ein einziges Mal ein Küßchen geben? Mein Muttchen ist gestorben – – und ich bin so allein! Nicht bös sein – – daß ich Du sage – – aber „Sie“ ist so fremd! – – – Wenn Du meinen Wunsch erfüllen willst, so sei so gut und rufe mich an!“

Die Entschuldigung mit dem Mütterchen ist eben so übel nicht. Manche Mädchen wissen aber doch, was sich gehört; so schreibt eine: „In vielen Fällen habe ich Sie bewundert, in denen Sie Idealrollen hatten. Aber in... war Ihre Rolle abschreckend für ein junges Mädchen.“

Und eine andere legitimierte sich: „bitte mir ein Bild außer der Bühne mit einigen Worten der Erinnerung zu verehren. Es kommt bestimmt nicht in unwürdige Hände. Sie sollen wissen, wer ich bin. („Meinen Namen sollt Ihr nie erfahren: Ich bin der Kaiser Franz Joseph!“) Bin Generalstochter (adlig), genügt das?“ – Ach ja, es genügt, und um wieviel bürgerlicher und kaufmännischer denkt da ein junger Herr, der eine Menge Karten zur Bemalung mit Autogrammen schickt und dazu schreibt: „Für Ihre nun sehr vielen Bemühungen erlaube ich mir, Ihnen freundlichst zwei Mark zu übersenden.“ Überschrift: Des Kinoschauspielers erstes ehrlich verdientes Geld ...

Was überhaupt auffällt, ist die entzückende Mischung von Liebe und Geschäftsstil. Roda Roda erzählte einmal eine Geschichte von einem Buchhalter, der bei den Worten: „Liebe Hulda, ich liebe dich leidenschaftlich!“ – das letzte Wort zweimal – dick und dünn – mit dem Lineal unterstreicht... So weit kann einen die Leidenschaft manchmal treiben. „Ich werde stets bemüht sein, Ihre werten Briefe prompt und ausführlich zu beantworten.“

Eigentlich müßte es heißen: „und werde ich stets bemüht sein“ –, aber es ist auch so schon ganz hübsch.

Eine will zum Film empfohlen werden; sie kann alles: „Tanzen (sämtliche moderne wie Bühnentänze), Reiten, Schwimmen, Rudern, Klettern, Schlittschuhe laufen, Klavierspielen und Singen. Genügt doch, gelt? Es wurde mir auch schon von vielen Seiten versichert, daß ich talentiert wäre. Nur die Beziehungen fehlen." Aber die werden schon kommen ...

Und auch das Ausland ist in dem Reigen vertreten:

„Sehr geehrter Herr! 10. September habe ich Sie in das Schauspiel... als... gesehen und habe richtige Freude erlebt. Am Sonntag nachmittags habe ich Sie in Elektrische Bahn Stadt Ring I sofort erkannt."

(Dabei ist der Mann so fein, daß er niemals die elektrische Bahn besteigt.)

„Sie haben mich auch bemerkt..., aber das war bloß ein flüchtiger Moment, eine lichthelle Sekunde, weil ich früher als Sie weggestiegen bin... Ihre Kunst und Ihr Aussehen sind anders, als man jeden Tag trifft, und weil ich selbst eine Künstlerin bin, so bemerke ich alles, was nicht originär ist. Von meinem Schreiben werden Sie erraten, daß ich Ausländerin bin, und bitte, meine Fehler nicht zu streng zu urteilen. Wenn Sie Lust finden werden, da antworten Sie bitte an meinen Brief, und vielleicht können wir Mahl treffen. Bedauern werden Sie hoffentlich nicht, und werde mich herzlich freuen, in Ihre Gesellschaft zu sein. Hochachtungsvol..."

Und so rummelt das durcheinander, Verse und Schmalz und bonbonblaue Briefe und marzipanrosane und junge Damen und alte. Der schönste aber von allen ist dieser hier, der eine so prächtige Idylle darbietet, wie sie Meister Spitzweg nicht besser hätte malen können oder sein Enkel Paul Scheurich. Beim Lampenschein... nein, zu diesem Brief muß das „Elterngrab" gespielt werden – dann ist's richtig. Hier ist er:

„Geehrter Herr... Verzeihen Sie, daß Ihnen eine unbekannte Frau mit diesen Zeilen belästigt, doch ist es eine Mutter, die ihren einzigen, vergötterten, guten Jungen verlor und nichts weiter besitzt, denn mein Mann ist acht Jahre tot.

Ich sah Sie im Frühjahr in... und erschrak, wie sehr Sie meinem Sohn ähnlich sind, nicht in den Zügen, sondern wie er sich gab. Ich sah zufällig in eine Kinovorstellung, ich war nie eine Freundin für diese Art Sachen, doch nun gehe ich zu diesen Vorstellungen, so oft ich Ihren Namen lese, blödsinnig ist so etwas. Und nun werden Sie vielleicht sagen, die Frau hat wohl keine Arbeit? Ich habe mehr wie zu viel zu tun und mein anständiges Auskommen. Nein, die Sorge um etwas Liebes fehlt mir. Herrgott, da schreibe ich ja gerade, als ob ich abends meinem Paulchen das Herz ausschüttete. Ich fahre auf ein paar Tage nach L. zu meinen Verwandten, denn ich bin dorther, und wenn ich wiederkomme, werde ich Ihnen eine uralte Geschichte schreiben oder erzählen, wenn Sie es für gut befinden, ich würde, wenn Sie zu mir kommen, Sie gut empfangen, eine anständige Tasse Kaffee und selbstgebackenen Kuchen. Vielleicht kommen Sie, ich würde mich unendlich freuen. Sie brauchen sich meiner nicht zu schämen, ich bin eine Frau von untadlichem Ruf.

Mein Großmütterchen, die tief im Spreewald wohnt, hat mir mehr wie einmal diese furchtbare Geschichte aus einem schönen, alten Buch vorgelesen, denn es war eine Schrift, die ich nicht verstand, mit wunderbaren Bildern dazu. Die Geschichte spielt in der Nähe meiner Großeltern, ein gewaltiger Wendenfürst hat ein edles Grafenehepaar in den Tod gehetzt, sie ist schön, diese Geschichte, es ist etwas andres mal. Die Rache einer edlen Frau nennen Sie dann das Stück. Mein geliebter Spreewald ist reich an Geschichten und Sagen. Ihnen würde ich sie erzählen, wiewohl ich sonst wie meine Kunden sagen, wenn ich mal bei ihnen bin sagen, ich sitze wie ein Ölgötze. Unendliche Grüße von Ihrer mütterlichen Freundin..."

Und wenn er nun hingegangen wäre –? An diesem Abend lesen sie nicht weiter...

Ist das nicht rührend? Da schmilzt des harten Spötters Herz, er beugt demutsvoll sein Haupt, hebt betend die Arme empor und spricht zu seinem Kinomann: „Wahrlich, wahrlich, Du bist berühmt. Wir aber modern im Schatten dahin! Glanz und Sonne auf Deinen lackierten Scheitel!"

1919

Die Pointenwiederholer

Manchmal, im Theater... immer im Theater sitzen da zwei ältere Damen, vor denen habe ich eine furchtbare Angst. Ich sehe sie mir schon, bevor der Vorhang aufgeht, darauf hin an, ob sie es sind. Ja, sie sinds. Sie gehören zur Familie der Pointenwiederholer.

Mein Billet habe ich nur einmal bezahlt – doch, ich bezahle meine Billets immer. Man kann dann hinterher besser schimpfen. Überhaupt, die Unabhängigkeit der Theaterkritik... da hatte ich mal einen Onkel Paul (folgt eine lange Geschichte von Onkel Paul, die kein Mensch wissen will. Gestrichen). Mein Billet habe ich einmal bezahlt – aber das Stück höre ich zweimal.

„So bohr ich denn in dies verruchte Weib mein Schwert!" sagt Kortner, und da hat er ganz recht. Links von mir zischelt Fräulein Klacksmann zu Frau Pinselbrenner: „So bohr ich denn in dies verruchte Weib mein Schwert!" Und sie zischelt es deutlich, sauber artikuliert, schön laut, damit die andern Leute auch etwas davon haben. Warum sie das tut, ist nicht ganz klar. So viele schwerhörige Begleiterinnen kann es nicht geben. Es muß wohl so sein, daß manche Leute nicht so richtig zuhören können. So wie andre maulfaul sind, so sind sie ohrenfaul. Und da haben sie sich denn ein Privat-Theater ins Theater mitgebracht. Und das Privat-Theater sagt alles noch mal.

„Sieht Ihre Schwiegermutter vielleicht aus wie ein Edamer Käse?" fragt der Komiker. Ungeheure Heiterkeit. Aber deutlich, klar und deutlich mit allen ss und rrs, höre ich neben mir: „Sieht Ihre Schwiegermutter vielleicht aus wie ein Edamer Käse?" Und dann erst lacht die Frau Pinselbrenner – denn warum sollte sie vorher lachen? Vorher hat sie nichts verstanden. Sie geht nach.

Daß im Kino immer mindestens einer seiner Braut alle Titel laut vorliest, kann ja kaum noch vorkommen, weil wir doch jetzt den Tonfilm haben, wo die Titel laut gesprochen werden; wobei zu bemerken wäre, daß die alten Titel meist besser waren als jetzt der Text. Aber warum im Theater die Pointenwiederholer ihr Wesen treiben ... Ich habe mir darüber so meine kleinen Gedanken gemacht: man denkt ja manchmal nach, wenn man auch im ernsten Berufsleben steht – aber man macht sich doch so seine Gedanken ... und dies ist meine Theorie:

Es muß Menschen geben, die etwas erst dann richtig aufnehmen, wenn sie es selber gesagt haben. Sie täten auch Herrn Einstein seine Theorie nicht glauben, bis sie sie nicht selber aufgesagt haben. Und da führen sie denn das ganze Stück noch einmal für ihre Ohren auf, und dann, dann erst haben sie alles richtig kapiert. Es ist nicht so sehr ein Liebesdienst, den sie dem andern erweisen – sie bringen das Stück für sich selber ins reine. Und klappern den ganzen Abend über mit dem Text nach. Dabei müssen sie sich sehr beeilen, weil es doch oben auf der Bühne weitergeht, und daher sagen sie die Sätze mitunter sehr rasch, schleifend, hopphopphopp – mit einem kleinen Lachgluckser in der Kehle, und dabei gewinnt der Text sehr. So möchte ich auch einmal aufgesagt werden – ach, muß Ruhm schön sein!

Für uns ist das aber gar nicht schön.

Es ist schon schlimm genug, daß man gewisse Stücke überhaupt einmal hören muß, denn so, wie es Stücke gibt, die sich für keine Premiere eignen, so gibt es wiederum welche, die eignen sich nur für eine Premiere – für die Premieren, wo der Klub der Harmvollen versammelt ist: jene, denen mies ist vor Berlin, vor sich selber und vor dem Theater, und die das dadurch dokumentieren, daß sie dauernd dahin laufen, wo sie alles drei zusammen haben können. Ich bin noch nie in einem Löwenkäfig gewesen. Aber ich bin schon mal in einer Berliner Premiere gewesen. Ja, und diese Stücke müssen wir nun alle doppelt hören, weil doch Fräulein Klacksmann der Frau Pinselbrenner das Stück erzählen, erklären und wiederholen muß – und wenn wir Glück haben, dann hören wir es dreimal, und es: kostet gar nicht mehr: das ist gratis. Manchmal hört man auch noch die Souffleuse, und dann ist es wie in einem akustischen Spiegelkabinett.

Wenn Sie heute abend ins Theater gehen: denken Sie bitte an mich. Und wenn die beiden Pointenwiederholer wieder dasitzen, dann drehen Sie sich nicht um und sagen Sie nicht: „Psst!“ – Sie nähmen den Leuten ihr tiefstes Vergnügen an der dramatischen Kunst. Denn wie heißt es beim Dichter so schön? „Du mußt es dreimal sagen!“ (Das Echo: „Du mußt es dreimal sagen!“ – Das Doppelecho: „Du mußt es dreimal sagen!“)

Neulich, da gab Pallenberg in Hamburg, der süßen Stadt, ein Gastspiel. Ich hin. Denn seine heimschen Künstler soll man ehren. (Das Echo: „Denn seine heimschen Künstler soll man ehren!“) Und da saßen auch zwei solche Pointenwiederholerinnen neben mir. Im zweiten Akt aber zog ich meine Tabakpfeife aus der Tasche, hielt das Mundstück meiner Nachbarin vor die Brust und flüsterte streng, aber gerecht: „Wenn Sie noch ein einziges Wort sagen, sind Sie ein Kind des Todes.“ Die beiden Damen sind die einzigen Personen im Theater gewesen, die nicht über Pallenberg gelacht haben. Und nach dem Theater bin ich sehr schnell nach Hause gegangen, weil ich noch viel Geschäftliches zu erledigen hatte.

Zieht ihnen das Trommelfell über die Ohren! Schlagt sie tot – das Weltgericht fragt euch nach den Gründen nicht! Amen.

1930

Otto Wallburg

kommt herausgetrudelt, Atem hat er draußen geschöpft, und was er nun sagt, hört sich ungefähr folgendermaßen an:

„Also – erlauhm Sie mal, wie komm Sie überhaupt dazu, einfallächerlich! Sie haben mir doch erst gestern am Telefon – liieber Freund! Dann gehört der Kerl ins Zuchthaus! Ins Zuchthaus! Sag ich Ihnen! Sie mit! – Ham sie 'ne Zigarre?“

Diese Fettkugel spricht Stenographie (Debattenschrift); die Sätze fallen, fertiggenäht, aus dem Mund, sind hundertmal gesprochen, werden als bekannt vorausgesetzt und daher nur leicht angeschlagen. „Es erscheint mir nicht nötig, hier noch umständliche Einwendungen zu machen" heißt: „Al'machn Se doch keine –", und den Rest hat man sich zu denken.

Er ist immer ein bißchen naß, weil er schwitzt, immer in Bewegung, und was er einmal in einer Posse zu sagen hatte, könnte sein Wahlspruch sein: „Nehmen Sie nur! Ich habe davon vierhundert Stück." Er hat von allem vierhundert Stück, auch von jeder Gemütsbewegung. Er muß, dem Akrobaten gleich, immer trippeln, sonst fällt er von der Kugel, Ruhe ist Tod, Stillstand Verderben. Da bewegt er sich lieber.

Ein Teil seiner Komik liegt darin, daß er die Glaswände der Würde, die um jeden Menschen enger oder weiter aufgerichtet sind, unbekümmert durchbricht: für ihn gibts das nicht, er sieht sie nicht einmal. Wenn die Wände klirrend zu Boden krachen, und der Angepackte den Eindringling betroffen anstarrt, fuchtelt er mit Händen und Füßen, und die Hörer lachen, weil es immer Spaß macht, dergleichen zu sehen. Der Wallburgsche Spießer, durch Konversationslexikon, etwas Radio und viel Zeitung genauso weit aufgeklärt, wie das fürs Geschäft der Andern notwendig ist, geht ran, respektiert keine Würde und böte auch noch einem Shakespearschen König eilig und gutmütig eine Zigarre an.

Denn gutmütig ist er. Im Grunde schüchtern, wird er leicht frech – das soll in Deutschland vorkommen, niemand war ja feiger als der Selige aus Doorn, und daher auch dessen große Schnauze. Wallburg ist häufig sein getreuer Untertan, forsch, maßlos beschäftigt und immer hinter irgend etwas her. Nur hat er – im Gegensatz zu dem Herminerich – Herz.

Und ist daher kein hoffnungsloser Spießer. Ob er wirklich dem König im Macbeth eine Zigarre reichte? Vielleicht wendete er sich an das Hofmarschallamt, aus Respekt, aus irgendeinem vagen Gefühl für Größe. Das ist denkbar. Wie man sich ja überhaupt diesen Komiker zum Beispiel an einem Grab denken könnte, er weinte wirklich, er mag Kinder gern, er hat eine dickliche, weiche Hand, sein Fett wackelt gutmütig, und wer ihm nicht grade in Geschäften im Wege steht, Dem ist er hold gesinnt Eine Spur kesser: und er wäre ein idealer Wendriner.

So aber hopst er über die Bühnen, verhapselt, verhaspelt, verhapselt sich, ververspricht sich, „Tante Emmy hat mir aber doch selber gesagt, sie paßt aufs Kind auf, wenn das Kind in die Badewanne fällt, wer läßt denn eine Badewanne ohne Aufsicht... 'n Augenblick mäh! 's Telefong klingelt! Marie! Marie! Warum geht denn keiner...!“

Man hats nicht leicht in den Stürmen des menschlichen Lebens. Auf den weißen Wogenkämmen aber tanzt der Dicke, ein Badeengel aus Celluloid.

1927

Der Bühnendiener

Nicht der, der die Proben ansagt, auf Fragen falsche Antworten gibt, sich über nichts mehr wundert und überhaupt den Philosophen macht – den nennt man Theaterdiener, und das ist wieder ein andres Kapitel. Er ist der unbestechlichste Kritiker, den das Theater hat: er weiß wirklich Bescheid. Ich meine die Diener auf der Bühne.

Früher fingen ja alle Possen und Schwänke so an, daß das Stubenmädchen Lisette mit dem Staubpuschel in der Hand die Möbel abpuschelte, mit seidnen Strümpfen, kokettem Häubchen und vielen Blicken ins Parkett. Jean, der Diener, kam hinzu, und sie hatten einen Schwatz. „Nein, wie spät die Herrschaft gestern abend wieder nach Hause gekommen ist. Nicht doch –!“ Denn Jean, der Genießer, hat sie in die Schürze gekniffen, und sie schämt sich, bekommt aber doch ihren Bühnenkuß. Da klingelt es, und herein tritt eine der Hauptpersonen des Stückes, die augenrollend und gewichtigen Schrittes das theatralische Vorgeplänkel von der Bühne fegt. Los gehts.

Seit Jahren sammle ich Bühnendiener. Und bin immer wieder erstaunt, was es da alles gibt.

Solange die Welt steht, hat sich noch keine Dienerschaft in irgendeinem Hause so benommen, wie es allabendlich auf den deutschen Bühnen der

Bühnendiener tut. Es gäbe auch gar keine Herrschaft, die sich das gefallen ließe.

Die Stubenmädchen kneifen sie ja nun nicht mehr, denn nach einem merkwürdigen Brauch werden solche Rollen oft mit jungen Leuten besetzt, die ihrem Habitus nach eher mit dem Herrn des Hauses ein Verhältnis anzuknüpfen nicht abgeneigt wären. Spitz und geziert rauscht der Edelkomparse herein. Und dann beginnt jenes seltsame Spiel, das sich auf fast allen Bühnen so eingebürgert hat, daß schon kein Mensch mehr etwas dabei findet. Der Diener macht sich nämlich dauernd über seine Herrschaft lustig.

Sei es nun, daß er seinen kleinen schauspielerischen Effet haben möchte, sei es, daß er sich langweilt, oder daß er böse ist, eine solche Rolle spielen zu müssen – genug, er macht dauernd hörbar und unhörbar Tz! tz! tz! auf seine Herrschaft. Diener ziehen immer die Augenbrauen hoch, das ist richtig beobachtet –: aber sie tun das im Leben nur dem mäßig gekleideten Besucher gegenüber – seiner eignen Herrschaft kriecht der Diener in die Knopflöcher.

Diese Bühnendiener zucken die Achseln, werfen den Kopf hintenüber, sind über jeden Befehl schwer entrüstet und chokiert, und über alles, was die Herrschaft tut, spricht, handelt und anordnet, mokieren sie sich deutlichst, bis zum zweiten Rang inklusive. Wir Diener sind doch bessere Menschen...

Und wenn schon abgegangen sein muß, wenn schon ein Glas Wasser, ein Wagen, Herr X. herbeigeholt werden muß: dann gibt es einen Abgang, an dem ich immer viel größere Freude habe als an allen Auftritten der großen Herren. Der Diener hört, sagt beflissen: „Sehr wohl!", aber doch mit jener Nuance im Ton, die einen gescheiten Diener von einer leider irrsinnigen Herrschaft trennt, geht, geht und hört gar nicht auf zu gehen. An der Tür tut er dann das, was merkwürdigerweise fast alle Schauspieler, und besonders die kleinen, immer tun: er sieht noch einmal unendlich sehnsüchtig, klebend und hangend über die Bühne ins Publikum. Er kann den Blick nicht von dir wenden...

Nur der selige Paulig hat das nicht, weil er zuviel mit seinen Zungen zu schnalzen hatte. Und auch die treuen Diener ihres Herrn, Gottowt, Graetz, Haskel und Guido Herzfeld und andre gute Charakterspieler haben die gestreifte Dienerjacke mit anderm ausgefüllt.

Wenn Sie das nächste Mal ins Theater gehen: achten Sie auf den Bühnendiener. Ich, wann ich so einen hätt, ich tät ihm sofort heraußerschmeißen.

1922

Otto Reutter

Ein schlecht rasierter Mann mit Stilaugen, der aussieht wie ein Droschkenkutscher, betritt in einem unmöglichen Frack und ausgelatschten Stiefeln das Podium. Er guckt dämlich ins Publikum und hebt ganz leise, so für sich hin, zu singen an.

Diese Leichtigkeit ist unbeschreiblich. Es ist gar nicht einmal alles so ungeheuer witzig, was er singt, das kann es wohl auch nicht, denn er singt da gerade das zweitausendvierhundertachtundzwanzigste Couplet seines Lebens, und so viele gute gibt es nicht: aber dieser Fettbauch hat eine Grazie, die immer wieder hinreißt.

Die Pointen fallen ganz leise, wie Schnee bei Windstille an einem stillen Winterabend. Von den politischen will ich gar nichts sagen. Der Mann hat im Kriege geradezu furchtbare Monstrositäten an Siegesgewißheit von sich gegeben – so die typische Bierbankseligkeit des Hurras, die zu gar nichts verpflichtete, bei der schon das Mitbrüllen genügte. Und wenn er heute politisch wird, dann sei Gott davor. Nicht, weil mir die Richtung nicht paßt – sondern weil die Texte verlogen sind.

Diese Pille vorweggenommen: Welch ein Künstler –! Alles geht aus dem leichtesten Handgelenk, er schwitzt nicht, er brüllt nicht, er haucht seine Pointen in die Luft, und alles liegt auf dem Bauch.

Ein Refrain immer besser als der andre – wie muß dieses merkwürdige Gehirn arbeiten, daß es zu jeder lustigen Endzeile immer noch eine neue Situation erfindet. Und was für Situationen!

Ein Refrain hieß: „In fünfzig Jahren ist alles vorbei!" Heiliger Fontäne, hättest du eine Freude gehabt –! Die Melodie blieb auf „vorbei" in der Terz hängen – erst das Klavier endete sie, und er stand da und machte ein dummes Gesicht. Und sah aus wie ein Kuhbauer und entzückte und charmierte durch seine Grazie. Wenn dich der Zahnarzt, sang er, an einem Zahn durchs Zimmer schleift, und es will gar nimmer enden – „dann mach dir nichts aus der Schweinerei, denn in fünfzig Jahren ist alles vorbei...!"

Und dann ein Lied, meisterhaft, in total besoffenem, von nichts ahnendem Tonfall gesungen: „Ick wunder mir über jahnischt mehr –!" Abends käme er nach Hause, sang er, und da –

Da steht vor meine Kommode 'n Mann –
Der sagte: „Sie! Fassen Se mal mit an!
Alleene is mir det Ding zu schwer ..."
Ick wundre mir über jahnischt mehr –

Und dazu ein Mondgesicht, unbeteiligt, mild leuchtend durch die Wolken – was soll man dazu sagen?

Die Leute sagen auch gar nichts, sondern liegen unter dem Tisch, und wenn sie wieder hochkommen, dann verbeugt sich da oben ein dicker und bescheidener Mann, der gar nichts von sich her macht, obgleich er ein so großer Künstler ist.

1921

Massary und Roberts

In einem Tal bei armen Hirten erschien mit jedem jungen Jahr, sobald die ersten Austern schwirrten, ein Mädchen, schön und wunderbar... Für jede Frau ist eigentlich ein ganz besonderer Laut charakteristisch, den sie und nur sie hat: Manche müssen keifen, um ganz sie selbst zu sein, manche trällern und manche leise seufzen. Wenn man an die Massary denkt, stellt sich gleich diese Vorstellung eines tiefen Kehllauts ein, der alles Mögliche bedeuten kann: vor allem so viel Ironie. Es wäre ein Hauptspaß, einmal mit anzuhören, wie dieses Bündel überlegener Nerven auf acht verschiedene Liebeserklärungen reagiert...

Aber „Prinzessin Olala“ soll weniger uns Vergnügen als dem Berliner Theater volle Häuser machen – und es ist sehr viel, daß sich streckenweise beides vereinigen lassen wird. Bei den Operetten muß ich immer an das alte Wort des nunmehr zu seinen Vätern versammelten Portiers des Deutschen Theaters denken: „Man hat sich so viel Mühe damit genommen gehabt!“ Ein paarmal glaubte ich die Meisterhand Rudolf Bernauers zu spüren, und wenn der liebe Gott klug ist, läßt er ihn am Auferstehungstag den Chorgesang der Engel textieren. Dann bleibt Keiner liegen.

Ja, also die Massary kann Alles, macht Alles – und mit welcher Leichtigkeit macht sie es! Einmal hebt und senkt sie die Schultern und wackelt im Lied so ein bißchen mit eine entzückende Parodie auf allen Operettentanz der Welt. Wofür man ihr immer wieder zu danken hat, das ist ihre Diskretion, die nie, nie über die Rampe haut. Was hätten Soubretten mittlerer Gattung mit dem durchaus auf Freud fußenden Chanson: „Auf der Höhe der Situation“ angefangen! (Das heitere Liedchen behandelt in populären Versen die Divergenz der Lustkurven bei den Geschlechtern. Na, lassen wir das.) Sie ist, wie stets, das Beste, was es in diesem Genre augenblicklich gibt und der ihr so oft Kränze geflochten hat, möchte auch diesmal nicht verfehlen, ihr so viel gelbe Rosen zu überreichen, wie er nur kaufen kann ...

Sonst versank in solchen Stücken Alles neben ihr. Da sie nicht schwächer, sondern eher stärker geworden ist, muß Einer schon ein Kerl sein, daß man den ganzen Abend zwei Menschen auf der Bühne sieht. (Das ist übrigens ein Vorteil des Stücks und der Besetzung welche

Schauspieler mögen das wohl einsehen!) Dieser Andre ist Ralph Arthur Roberts.

Eine solche Vereinigung guter Schauspielkunst und grotesker Körperkomik war noch nicht da. Man hat ihn oben am Schnürboden an Fäden aufgehängt, seine Gelenke sollten in Kollegs vorgezeigt werden, und wo er am Abend sein Schwergewicht läßt, ist noch nicht heraus. Einmal glitschte er über eine Apfelschale, mit einer Handbewegung entschuldigte er sich bei ihr, gab gleichzeitig zu verstehen, es sei gewissermaßen peinlich, daß Apfelschalen auf der Welt sind ... Die besten englischen Exzentrics haben keine ausdrucksfähigere Mimik in den Knochen. (Und das ist ein Lob. Wenn nur Alles, was sich bei uns literarischer Schauspieler nennt, so viel Witz, so viel Begabung, so viel Ausdrucksfähigkeit hätte!) Auch er von bewundernswerter Diskretion – man hat noch im tollsten Überschwang den Eindruck: Ein Chevalier, der sich herbeiläßt, Ulk zu machen – ein Ruck, und er fällt wieder in die Menschlichkeit zurück. Man lacht über ihn nur, wenn er will. Auch ihm ein Sträußchen: aus Petersilie und edel geflochtenem Sellerie.

Am Schluß gab es eine boshafte kleine Monarchenverulkung – hier und da im Publikum stiegen leise Bedenken auf: Darf man auch darüber lachen? Nun, der Lehrer war grade mal herausgegangen, und so amüsierte sich die Klasse – wenngleich mit einem leisen Anflug von Gewissensbissen – erheblich.

Auch eine Musik kommt in dem Stück vor.

Die Beiden aber... Sie teilten jedem einen Zippel, dem Komik und dem Grazie aus – der Jüngling und der Greis am Knüppel, ein jeder ging beschenkt nach Haus!

1921

In des Waldes tiefsten Gründen

„Ich geh jetzt morden", sagte der Räuberhauptmann Nickel Kernbeißer und zog den Lederkoller fester. Warf das gute, alte Schießgewehr über die Schulter, steckte die Trichterpistolen in den Gürtel, den Räubererlaubnisschein ins Wams – „Velleda, mein Weib, leb wohl! Mich siehst nimmer!" –

„Aber zum Nachmittagskaffee bist du doch wieder da?" entgegnete die Hausfrau treuherzig, indem sie sich mit einem kräftigen Armschwung die Nase putzte.

„Stell ihn warm, wenn ich nicht zur Zeit zurück bin", sprach Nickel düster. Und schritt fürbaß.

Die Männer des Dorfes hatten sich schon an der großen Eiche versammelt. Als Nickel sich näherte, standen sie stramm.

„Guten Morgen, meine Herren!" sagte der Hauptmann, „heut gilts! Die Post kömmt um 4 Uhr 40 durch den Auchenauer Wald; mein Brudersohn, der Postillon, berichtet von drei gutsituierten Fahrgästen. Meine Herren! Das vorige Mal sind leider Ausschreitungen vorgekommen, die doch im Interesse unseres Standesansehens besser vermieden werden, nicht wahr? Ich bitte also, alles unnötige Lärmen zu unterlassen. Das wird ein heißer Nachmittag! Munition nehmts mit und ein Kartenspiel für den Waldesschatten."

Und unter Absingung des Liedes: „Zieh hinab ins stille, stille Tal" setzten sie sich in Bewegung, in den Wald hinein.

Die Zweige schlagen über ihnen zusammen. Es ist ein sehr dichter Wald, und man sieht nur hier und da durch die Bäume ein kleines Stückchen blauen Himmels. Viele moosige Wege laufen an Gestrüpp und Baumstrünken vorbei, auf das Räuberdorf zu. Dort ist man unterdessen nicht müßig.

„Julchen," sagt die Gattin des Räuberhauptmanns, „geh üben, mein Kind! Du kannst deinen Kullack noch nicht. Wenn der Herr Mellini zur Stunde kommt, wird er schelten!" Und Julchen geht üben, und durch den

Frieden des stillen Dorfes perlen die süßen Töne der F-Dur-Sonatine Satz 1-4, Opus 63.

Derweilen schafft die Frau im Haus: sie putzt die Türschlösser, sie besprengt die Topfblumen am Fenster, sie staubt die Mordwaffen ab, sie frischt die grauslichen Blutflecken auf der Schwelle ein bißchen auf, daß sie nur so blinken.

Sie ist tätig. Eine gute Frau und Mutter! „Adelgunde," spricht sie zur Jüngsten, „lauf einmal hinüber zu Frau Räuber Voß und frag, ob sie uns ein wenig Milch ausleihen kann! Der Milchmann ist heut ausgeblieben." Das folgsame Kind geht durch das Dorf, den schweren irdenen Topf in Händen haltend, und seine Augen sind überall.

Es plaudert mit den Frauen, die auf den Bänken vor ihrem Häuschen sitzen, es grüßt den alten Räubervater, der heute seinen längsten Umhängebart angelegt hat und brummelnd dankt. Und holt schließlich bei Vossens seine Milch und macht sich auf den Heimweg. Unterwegs bleibts ein bißchen vor der Schule stehen und hört zu, wie die Klassen im Chor Gedichte aufsagen. Jede Silbe ist deutlich zu hören.

„Mor-den – und – Steh-len
ist – un-se-re – Lust..."

Dann hüpfts nach Hause.

Aber nun ist Mittag, und die schwere brütende Hitze lagert über dem Walddorf. Stille. Da rascheln Schritte im sandigen Laub des Weges. Es ist der Geldbriefträger. Er will zu Mausche Maynzer & Feibisch Pollack Räuber en gros. Haben sich selbständig gemacht; ein feines Haus! Der Briefbote geht durch den niedrigen Flur zum Bureau, gleich rechter Hand. Er klopft. „Herein! In Gottes Namen!" sagt jemand. Er tritt ein. Niemand ist im Zimmer. „Hier ist", sagt er in die leere Stube, „ein Lösegeldbrief für Herrn Pollack, genannt der edle Jude!" – Nichts. Nur die alte Küchenuhr tickt pick, pack, pick, pack... „Heda!" Dem Boten wirds unheimlich.

Da rührt sich wer hinterm Ofen. „Mei Sohn is nischt do“, sagt eine ganz, ganz alte Stimme, verrostet und brüchig, – so alt ist sie. „Legts derweil auf'n Tisch!“ –

„Oha!“ sagt der Briefträger, „persönlich soll es sein, persönlich!“

„Nu, ich bin so gut wie persönlich“, sagt die alte Stimme wieder. „Ich bin der Vater von den edeln Juden!“ –

„Nein, nein!“ Der Pflichttreue weigert sich. Persönlich muß es sein, sonst gibt er ihn nicht her.

„Dann sagt mir wenigstens“, bittet der unsichtbare Greis, „von wemmenen er kümmt!“

Der Beamte sagts. Von Petersen aus Hamburg.

„Zahlt der auch einmal wieder, sieh! sieh!“ brummelt die Stimme am Ofen befriedigt. „Kommt am Abend noch einmal, da werd der edle Pollack junior schon dosein!“

Der andere stapft schwer hinaus, und wieder pickt die Küchenuhr die Stille auf, und der Alte druselt langsam wieder ein...

Um sechs Uhr nahen die Männer. Sie haben mitgebracht: Herrn Oberlehrer Kurlbaum aus Bielefeld, Herr J. J. Steenstrop aus Stockholm, einen himmellangen blonden Schweden, und Miß Lapsley aus London W. Die Gefangenen sind gefesselt. Miß Lapsley weint. Das Dorf tobt. Die Kinder bilden Spalier und machen einen Heidenspektakel. Da dreht sich Oberlehrer Kurlbaum um und spricht vernehmlich: „Was gibt es hier zu lachen?“ – Crescendo. Die Frauen nehmen den rauhen Männern Rüstzeug und Waffen ab, laben sie und heißen sie sich waschen.

Hauptmann Kernbeißer führt die Gefangenen ins „Verließ“. Das ist ein dicker runder Turm im Salatgarten, der an der Dienstwohnung Nickels liegt. Unten am Eingang ein kleines Porzellanschild:

VERLIESS.

Dieser Ort darf nicht verunreinigt werden.

Und ein messingener Klingelgriff. An dem zieht Nickel.

Pantoffeln schlurfen im Innern, ein Wärter nimmt den Zug in Empfang. Oben, auf dem Turm, krächzen die Raben, wie sichs gehört. Man klettert eine knarrende Wendeltreppe empor. Eine schwere Bohlentür öffnet sich.

Die drei taumeln in einen hellen, freundlichen Raum mit weißen Gardinen und Blumen am Fenster. „Wenn wer was will, mag er rufen", sagt Nickel.

Der Schwede bleibt stumm. Miß Lapsley hebt beschwörend die Hände: „Hier allein mit zwei Männern!"

Und nur der Herr Oberlehrer Kurlbaum sagt: „Zuvörderst, guter Mann, scheint es mir doch nötig zu sein, daß Ihr unsere Personalien ..."

„Halts Maul!" sagt der Räuber und zieht die Tür zu. Dann geht er Kaffee trinken.

In zweiundvierzig Hütten erzählen vierundachtzig bärtige Lippen aufhorchenden Weibern und Kindern dasselbe Abenteuer: wie sie der Post aufgelauert haben, wie die dröhnende Stimme des Hauptmanns „Halt!" rief, wie sich dann die Pferde gebäumt haben, die der Postillon erschreckt zurückriß, wie die zitternden Reisenden dem Wagen entstiegen ... Und sie berichten und knastern, und der Pfeifenrauch des guten Räuchertabaks 002 von J. A. Rebenstock (Erfurt, Räuberbedarfsartikel en detail, Lieferung im verschlossenen Kuvert ohne Firmenaufdruck) hängt wolkig in den niedrigen Zimmern, daß die Hausfrauen scheltend die Fenster öffnen müssen ... Und dann ist es Abend, und die Räuber versammeln sich in der „Alten Räuberhöhle" (Besitzer Hannes Heckmann) zur Singprobe. Und aus vierzig Kehlen schallt:

„Ein freies Leben führen wir,
ein Leben voller Wonne!"

Da öffnet sich die Tür: es ist Fetzer, der sich verspätet hat.

Der Dirigent klopft ab: „Herr Fetzer, wenn Sie noch einmal zu spät kommen, zahlen Sie fünfzig Pfennig in die Kasse!“ Und wieder erdröhnt der Chorus der kräftigen Bässe und Räubertenöre.

Einer fehlt: Nickel Kernbeißer. Er hat sich entschuldigen lassen. In seiner Wohnung, auf dem Gang, lärmen die Kinder. „Pscht!“ tadelt Mama Kernbeißer, „wollt ihr wohl stille sein! Vater erpreßt Lösegeld!“

Der Hauptmann schreitet im Bureau auf und ab und diktiert seiner Sekretärin die nötigen Briefe an die Angehörigen der Gefangenen. Man hat Adressen bei ihnen gefunden; Oberlehrer Kurlbaum hat freiwillig sein Nationale hergesagt... „und werden wir gegebenenfalls nicht davor zurückscheuen, Hand an Ihren Herrn Sohn zu legen – haben Sie „legen“?“ Und die Maschine schnattert, und der Räuber Kernbeißer droht der alten Frau Kurlbaum, ihr Sprößling werde gerädert, wofern sie nicht... „Wofern Sie nicht, sehr verehrte gnädige Frau, bis zum 14. ds. Mk. 450,- (in Worten Vierhundertundfünfzig Mark) benebst 3 % Provision in der hohlen Linde unweit der Chaussee am Kaiserquell niederlegen lassen!“ Und nachdem er unter die Briefe den Stempel mit dem Totenkopf abgedrückt hat, begibt er sich zu den Gefangenen.

Auf dem Gang zieht er die Schuhe aus. Schleicht an die Tür und lauscht. „Es tut mir leid, verehrtes Fräulein,“ hörte er den Oberlehrer sagen, „daß unser junger Kollege Matthießen nicht hier ist. Er beherrscht die englische Sprache in weit vollendeterem Maße als ich. Schade! Schade!“ – Dann hört er die Miß seufzen, und dann sagt der Oberlehrer wieder: „Riechen Sie nur, mein Fräulein, und auch Sie, Herr Steenstrop, die herrlich würzige Waldluft. Ich denke, der Aufenthalt hier wird uns guttun.“ Und jemand holt tief Atem.

Da tritt Kernbeißer ein. „Wie ist das mit dem Lösegeld?“ Betretenes Schweigen. „Wers nicht zahlt,“ sagt der Hauptmann, „wird gehängt, gerädert, was weiß ich!“

Die Miß fällt auf einen Stuhl und in Ohnmacht; der Schwede tut zum zweiten Male im Gang der Ereignisse den Mund auf. Er sagt ein kurzes, knarrendes Wort, das niemand versteht; er hats schon einmal gesagt, vorhin, als man ihn aus der Kutsche holte. Hingegen Kurlbaum: „Ich kann nicht umhin, sagen zu müssen, daß meine vorgesetzte Behörde wohl die nötigen Schritte zu meiner Befreiung ergreifen wird. Es dürfte sich empfehlen, sich vielleicht diesbezüglich an dieselbe zu wenden."

Der Räuberhauptmann lacht höhnisch. Er weiß, wenns nach denen ginge, säßen noch alle Oberlehrer hier, die er je gefangen. Nein, da werden die alten Mütterchen benachrichtigt, das hat noch immer gezogen. Oh, er kennt sein Metier, der Hauptmann Kernbeißer! Nicht umsonst grüßt von der Wand das Räuberdiplom von der großen Ausstellung zu Bern 1829. „Für Räuberei und verwandte Tätigkeiten dem hochverdienten N. Kernbeißer." Er warf noch einen finstern Blick auf die Opfer und ging.

Und kaum war er heraus, so stellte sich Kurlbaum hinter einen Stuhl und begann: „Aufgemerkt, nun eben also... Die Räuber zerfallen in drei Klassen. Erstens in die ..."

Im Salatgarten steht groß und gelblich der Mond; aus dem blauen Dunkel ertönen Stimmen; „Eichel sticht", sagt einer; Karten klatschen, und die Grillen zirpen, als seien sie allein auf der Welt. Gitarren erwachen, weit im Dorf singt eine kleine Frauenstimme ein Lied, und der Herr Oberlehrer zitiert die „Räuber" und den gesamten Schiller. Miß Lapsley spricht in der Ecke ihr Abendchorälchen. Der Schwede sitzt auf einem Stuhl, läßt die langen Arme hängen und schläft.

Abends um halb elf saßen die Räuber um den Stammtisch. Die Briefe waren auf der Post; man schien keinen üblen Fang gemacht zu haben. Sie sangen und lachten. Da aber nahte das Unheil.

Durch die Tür dröhnte der Herr Gendarm herein. Ein kleiner dicker Mann in grüner Uniform, mit einem mächtigen weißen Lederband. Mit barscher Stimme verlangte er am Schanktisch einen Korn. Dann lehnte er sich behaglich an den Schanktisch und sagte:

„Meine Herren: die Scheine!" –

Herrgott: die Räubererlaubnisscheine! Alle kramten gehorsam in ihren Brieftaschen. Sie wiesen die gestempelten Papiere vor, kraft deren sie im ganzen Herzogtum (bis auf Widerruf) räubern durften. Der Herr Gendarm sah gar nicht hin. Er kippte einen zweiten Korn, stöhnte befriedigt und wischte sich den Schnauzbart. Und merkte erst auf, als der Zundelfrieder, feuerrot im Gesicht, aufstand und stotterte: „Ich... ich habe keinen Schein!"

„Ih, sieh mal an!" sagte der Herr Gendarm, „keinen Schein! Und das räubert hier so unbefugt herum! Drei Mark Strafe, mein Lieber! Ohne Schein, es ist ja kaum zu glauben ist es ja kaum –!" Und wandte sich zum Gehen. An der Tür drehte er sich noch einmal zurück. „Die drei Gefangenen von heute nachmittag gelten natürlich nicht. Das war wieder am Buchenplatz. Könnt ihr denn nicht lesen? Da steht groß und breit auf der Tafel: „An dieser Stelle ist das Räubern verboten." Die Leute sind freizulassen." Klapp – die Tür war zu.

Die ganze Freude war zum Teufel. Sie wußten es ja alle, daß der Buchenplatz eine richtige Räuberfalle war. Immer stand da so ein verdammter Kerl und paßte einem auf, wenn man mal über die erlaubten Grenzen räuberte. Und die beiden Korns hatte er auch nicht bezahlt.

Gut: man ließ die Gefangenen los. Nickel ging herauf und sagte es ihnen. Und weil schließlich nun doch wieder alle vergnügt wurden – denn der Schwede gab Freipunsch, und die Miß stiftete zwanzig Pfund in die Räuberpensionskasse –, beschloß man, sich photographieren zu lassen. Kurlbaum war begeistert: er wollte die hoffentlich wohlgelingende Daguerreotypie über sein Bett hängen. Man bildete eine Gruppe. In der Mitte Kernbeißer: die Rechte zierlich und doch kraftvoll auf einen Tisch gestützt, die Linke in der Hüfte, stand er da. Rechts und links um ihn die Räuber. Die vordere Reihe gelagert; einer hielt eine Tafel: „Zur Erinnerung an die mißglückte Räuberei im Juli 1835." Einer ritt auf einer Tonne. „§ 11" stand darauf. Der Photograph richtete noch die Köpfe und die Flinten, die etwa über den Rand des Bildes guckten; die Gefangenen wurden im Vordergrund plaziert und das bengalische Licht entzündet. Der Oberlehrer räusperte sich und zog die Röllchen fester; der Schwede sagte sein kurzes, knarrendes Wort; als das Blitzlicht aufflammte, sank Miß Lapsley dem Schweden schämig an die Brust, indes sie neckisch zu Nickel herüberfächelte; die Nachtigallen schluchzten, der Mond stand jetzt weiß und klar zwischen den Bäumen, und die grünen und roten Flammen der Streichhölzer färbten die schöne Gruppe zu einem rührenden, deutschen Finale.

1915

Chaplin in Kopenhagen

Die dänische Fähre rauschte davon, und die Eisenbahnwagen und ich – wir machten ein ziemlich dummes Gesicht, weil wir nicht wußten, wie uns das bekommen würde. Vor Warnemünde die Wellenbrecher sahen wir gar nicht an – welch ein bezügliches Wort...! Aber nun befahl der Kapitän den Kolben, zu stampfen, und die langen D-Zug-Wagen begannen leise zu zittern, Kellner sprangen im Speisesaal auf und ab, Hühner waren geschlachtet worden, Heringe hatten sich in Zuckeressig gewälzt, Bier war auf Flaschen gezogen worden, die Fähre fuhr, und die dänische Eisenbahn rollte, und ein Hotelbett war gedeckt, Staubsauger heulten, der Panter stolperte durch Kopenhagen und merkte kaum, daß er angekommen war – denn dieser ganze Aufwand wurde vertan, weil in der Stadt ein kleiner Mann mit Hütchen auf einer Filmleinwand das deutsche Heer aber gründlich besiegte und Kaiser, Kronprinz und Hindenburg total gefangennahm... Hin.

Die Sache spielte sich in einem Kinotheaterchen achtundvierzigsten Grades ab – die andern siebenundvierzig hatten schon gelacht, seit zehn Jahren hatten sie gelacht... General Chaplin ließen auf sich warten: zwei amerikanische Filme schoben sich vorüber, Gott behüte uns, und nahmen nie ein Ende, und immer, wenn ich geglaubt hatte, nun aber perfekt dänisch zu können, zeigte sich, daß das nächste Bild etwas ganz anderes besagte als der vor mir hin und her übersetzte Text. Und zwischendurch schlief ich ein und gedachte wehmütig der Schule der Weisheit und fuhr mit einem leichten Schrei wieder auf, und dann war es immer noch nicht aus, und die Monate gingen vorüber, es wurde Herbst und wieder Winter, und immer waren da noch die beiden Großaufnahmeköpfe auf der Leinwand zu sehen, und will sich nimmer erschöpfen und leeren... Und dann, und dann kam, Er.

Es beginnt mit einer vollendeten Verhöhnung des Militärs – so etwas von schiefen Kehrtwendungen und Gewehrjonglierübungen und Getrapple... pfui Deubel, Herr Major! Worauf der junge Rekrut Charlot in einem Zelt zu träumen beginnt...

Er stand im Schützengraben, hinter ihm schlugen die Granaten ein, was ihn jedesmal zu einem schmerzlichen Zusammenzucken bewog... man hat seine Nerven – und wenn eine Flasche nicht zu entkorken war, hob er sie hoch, und der böse Feind schoß den Hals ab, und wenn es eine Zigarette zu entzünden galt, hob er sie hoch, und Krupp schoß sie in Brand – es war alles in bester Ordnung. Regnete es? Dann stak der ganze Unterstand im Wasser, aber jeder Mann, wie man das gelernt hatte, lag ordnungsmäßig zugedeckt, zweimal: mit der Decke und mit Wasser, einer sah nur noch mit dem Mund und den Zehen heraus, und dem trieb Charlie ein Bootchen mit dem Nachtlicht hin, auf daß es ihm die Füße briete... Tats, ergriff den Lautsprecher und zog sich unter das Wasser zurück, durch die Röhre atmend ... Läuse? Für Läuse hat der Soldat ein Reibeisen, das man an die Wand nageln kann: zwecks Rückenschubberung. Der Krieg war restlos erledigt.

Dann ein echter Chaplin-Augenblick: alle bekommen Post, nur er nicht. Da lehnt er traurig am Unterstandpfosten und guckt verstohlen einem Soldaten, der den Heimatsbrief liest, in das Papier... und lacht mit, wenn es etwas zu lachen gibt, und ist ernst und gefaßt und heiter – alles auf der Nebenleitung, bis es der andre merkt und ihm hinter die Ohren haut, und dann ist es aus. – Sturmangriff!

Sieh da, die Deutschen! Es sind derartige Schießbudenfiguren, daß sich ein ernster Mensch nicht gut verletzt fühlen kann, es sei denn, er wäre humorlos wie ein deutscher Beamter. Diese Soldaten da haben Barte wie die Urwälder und sind dick wie die Tonnen oder lang wie die Zäune, nur der kleine Leutnant, der sie alle in den Hintern tritt, ist ein kurzer Daumen. (Wahr ist vielmehr, daß der deutsche Offizier seine Soldaten nicht in den Hintern, sondern in die Seele getreten hat.) Na, und dann läuft Chaplin zum Feind über und überlistet denselben mit Tücke und einer Kostümierung als Baumstumpf (der beinahe gefällt wird), und die Deutschen halten immerzu die Hände hoch und werden ununterbrochen besiegt, beinah so wie die Franzosen in dem Weltkriegsfilm des Herrn Hugenberg. Der Unterschied zwischen den beiden Filmen ist überhaupt nicht so sehr groß – nur ist Chaplin seiner eine Spur seriöser. Und dann erscheint ein Auto, und die beiden Chauffeure haben breite Mützenbänder mit Adlern drauf, aber was Sie denken, ist nicht. Kein Kronprinz wird hier gefangengenommen, kein Kaiser wird hier gefangengenommen, kein Hindenburg wird hier gefangengenommen. „Ein" Offizier...

Ja, wir wahren unsre Würde im Ausland.

Es gibt kaum eine deutsche Auslandsvertretung, die offen und ehrlich zur Republik steht, und es gibt überhaupt keine, in der etwas von Demokratie zu merken wäre aber unsre Würde, die wahren wir. Wir trauen uns nicht, die Fahne der Republik im Ausland zu zeigen, denn unsre Republik ist auf den Feiern des Reichsbanners soo groß und in der Gösch soo klein – aber nun haben sie glücklich die Filmbilder, in denen Hindenburg und die andern erscheinen, herausgestrichen, und nun wirkt der Film wirklich deutschfeindlich, obgleich ers gar nicht ist. Denn während vorher die Farce durch die vollkommene Sinnlosigkeit übersteigert war, sich so von der Wahrheit gänzlich entfernend, liegt nun eine Spur von Gesinnung in dem zusammengeschnittenen Film, von dem Chaplin nichts weiß. Es geht nichts über Diplomatie.

Und wie ich mir so die Lachtränen wegwische, denke ich, was das für eine Nummer von Republik ist. Wenn zum Beispiel ein höherer deutscher Polizeibeamter in Kopenhagen mit seinen französischen, dänischen, schwedischen Kollegen am Tisch sitzt, dann läßt er als Tafelfähnchen die alten Farben seines Kaisers aufziehen ... „Die Herren lieben die neue

Fahne nicht“, sagt der Wirt. „Sie nennen sie: Heringssalat.“ Mit dem Takt ist das so eine Sache: man hat ihn, oder man hat ihn nicht. Wozu sollte ihn dieser haben? Die Republik bezahlt ihm sein Gehalt, das er grinsend einstreicht, Achtung verlangt sie nicht von ihm, und es geht nichts über die Lümmelhaftigkeit von nationalen Deutschen, die sich im Ausland herumtreiben. Über Ernst Tollers Aufenthalt in Kopenhagen gibt es nur eine Stimme des Lobes. Aber das ist freilich ein Landesverräter, der hier den billigen Ruhm verschmäht hat, vor Fremden auf Deutschland zu schelten.

Ein Beamter darf das tun, und er tut recht daran. Mancher verdients nicht anders.

Der Film „Das Gewehr über!“ aber sollte an einer Stelle gespielt werden, wo er noch nie gespielt worden ist, und wohin er gehört. Ob dieser Film heute noch im Ausland von jener innern Aktualität ist, die seine Wiederaufnahme rechtfertigt, ist Sache seiner Beschauer. Auf einen Fleck Erde aber gehörte er, vor eine Gattung Menschen, die den Mut nicht aufbringen, zu Ende zu denken, die in Lüge leben und in Kompromissen.

Dieser helle Film gehört in das dunkelste Deutschland. Übern Rhein, Chaplin, übern Rhein –!

1927

Konjugation in deutscher Sprache

Ich persönlich liebe
du liebst irgendwie
er betätigt sich sexuell
wir sind erotisch eingestellt
ihr liebt mit am besten
sie leiten die Abteilung: Liebe.

1928

Der Fall Mischewski contra Pimbusch

Wie der Hergang wirklich war.

Frau Mischewski: „Denn lassen Sie doch Ihre Dreckfetzen nich auf den Hängeboden hängen – wir nehm' nichts weg – Gott sei Dank, wir haben das nich nötig, Sie olle Vogelscheuche! Wer weeß, wo Sie die Wäsche überhaupt herhaben!“

Frau Pimbusch: „Sie sollten man iebahaupt janz stille sein – wo Sie nich mal mit Ihr'n Mann sind richtig verheirat ' – das janze Haus weiß ja, wer Sie sind, und außerdem sind Sie ja jehn Ahmt besoffen!“

Frau Mischewski beim Anwalt: „Also so war diß jewesen, Herr Rechtsanwalt: Ich sahre janz ruhig, ich sahre, Frau Pimbusch, sahre ich, ich habe Ihre Wäsche nich jesehen, mir ist nichts von Ihre Wäsche bewußt, sahre ich, ich sahre, hier im Hause kommt doch nichs wech, davon kann ja gar keine Rede sein... Ich will Sie aber gern behilflich sein, die Wäsche zu suchen, Frau Pimbusch! Sie wird aber brüll'n: Sie olle Vogelscheuche, und lauter sone Sachen, wo ich jahnich hier wiederhol'n kann, Herr Rechtsanwalt, weil ich als jebillte Frau sone Ausdrücke überhaupt nich kennen tue! So ist das jewesen!“

Frau Pimbusch beim Anwalt: „Ich sahre janz ruhich zu die Person, Herr Rechtsanwalt, ich sahre: Verzeihen Sie, ham Sie meine drei weißen Hemden nicht jeseh'n, jestern ham se noch auf'n Hängeboden jehangen, und heute sind sie weg. Ich sahre, Frau Mischewski, sahre ich, das kann doch nicht mit rechten Dingen zugehn, sahre ich. Da wird die doch brüll'n: „Sie olle Vogelscheuche, Sie besoffene Trine – und lauter sone Sachen, die ich hier gahnich kann wiederholen, Herr Rechtsanwalt!“

Im Korridor des Amtsgerichts.

„Also, nich wah, Frau Zippanowski, Sie könn' doch das beeiden, wo ich jesacht habe, mir ist von Ihre Wäsche nichts bewußt, da hat die jleich jepöbelt, von wegen Vogelscheuche – nich wahr, das können Sie doch aussahren?“

„Die Person werde ich das schon zeigen! Wie sie schon dasitzt, so richtig frech! Aber, nich wah, Fräulein Holzweg, das sahren Sie man alles, wat Sie jeheert ham – sahren Sie es man janz jenau so – und was die Ausdrücke sind, die die Person benützt hat, das sahren Sie man alles.

Vor Gericht.

Der Anwalt: „... so ist in dem Ausdruck „jeden Abend besoffen" zweifellos eine Beleidigung zu erblicken. Ganz abgesehen davon, daß die Bezeichnung auf meine Klientin nicht zutreffen dürfte, ist als strafverschärfend die Anwesenheit zahlreicher anderer Hausbewohner zu erblicken, die ... lassen Sie mich doch mal, Frau Mischewski!... auf die Ehre meiner Klientin ein schlechtes Licht zu werfen geeignet ist!" (Fünf Minuten später das Urteil: Frau Pimbusch 50 Mk., Frau Mischewski 30 Mk. Geldstrafe.) In Sachsen lebte einmal ein Amtsrichter, der war dafür berühmt, daß er alle Privatbeleidigungsklagen mit einem Vergleich der streitenden Parteien abschloß. Das machte er so:

Er musterte mit strengem Blick die Parteien und sprach: „Ja – da werden Sie nun wohl alle beide ins Kefänknis kommen!" Und dann bekamen die Klagenden gewöhnlich einen solchen Schreck, daß sie zu allem Ja und Amen sagten, was der übrigens vernünftige Richter ihnen da als Vergleichsformel vorschlug... Aber einmal stieß er auf eine Hartnäckige, die wollte nicht und wollte nicht. Da aber erhob sich der Amtsrichter zu seiner vollen Größe und donnerte: „Was? Sie wollen sich nicht vergleichen? Sie wollen sich nicht vergleichen? Ja – wer soll denn nachher das Urteil machen? Vielleicht ich?"

Privatbeleidigungsklagen sind, in den allermeisten Fällen, für den Juristen das Langweiligste und für den Zuschauer das Komischste, das es gibt.

Was zunächst auffällt, ist die bei fast allen Menschen einsetzende Horizontverengung, die wochenlang nur noch das ins Blickfeld treten läßt, was mit dem Streit zusammenhängt, die einzelnen Vorgänge an Wichtigkeit und Bedeutung maßlos übertreibend. Die Welt steht gewissermaßen still, weil sich Frau Karschunke mit Herrn Flußhacker in die Haare geraten ist. Auch neigt der Prozeßführende gern dazu, von der Justiz die völlige, aber auch die völlige Vernichtung des Gegners zu erwarten und zu verlangen: Enthauptung, Stäupung auf offenem Markt, Landesverweisung und Vermögenskonfiskation wären ihm durchaus nicht zu viel... Und auf der andern Seite ist das gerade so. Natürlich gibt es Beleidigungsklagen, die unvermeidlich sind, so, wie es wahrhaft ehrenrührige Vorwürfe gibt, die man zu klären gezwungen ist. Aber das ist viel seltener, als die meisten Leute glauben; und es wäre wirklich klüger, man wendete das Geld für die Durchführung dieser Komödien für bessere und nützlichere Zwecke an. „In fünfzig Jahren," hat Otto Reutter einmal gesungen, „in fünfzig Jahren ist alles vorbei –" und Humor und Weltklugheit helfen einem auch über die Unannehmlichkeiten eines Kleinkrieges mit dem bösen, bösen Nachbarn hinüber.

Ein vernünftiges Wort zur rechten Stunde hilft fast immer, und man kann sich weit mehr mit seinen Gegnern aussprechen, als man gemeinhin denkt. Man tut's nur nicht immer. Wenn Sie jemand verklagen wollen, dann überlegen Sie es sich, überschlafen Sie die Sache noch einmal, und schenken Sie für das Geld, das Verfahren, Anwalt und Urteil kosten, Ihrer Familie etwas Hübsches. Sie haben mehr davon.

Deutsch für Amerikaner

Ein Sprachführer

Ankunft

Eingang verboten.

Ausgang verboten.

Durchgang verboten.

Herr Gepäckträger, tun Sie diese Koffer auf die leichte Schulter nehmen?

Ich werde mir einen Sonnabend daraus machen, mein Herr.

Ist jene Automobildroschke ledig?

Warten Sie, wir haben noch einen Golfhauer sowie zwei Hüteschächtel.

Dies hier ist Ihr Getränkegeld, ist es nicht?

Bezüglich dessen scheint es mir ein wenig wenig. (Sprich: „krieje noch fummssich Fennje!“)

Autotreiber! Geh an! Ich ziehe das Christliche Hospiz vor!

Rauchen verboten.

Parken verboten.

Durchfahrt verboten.

Begrüßungen

Guten Tag, wie fühlen Sie?

Heute ist ein wahrlich feiner Tag, ist es nicht?

Sie sehen aus wie Ihre eigne Großmutter, gnädige Frau!

Darf ich Ihnen meinen lieben Mann vorstellen; nein, dieser hier!

Ich bin sehr froh, Sie zu sehen; wie geht es Ihrem Herrn Stiefzwilling?

Werfen Sie das häßliche Kind weg, gnädige Frau; ich mache Ihnen ein neues, ein viel schöneres.

Guten Morgen! (sprich: Mahlzeit!)

Guten Tag! (sprich: Mahlzeit!)

Guten Abend! (sprich: Mahlzeit!)

Danke, es geht uns gut – wir leben von der Differenz.

Im Restaurant

Bringen Sie mir eine Portion Zahnstocher sowie das Adressenbuch.

Das ist nicht mein Revier.

Meine Frau wünscht einen Wiener Schnitzer; ich habe Zitronenschleim gewählt.

Das ist nicht mein Revier.

Bringen Sie mir einen kokainfreien Kaffee.

Wir haben in Amerika die Verhinderung; bringen Sie mir daher eine Flasche eisgekühlten Burgunders, auch drei Gläser Whisky mit Gin sowie kein Selterwasser.

Das ist nicht mein Revier.

Auf dem Postamt

Dieser Schalter ist geschlossen.

Sie müssen sich auf den Hintern anstellen.

Ich erwarte schon seit Jahren eine größere Geldsendung.

Wo ist die Schaltung für freie Marken und die Briefschaukel?

Wollen Sie so kindlich sein, hinten meine Marke anzulecken?

In dieser Telephonzelle riecht man nicht gut.

Hallo! Ich wünsche eine Nummer zu haben, aber der Telephonfräulein gewährt sie mir nicht.

Meine Näm ist Patterson; ich bin keine Deutsch; hier ist mein Paßhafen.

Im Theater

Geben Sie mir einen guten Platz.

Wir haben keine guten Plätze; wir haben nur Orchesterfauteuils.

Wird Ernst Deutsch diesen Abend spielen?

Wie sie sehen, haben wir Festspiele; infolgedaher wird er nicht vorhanden sein.

Dies ist ein guter Platz; man hört nicht viel.

Von wem ist dieses Stück?

Dieses Stück ist von Brecht.

Von wem ist also dieses Stück?

Zeigen Sie mir die blaue Bluse der Romantik.

Des Nachts

Sie sind ein Süßherz, mein Liebling, tun Sie so?

Das ist mir zu teuer.

Ei, mein Fräulein, könnten Sie sich dazu verstehen, mich durch den Abend zu streifen?

In Paris gibt es solche Häuser; sie sind sehr praktisch.

Hätten Sie wohl die Gewogenheit, auch die Strümpfe abzulegen?

In Amerika tun wir so etwas nicht.

Dies ist wahrlich teuer; Sie sind ein Vamp.

Danke, meine Dame, ich habe schon eine Beziehung; sie (er) hat meine gänzliche Liebe.

Konversation

Er ist ein Stockchinese.

Du bist ein Wahlsachse.

Mangels einer Wäschemangel können jene Kragen nicht gewaschen werden.

Meinen Frau Gräfin nicht auch, daß dies ein rechtes Scheißwetter sein dürfte?

Die berliner Festspiele sind gute Festspiele; aber bei uns in Amerika haben wir die größte Tomatenexportehschn von der Welt.

Leihen Sie mir bitte Ihren linken Gummischuh!

Ich habe einen guten Charakter zuzüglich eines Bandwurmes.

Jener Funkturm ist niedlich.

Bitte zeigen Sie mir den berliner Verkehr.

So habe ich es nicht gemeint!

Dieser Löwe macht einen so zusammengeschmetterten Eindruck.

Ich spreche schon geflossen deutsch; nur manchesmal breche ich noch etwas Rad.

Nach Börlin besuchen wir noch Europa, Persien und Heidelberg, aber am 4. September, acht Uhr erste Minute werden wir New York anfahren. Good-bye –!

1929

Der Buchstabe G

So heißt, glaube ich, ein russisches Buch – aber das meine ich nicht Ich meine ganz etwas anderes. Ich meine die Sache mit Onkel Erich.

Also Onkel Erich – hier kann ich's ja sagen, denn Onkel Erich liest die „Vossische Zeitung" nicht; er liest ein Hannoveraner Blatt, schimpft furchtbar drauf und glaubt jedes Wort, das drin steht ... Onkel Erich kam neulich zu uns nach Berlin zu Besuch. Er ist aus Hannover, wo sie das reinste Deutsch sprechen – das allerreinste. Bis auf die Vokale, die sind im Hannoverschen eine Wissenschaft für sich. Man muß lange dran rumstudieren, bis daß man sie raus hat – und das getrübte a, das sie da sprechen, hat mir immer eine ungetrübte Freude bereitet. Unter anderem klingt dort „ei" wie „a". (– „Haben Sie Aale?" – „Näö, ich habe getzt Zaat!" – „Nicht doch. Ob Sie Aale haben?" – „Ich säöge doch: ich habe getzt Zaat!" – „Aale! Den Fisch! Aale" – „Aach, Sie meinen Aäöle! Der Herr sind wohl von auswärts?") Besitze hierüber ein herrliches Büchlein von Le Singe; auch besitzt das Hannöversche in seinem Dialekt eine der schönsten Anekdoten der Welt („Schöde ... Agäöthe ist da gräöde mit los!") – aber das ist, wie Kipling sagt, eine andere Geschichte. Also: Onkel Erich kam nach Berlin.

Ich bin ein friedlicher Vater, noch einer aus der alten Schule: mit wenig Oedipus, fast gar keinen Hemmungen und etwas Strenge. Ich nahm mir Theochen vor, das ist mein Knabe. Ich sagte: „Theochen!“ sagte ich. „Onkel Erich kommt. Du berlinerst, daß es eine Schande ist! Das wirst du nicht tun.“ Theochen hat gerade den Stimmwechsel; zur Zeit spricht er wie aus einer alten Kasserolle. „Als wie icke?“ sagte das gute Kind. „Ick und berlinern? Haste det schon mah von mir jehört?“ – Ich aber sprach sanft und gebot meinem väterlichen Zorn, zu schweigen: „Onkel Erich kann das Berlinern auf den Tod nicht leiden. Er kann es nicht häören ... wie man in Hannover sagt, wenn man etwas nicht leiden kann. Und ich will dir eins sagen: Wenn du in seiner Gegenwart berlinerst, dann kriegst du die erste große Abreibung, die du in unserem Zusammenleben von mir bekommen hast. Ab!“ Theochen aber sprach, und es klang, wie wenn jemand Mäuse in eine Blechbüchse gesperrt hätte und dazu Baß spielte: „Woso kann er denn diß nich leihn? Un wat jeht mir denn det an –?“ „Er kann es eben nicht leiden“, sagte ich. „Und du wirst dich freundlicherweise von heute ab – zur Probe schon von heute ab – nach dem richten, was ich dir gesagt habe!“ Theochen ging los, das gute Kind. Nicht ohne ein schönes Lied der Claire Waldoff angestimmt zu haben:

„Berlina Blut – –
Berlina Blut is jut!
Berlina Blut –
Berlina Blut is jut!
Doch kommt Berlina Blut
mal in die Wut – :
denn haut Berlina Blut dir aba mächtig uffn Hut!“

Ja, warum Onkel Erich es nicht leiden konnte, wenn jemand den trauten Dialekt meiner Heimatstadt sprach –: das habe ich nie ergründen können. Es muß da einmal etwas gewesen sein ... eine zurückgegangene Verlobung mit einer durchaus nicht auf den Mund gefallenen Berlinerin ... kurz: er konnte es nicht leiden. Aber „was mir det anjing“ ... das wußte ich nur zu genau.

Sie werden lachen: es gibt noch Onkel auf der Welt, die Geld haben. Und es gibt – habe ich mir sagen lassen – noch Neffen, die auf dieses Geld ... Gott bewahre mich davor: nicht warten! ... nein, das nicht. Also ... die froh wären, wenn sie es hätten. Onkel Erich war meiner Frau, meinem Jungen und mir im ganzen wohlgesinnt; das wußte ich. Da war auch ein Testament... das wußte ich auch. Aber nun eben dieses Berlinern – ich hatte ein bißchen Angst. Denn das letztemal, vor langen, langen Jahren, als Onkel Erich bei uns zu Besuch gewesen war, da lallte Theochen noch, und gelallt wird in Berlin genauso wie in Hannover. Mir kam ein Gedanke. „Theo!" rief ich.

Er kam. „Theochen!" sagte ich. „Du wirst dich von heute ab üben. Du wirst dich im Berlinischen üben – oder vielmehr im Nichtberlinischen – und ich sage dir: Laß es dir nicht einfallen, in meiner Gegenwart zu berlinern! Vor allem gewöhne dir das häßliche Jot ab!" – „Du lieber Jott!" sagte Theochen. – „Eben nicht! Eben nicht, du Storchenschnabel!" schrie ich. „Es heißt nicht Jott! Es heißt Gott! Gott! Sprich nach!" – „Gott", sagte Theochen. „Jetzt sag mal: Eine gut gebratene Gans ist eine gute Gabe Gottes." – „Eine gut jebratene Gans ist eine jute Gabe Jott... Gott... Jottes..." „Na wart' nur!" sagte ich. „Jetzt geh und übe diesen Satz, und ich komme nachher und frage dich ab. Und wenn du mir ein einziges Jot sagst ...!"

Das war Mittwoch. Donnerstag erschien Onkel Erich. Leider fing die Sache damit an, daß der Träger den Onkel fragte: „Ham Sie Jepäck uffjejehm?" und der Onkel legte nicht schlecht los. Was das für eine Sprache sei; das sei überhaupt keine Sprache, das sei ein tierisches Gebrumme – und er, in Hannover, sei ein ganz anderes Deutsch gewöhnt! Gott sei Dank! Das reinste. Das allerreinste. Ich nickte gottergeben und rechnete geschwind einige große Zahlen aus, die sich ergaben, wenn ... „Nach welche Jejend wolln Sie denn fahn?" sprach der Kofferträger. Und ich betete zu Buddha, der da sein Auge gerichtet hält auf die niedersten Insekten und auf die Oenkel aller Welt. Und der Onkel lief rot an. Und gab dem Träger kein Trinkgeld. Und da sagte der Träger viele schöne Sachen auf, nicht grade in schierem Hochdeutsch aber man verstand jedes

Wort, und ich rang in meinem Innern die Hände. Doch, das kann man. Und dann fuhren wir. „Eine ekelhafte Sprache!“ knurrte der Onkel.

Wir kamen zu Hause an. Ich schloß die Korridortür auf, meine Frau kam gleich heraus, begrüßte den Onkel und nahm ihm die Sachen ab. Der Onkel dankte gerührt. Theo war nicht da. „Theo!“ rief ich. Theo kam nicht. „Wo ist denn der Junge?“ fragte ich meine Frau. „Theo!“ riefen wir gemeinsam. „Der Onkel ist da!“ – Und da erschien Theo, wie wenn er auf etwas gewartet hätte, kam, verneigte sich vor dem Onkel und sprach laut und deutlich: „Der gute Igel Georg geigt auf der Gummigeige!“

„Was sagt der Junge?“ fragte der Onkel mißtrauisch. Ich sah den Knaben Theo an ... ich sah ihn immerzu an ... „Das ist nur so eine scherzhafte Redensart, um jemand willkommen zu heißen“, sagte ich. „Sag mal Onkel Erich hübsch Guten Tag!“ Theo machte eine Verbeugung, gab die Hand und sprach: „Es ist gammerschade, daß ich heute meine gute Gacke nicht anhabe. Der Papagei, der Gakob, hat sie mir geruiniert.“ – „Da wollen wir ins Eßzimmer gehen“, sprach ich beklommen. „Du wirst Hunger haben, Onkel Erich!“ Onkel Erich sah den Theo an, Theo sah den Onkel an. „Ich weiß nicht ...“ sagte der Onkel, während wir ins Zimmer gingen, „ich weiß nicht ... euer Junge spricht so merkwürdig!“ – „Er ist wohl so aufgeregt, vor Freude“, sagte ich. „Er fragt schon den ganzen Tag, wann denn der Onkel kommt!“ Nun gibt es keinen Menschen auf der Welt, der nicht stolz ist, wenn ihn ein Hund wieder erkennt, oder wenn sich andere Leute, wie sie sagen, darauf gefreut haben, daß er gekommen ist. Dergleichen hebt das Selbstbewußtsein. „So, so ...“ sagte der Onkel. „Nun ... das ist aber mal hübsch.“ Theo machte abermalen den Mund auf, ich sah ihn an, es half nichts. Er sprach. „Wir haben heute in der Schule einen großen Gux gemacht. Da ist einer, der hat eine Guchhe-Nase, und dem haben wir Guckpulver in den Hals gestreut, und da hat er sich so geguckt, bis er nicht mehr gapsen konnte! Ga.“ Nicht umsonst bezeugt mir meine Qualifikation zum Vizefeldgefreiten der Reserve eine rasche Entschlußkraft. „Theochen!“ sagte ich. „Komm mal mit Papa raus – da ist noch was zu erledigen, wobei du mir helfen mußt!“ Meine Frau sandte einen blitzschnellen, flehenden Blick herüber, der Onkel einen erstaunten – dann schritten wir beide, Vater und Sohn, selbander hinaus.

„Dir ist nicht gut!“ sagte ich draußen. „Du wirst jetzt hier auf deiner Stube essen, und wenn der Onkel weg ist, dann kriegst du eine Abreibung, von der noch lange Zeiten singen und sagen werden! Du Lausejunge!“ Theo bewegte die Worte des Vaters in seinem Herzen und sprach also: „'ck ha ja jahnischt jemacht! Du hast gesacht ...“ – Und da schloß ich die Tür ab. Und hatte ein langes Verhör zu bestehen ... „Merkwürdig“, sagte der Onkel. „Ich hatte immer geglaubt, du hättest die Gesundheit von deinem Vater selig geerbt ... aber das Kind scheint nicht ganz in Ordnung. Gleich wird es krank, vor lauter Freude und Aufregung – und dann spricht es so komisch ... Hat es denn einen Sprachfehler?“ – „Es hat keinen Sprachfehler, lieber Onkel“, sagte ich milde und schob ihm den Marmeladentopf hin. Und wenn der Onkel Marmelade sieht, dann hört er nichts mehr und ist glücklich und zufrieden, und wenn er den Topf bis auf den Grund geleert hat, dann sagt er: „Zu süß!“ und sieht sich nach einem neuen um. In meinem Kopf aber tanzten die Zahlen.

Und der Onkel blieb drei Tage in Berlin, und ich sperrte den Knaben Theo immerzu ein. Und wenn sich der Onkel nach ihm erkundigte – in allerreinstem Deutsch, mit herrlich getrübtem A – dann sagte ich, das Kind hätte eine Angina und stecke an. Der Onkel mißverstand den Ausdruck erst ... aber dann sah er alles ein und ließ Theochen in Frieden.

Aber am dritten Tag, als ich ins Finanzamt mußte, um darzutun, daß ich gar nichts verdiente, sondern ein ganz normaler Kaufmann sei –: da gab es zu Hause ein Malheur, und als ich zurückkam, da war es schon geschehen.

Der Onkel packte. „Was ist ...?“ fragte ich verdattert. „Du willst fort?“ Meine Frau weinte. „Was ist hier los –?“ fragte ich.

„Keinen Augenblick länger!“ rief der Onkel. „Ich komme da nichtsahnend ins Kinderzimmer, da sitzt Theo, da sitzt dein Sohn Theo am Tisch und ist gar nicht krank und hat auch keine ... also hat auch keine Halsentzündung, sondern hat Besuch und ... was hat er gesagt?“ – Der

Onkel sah meine Frau an, ich sah meine Frau an. „Ich ... ich weiß es nicht mehr ...“ sagte sie stockend. – „Theo!“ rief ich. „Komm mal her!“

„Was hast du zu deinem Freund gesagt, als Onkel Erich ins Zimmer gekommen ist?“ – Theochen bockte. – „Na?“ sagte ich. „Wird's bald?“ – „Soll ich's sagen?“ fragte er. „Natürlich sollst du's sagen!“ Und da sprach Theochen und wechselte dabei vierzehnmal die Stimme:

„Ick ha jesacht: Aus det Jeklöhne von den Olln mach ick mia jahnischt – det is ja nich jefehrlich! Jestern jabs Jans, und den Onkel nehm ick noch alle Tahre uff de Jabel! Det will n jebillter Mann sein? Un wenn ick auch jefeffat den Hintern vollkrieje: der Mann spricht ja Dialekt!“

Und da nahm der Onkel seine Koffer und riß die Korridortür auf und stieß mich und meine Frau fort und nahm sich einen Wagen und fuhr zurück nach Hannover, wo sie das reine Deutsch sprechen. Und das Ratschen eines entzweigerissenen Testaments zerriß mir das Herz.

Theochen geht es soweit ganz gut. Er hat nur zwei Tage lang einige Schwierigkeiten gehabt – des Sitzens wegen.

Konversation

Magda spricht. Arthurchen hört zu.

Magda (presto)	Arthurchen (denkt)
„Gott, Sie verstehen doch was vom Theater – endlich einer, der was vom Theater versteht Ich werde Ihnen das also ganz genau erzählen.	Das kann man wohl sagen, daß ich was vom Theater verstehe – das hat sie ganz hübsch gesagt. Natürlich versteh ich was vom Theater. Nu leg mal los.
Die Leute hatten zunächst die Straub engagiert, die sollte den Dragonerrittmeister spielen. Ich die	Sie ist ja doch pikant, sie hat was. Nette Beine. Ob sie einen Büstenhalter trägt? Nein, sie trägt

Lena. Ich habe gesagt, neben einer Hosenrolle komm ich nicht raus. Ich komme doch nicht neben einer Hosenrolle raus –! Mit mir kann man das nicht machen. Wenn ich mir mal was in den Kopf gesetzt habe, alle meine Freunde sagen, ich bin so eigensinnig, und das ist auch wahr. So bin ich eben. Nicht wahr, Sie finden das auch –? Nicht wahr? Ja. Und da habe ich dem Direktor gesagt, ich sage, wenn ich die Lena nicht spielen darf, dann schmeiß ich ihm seinen Kram vor die Füße. Papa sagt auch ... Finden Sie richtig, nicht wahr –? Ja. Da hat der Direktor natürlich nachgegeben, soo klein war er, ich kenn doch die Schwester von dem Kammergerichtsrat Bonhoeffer, der der Onkel von seinem Geldgeber ist – wissen Sie übrigens, daß Klöpfer die neue Rolle nicht spielen will? Er hat gesagt, so einen Drecktext spricht er nicht. Klopfer geht zum 1. Juni auf Tournee. Ich sollte erst mit, aber ich mach mir nichts aus Tourneen. Gott, ich hätts ja vielleicht getan – aber wenn jetzt die neue Trustdirektion kommt, dann werden wir ja sehn! wohl keinen. Wenn sie schnell spricht und dabei lacht, dann hat sie so ein nettes Fältchen um die Augen. Sie sollte sich übrigens die Wimpern nicht färben, das steht ihr gar nicht. Aber eine nette Person. Eigentlich ... Wer hat die eigentlich –? Na ja, Franz – aber das füllt sie doch nicht aus! Dabei spricht sie immer von Papa und Mama, wie macht sie das mit dem Ausgehn? Lebt sie zu Hause? Wenn sie auch zu Hause lebt, das kann man arrangieren...

Die Schwester von dem Kammergerichtsrat? ein übles Aas. Wer weiß, ob die Leute überhaupt so viel Geld haben ... Was hab ich denn heute für einen Schlips um? Sie guckt mir immer so nach dem Hals ... Das ist doch eine neue Krawatte – hab ich da 'n Fleck...? Nein, das war wohl nichts. Wenn sie die Augen zumacht, sieht sie nett aus. A un certain moment – stand neulich in dem Roman. So sieht sie dann aus. Nett. Sie kann doch sehr lustig sein. Es kann doch sehr lustig werden. „Ja, das finde ich auch. Gewiß, gnädiges Frollein." Reizende Person. Wie spät mag das sein? Sie erzählt ja 'n

Ich hab in diesen Sachen so was Kindliches. Ich bin überhaupt ein großes Kind. Finden Sie nicht auch –? Nicht wahr? Ja. Kennen Sie Gerda, die blonde Gerda? Die, die'n Verhältnis mit der Frau Petschaft hat – na ja, sie hat auch'n Freund, aber bloß so nebenbei. Der Freund weiß das, natürlich. Mit mir hat sie... ach, Sie sind'n gräßlicher Mensch – was Sie immer alles gleich denken! Die Gerda ist völlig talentlos. Und frech ist die Person – ! Das Gretchen will sie spielen. Was sagten Sie –? Nein. Ja. Ich meine: die Frau darf das einfach nicht spielen. Geht auch gar nicht, weil die neue Kombination Fischer-Hirsch dagegen ist. Und wenn die Kombination nicht dagegen wäre – Himmel, es ist sechs Uhr! Nein, wie man sich mit Ihnen verplaudert! Sie reden so nett und anregend... Grüß Gott, Doktorchen. Seins nicht bös – aber ich muß fort. Auf baldiges –“ bißchen viel. Aber jetzt kann ich nicht nach der Uhr sehn. Verdammt, die Uhr im Salon kann man von hier aus auch nicht sehn. Ich wer mal so ganz nongschalang aufstehn ... Sieht man die Uhr auch nicht. Die Gerda –? Die Gerda mit ihr zusammen – war gar nicht übel. Was ist das fürn Parfüm, das sie hat? Was ich gesagt habe? Ich hab doch gar nichts gesagt. Mein Gott, spricht die Frau! Mein Gott – aber man müßte sehen, zu irgendeinem Schluß zu kommen, so oder so... Schnupfst du eigentlich Kokain, mein Engel? Hoffentlich nicht. Sechs? Schockschwernot, Hilde wartet nie so lange. Und nachher ist die Wohnung zu, und ich habe keinen Schlüssel. Na, dann diese hier. Bin ich heute abend frei? Ja. Sind Sie vielleicht heute abend... „Auf Wiedersehn!“ Wupp. Jetzt ist sie weg.

Hände an der Schreibmaschine

Meine Schrift kann niemand lesen,
nicht mal ich. Nur noch Chinesen
pinseln wichtig.
Ich will kein solch Pinseler bleiben.
Mit acht Fingern laßt mich schreiben!
Aber richtig!
Hebel rauscht, und Glöckchen klingt,
und die Schreibmaschine singt:

Firma Anton E i e r m a n n
sel. Nachfolger
Würzburg an der Würze
Berlin NW. 87, den heutigen
Sehr geehrter Herr!
Auf Ihr gefl. wenn auch ausverschämtes
Schreiben vom 16. d. M. erlauben wir uns,
Ihnen mitzuteilen, daß von einer unpünkt-
lichen Zahlung unsrerseits überhaupt keine
Rede sein kann.
Sie haben uns bisher erst 9mal (in vier
Wochen) gemahnt, und kann das in Anbetracht
der allgemeinen Geldknappheit nur als
völlig
normal

Übung kommt so mit den Jahren.
Und ich schalte wie beim Fahren
dritten Gang ein.
Hoppla, Kurve! Achtung, Liebe!
Und ich fang in das Getriebe
jeden Klang ein.

Hebel rauscht, und Glöckchen zirpt,
und die Schreibmaschine wirbt:

Dir nur sagen, daß ich Dich so
leidenschaftlich liebe, daß
es schon allen meinen Bekannten
auffällt, wie schlecht ich aus-
sehe. Ich habe im letzten Monat
8 (acht) Pfand abgenommen, und
das alles auf Dich herauf. Mein
kleines Mauseschwänzchen, wenn
Du es irgend einrichten kannst,
dann komm doch Sonnabend schon
ein bißchen früher, aber zieh Dir
nicht die Schlüpfer an, weil ich
Dir etwas Wichtiges

Tausend Finger laufen eilig
amtlich, dienstlich, polizeilich
auf den Tasten.
Aufgebote für die Heirat,
das Gesuch beim Polizeirat,
Steuerlasten.
Hebel schnattern, Walze steht;
und die Schreibmaschine fleht:

An den Herrn
Regierungspräsidenten
Magdeburg
In Erneuerung meines
Gesuchs vom 5.4.23 erlaube
ich mir ergebenst auf
beregte Angelegenheit zurück-
zukommen und um eine Namens-

änderung nochmals dringendst
zu bitten. Die Tatsache, daß
ich Schlotterhose heiße, hat mir
bereits im geschäftlichen sowie
auch im privaten Leben außer-
ordentlich geschadet, und bitte
ich, mir wenigstens durch einen
Gnadenakt das

L

zu erlassen, wovon ich mir
eine wesentliche
Besserung

Unser Leben, eingefangen,
ist durch dich hindurchgegangen,
Guillotine!
Unsere Freuden, unsere Sorgen,
gestern, heute, übermorgen –
o Maschine!
Hebel wirbeln, Wagen knackt,
und die Schreibmaschine tackt:

Sie dämliches Luder nur davor
warnen, sich noch einmal im
Geschäft so mausig zu machen. Wo
doch Ihre Tochter Lottchen in
der ganzen Straße bekannt ist
als Rumtreibersche und auch
Ihre Frau abends immer sehr spät
und nicht immer allein nach
Hause komt wenn Sie mal auf
Geschäftstuhr sind Daß Ihr Sauberer
Herr Sohn ein Verfahren
wegen der kleinen Wechselsache

bei seiner Firma auf dem Hals
hat, wird er Ihnen wohl nicht
gesagt haben aber ich sage es
Ihnen Sie Ochsenpantoffel!
Ein Freund des Hauses!

Alles weißt du, Maschine, immer stehst du startbereit!
In dir ist unser Beruf, unser Leben und unsre ganze Zeit.
Sogar auf Reisen kommst du mit, praktisch und gut verpackt,
bis eines Tages zum letzten Male dein Hebel knackt.

Millionen Konzerte steigen täglich auf aus Stahl und Papier,
Was wären wir ohne dich, du Geschäftsklavier –!

1929

Werbekunst Oder: Der Text unsrer Anzeigen

Die hängenden Gärten der Semiramis waren ein Weltwunder. Auch heute noch läßt die Dame von Welt ihren Büstenhalter nur ungern auf dem zierlich gedeckten Frühstückstisch liegen. Sie sollte in der Tat nie versäumen, ihn anzulegen; unsachgemäße Behandlung der überaus empfindlichen Haut verstärkt einen Mangel, an dem schon manches Herzensbündnis jäh zerschellt ist. Welch ein Staunen, wenn ein Geschenk auf dem Gabentisch liegt, das mit vornehmem Takt einen geheimen Wunsch errät! Schenken Sie „Tetons Büstenformer“, Marke „Eierbecher“!

Die blaue Stunde des Harems naht heran. Vom nahen Minarett ertönt der Gesang des bärtigen Moslems, der dort Allah ehrt, und die zarten Wölkchen der Zigaretten kräuseln sich um die entschleierten Angesichter schwarzäugiger Türkinnen. Der Fachmann atmet ihren Duft ein und spürt sofort am blauen Dunst: „Die gute Haberland- Zigarette!“ Unsre besonders bewährten Fachleute eilen im fernen Osten von Tabakfeld zu

Tabakfeld und graben selbst die zarten Tabakpflänzchen ein, ordnen die Blätter in alphabetischer Reihenfolge und überwachen ihre sachgemäße Mischung mit den guten heimischen Kräutern der Uckermark. Es ist uns gelungen, den Herstellungspreis unsrer Qualitätszigarette auf 2 Pfennig herunterzudrücken. Versuchen Sie also unsre 15-Pfennig-Zigarette „Bilanz", und Sie werden eine Zigarette finden, die, edel, schnittig und rassig im Format, ein vornehmes Geschenk darstellt. Keine Qualität, nur Ausstattung!

„Was kann es nur sein?" denkt sich jener Tänzer, um den sich früher die reizvollsten Erscheinungen der großen Salons geschart haben, während er heute allein und verlassen in der Ecke sitzt. Ist es der Tabaksgeruch, den er ausströmt? Oder gar andre Charakterfehler? Nein. Der junge, elegante Mann hat leider vergessen, einen Hosenknopf zu schließen, und indigniert und beschämt sehen die Damen von Geschmack beiseite, weil ein inkonsequenter Charakter auf Frauen keinen Eindruck hervorzuzaubern versteht. Gebrauchen Sie „Automatos", den selbsttätigen Reißverschluß, und ihre Haut wird niemals spröde und rissig werden.

Ein problematisches Symbol ist für so viele die sitzende Lebensführung bei ernster Berufsarbeit im Amt und Bureau. Unsre Zeit ist eine Übergangszeit, und trutzig ragt manches deutsche Standbild in die deutsche Geschichte, Erinnerung und Wahrzeichen an harte Kriegsläufte und stolze Kämpfe um städtische Freiheit. Daher sollten auch Sie nicht versäumen, „Lissauers Stuhlzäpfchen" zu gebrauchen, die, rassig, edel und einfach in vornehmer Linienführung, dem Geist unsrer Zeit entsprechen.

Die Flaschen unseres Jahreskonsums aufeinandergestellt, ergeben die Höhe der Kölner Synagogenspitze. Nur eine Sektmarke international anerkannter Qualität, schnittig, edel und rassig im Geschmack, vermag sich solche Anerkennung zu erringen. Ein zarter Fichtennadelgeschmack ermöglicht es, unsern in Deutschland auf Flaschen gefüllten Sekt auch als Badezusatz zu verwenden.

Gehört diese Geste noch in unsre Zeit? So fragen wir uns, wenn wir den deutschen Ritter Götz von Berlichingen am Burgfenster stehen sehen. Der tadellos gepflegte Hauptmann, dem er seinen Gruß hinausruft, wird seiner Aufforderung wohl nicht Folge leisten; sicher ist, daß kein starres Gesetz ihm dies vorschreibt. Jedem ist dieser Ausdruck der Verehrung nach eignem Gefühl überlassen. Wenn aber das Mittelalter schon unser „Altes Lavendel" gekannt hätte, wird dieses Gefühl zum Gesetz. Verlangen Sie die kreuzweise Packung.

Im Banne der Liebe ermüdet man leicht. Die Nerven sind aufs höchste angespannt; die Luft im Raum ist heiß, drückend und schwül mit ü. In solchen Augenblicken erfrischt nichts so sehr wie eine Tasse klarer Nudelbouillon, die Sie aus „Lubarschs Suppenwürfel" gewinnen können. Ein Täßchen heißer Brühe bringt Ruhe und Sicherheit, vielleicht das Glück!

Wenn Baby die Tintenflasche ausgetrunken hat, geben Sie ihm einen Bogen von Hermann Burtes Löschpapier zu essen. Dieses Mittel wird von den Kleinchen erfahrungsgemäß gern genommen, und auch durchnäßte Erwachsene profitieren häufig davon. Gepflegte Kinder in gutbürgerlichen Haushalten sollten von Zeit zu Zeit diese Kur machen – der kleine Steppke, den Sie hier im Bilde sehen, weiß seit seiner Geburt nicht, was Feuchtigkeit ist. Kein Volk ohne Löschpapier! Hermann Burte & Hans Grimm, Löschpapier en gros.

Temperamentvolle Frauen halten sich bedeutend länger, wenn man sie nachts auf den Frigidaire legt; sie bleiben auf diese Weise schmackhaft und bekömmlich in jeder Jahreszeit. Die andauernd gleiche und trockne Atmosphäre konserviert jede Dame von Welt; unser Kühlapparat wird an gesundheitlicher Wirkung von keiner Ehe übertroffen.

Mehr als ein Souvenir – ein Zaubermittel wie vom Hexenmeister Cagliostro ist Rosens Toilettepapier. Edel, rassig und schnittig in der Linie, hat es sich rasch in die Aristokratie der Eleganz eingeschmeichelt. Vergessen Sie nicht, bevor Sie das zierlich gebundene Paketchen verschenken, die Ecken der einzelnen Blätter umzubiegen: sie geben dadurch Ihrem Geschenk eine persönliche Note.

„Ach, wers ihr doch sagen könnte!" – so jung, so schön und schon so gemieden! Menschen mit unreinem Hauch, selbst wenn er dem Munde entströmt, sind einsam. Unter anderm sträubt sich meine Feder, mehr zu sagen: das junge Mädchen hat nicht „Eukal" verwendet, und daher wagt niemand, ihr mit Anträgen zu nahen, denen doch gerade ein sportgeübtes Girl unsrer Zeit gefaßt entgegensehen könnte. Schicken Sie uns Ihre Zähne ein – Sie erhalten Sie postwendend gereinigt zurück, blitzend und blendend weiß.

Wenn Sie im Kranz Ihrer Geschäftsfreunde und schöner Frauen bei wohlgepflegtem, schäumendem Sekt sitzen, während Ihr behaglicher, vornehmer und taktvoller Haushalt Sie umgibt, dann vergessen Sie nicht, unsern Luxusapparat „Kokmès" bei der Hand zu haben. Die faszinierende Wirkung Ihrer festlichen Geselligkeit wird dadurch noch erhöht; keine elegante und gepflegte Frau von Welt ist ohne denselben denkbar. „Kokmès" ist ohne jede schädliche Nebenwirkung, weil es überhaupt keine hat. Wir fabrizieren es nur, um die hohen Anzeigenpreise wieder hereinzubringen, und wir inserieren, um fabrizieren zu können. Und so symbolisieren wir, was uns am meisten am Herzen liegt: die deutsche Wirtschaft –!

1927

Des deutschen Volkes Liederschatz

Ein Rundfunkvortrag

Schon Gneisenau, Regierungsrat bei der Filmzensur, hat in seinem ziemlich unsterblichen „Wolfgang von Goetz“ darauf hingewiesen, daß das deutsche Volk als das sangesfreudigste der Welt mit Fug angesehen werden kann. Der wahre Gesang ist der Männergesang. Sagt doch bereits die deutsche Bibel für das Wochenende, das Strafgesetzbuch, über die Männergesangvereine so schön: „Wenn sich eine Menschenmenge öffentlich zusammenrottet und mit vereinten Kräften gegen Personen oder Sachen Gewalttätigkeiten begeht ...“, und auch der Ausdruck „Rädelsführer“ deutet ja klar auf den Dirigenten solchen musikalischen Tuns hin. Aber ach! nicht jeder gehört einem Männergesangverein an; ja, es gibt unter den Deutschen sogar einige, wenn auch wenige verworfene Wesen, die überhaupt keinem Verein angehören. Aber das soll mit Rücksicht auf die zarter Besaiteten unter unsern Hörerinnen hier nicht erörtert werden; diese Menschen gehören in das Gebiet der Psychopathia sexualis. Genug davon. Wenden wir uns von den Verirrungen des Geschlechtslebens mehr heitern Gegenständen zu.

Was zum Beispiel Gertrud Bäumer betrifft, so hat sie, eine gebildete Mitteleuropäerin, das Singen von sogenannten „Hausgesängen“, die vorher einen Zensurwolf passiert haben, gestattet- auch ist das Mitsingen dieser Lieder an öffentlichen Orten, Rundfunk-Zapfstellen und andern Bedürfnisanstalten zunächst nicht strafbar. Es ist gewiß von allgemeinem Interesse (Thema am Ende der Einleitung), solche Gesänge an Hand eines kleinen, uns heute vorliegenden Liederbuches einmal wissenschaftlich zu betrachten.

Die deutschen Trällerlied dien zerfallen in drei Abteilungen. Da hätten wir zunächst jene, die auf einem Namen beruhn.

„Liebe Katharina,
komm zu mir nach China!“

ist hier zu nennen, sowie:

„Luise – Luise – warum bist du denn so blaß?“

gewiß eine berechtigte Frage, wenn man bedenkt, daß auch Luise durch die ihr von den uns im Schmachfrieden von Versailles abgetretenen polnischen Kühen stammende fehlende Milch um ihre beste Manneskraft gekommen sein mag. Deutsche, kauft deutsche Kolonien! Auch:

„Wo sind deine Haare,
August – August?“

ist ein schönes Lied. Zeigt sich doch auch hier die deutsche Überlegenheit deutschen Wesens deutscher Namen: mit dem Vornamen des bekannten Baruch Stresemann wären solche echt deutschen Gesänge nicht zu erzielen gewesen. Hep-hep!

Dies führt uns zur zweiten Abteilung: den romantischen Liedern, die ihrerseits wieder zerfallen in die a) wild-romantischen und b) mild-romantischen. Die wild-romantischen Lieder lauten etwa:

„In der Hafenbar von Rio bei Laternenlicht
hatte Jim zum ersten Mal gesehen ihr Gesicht“,

und malen uns diese Verse so recht die bewegte und jeder Polizeistunde spottende Atmosphäre Süd-Amerikas vor Augen. An unsern Alt-Reichskanzler Luther, an dessen Wesen um ein Haar die Welt genesen wäre und der auch auf hoher Warte niemals seine schlichte Herkunft als Kommunalbeamter vergessen läßt, gemahnen uns die Verse:

„Hoch zu Roß mit seinem stolzen Troß
der große Picador",

wobei denn noch festzustellen wäre, wer bei diesem getätigten Geschäft der Ochse gewesen ist.

Wir kommen nunmehr zu den mild-romantischen Liedern. Da wird uns warm ums deutsche Herz, Deutsche Weise und deutsches Land sprechen uns hier an, und jedes Gemüt schlägt Wellen, wenn es hört:

„Am Rüdesheimer Schloß steht eine Linde!
Der Frühlingswind zieht durch der Blätter Grün,
ein Herz ist eingeschnitzt in ihre Rinde,
und in dem Herzen steht ein Name drün."

Da ist nichts vom nervenpeitschenden Rhythmus der Großstadt, ewiger Gehalt klingt uns hier an und zeigt so recht, daß das Erbe der Birch-Pfeiffer und Courths-Clauren in guten Händen liegt. Der Text des Rüdesheim-Liedes stammt von einem Wiener Juden.

Was aber sind alle diese schönen Lieder, wie:

„Am Hügel, wo der Flieder blüht,
und eine Rosenhecke glüht"

und:

„Wißt, dort im Bergrevier,
da ist die Heimat mein,
Thüringer Waldeszier,
treu denk ich dein!"

sowie:

„Am Rhein, da hab ich das Licht erblickt,
am Rhein, da wuchs ich heran,
am Rhein, da ist mir manch Streich geglückt –“

woraus also zu ersehen, daß dieser Streich hier jedenfalls nicht am Rhein entstanden ist – was ist dies alles, sage ich, gegen das unsterbliche Lied:

„Ich hab mein Herz in Heidelberg verloren,
in einer lauen Sommernacht –“?

Da mögen Welsche und Polen, Tschechen und blatternasige Kosaken dräun: solange wir solche Lieder haben, kann Deutschland nicht untergehn. Der Text stammt von zwei Wiener Juden.

Die dritte Abteilung endlich möge die der schlichtweg idiotischen Texte genannt werden, wie etwa:

„Wer hat die liebe Großmama
verkehrt rum aufs Klosett gesetzt?“

und:

„Das war bei Tante Trullala
in Düsseldorf am Rhein,
da haben wir die Nacht verbracht
voll Seligkeit beim Wein –“

Noch zahllose Lieder gibt es, schlichte Äußerungen des Volksgemütes, geeignet, am deutschen Herd, im deutschen Haus, im deutschen Hof gesungen zu werden, wofern nicht dort Teppichklopfen und Musizieren verboten ist. Wo man singt, da komme ruhig nieder, böse Menschen haben keine Lieder.

So zieht sich der Sangesfaden von Geschlecht zu Geschlecht, nimmer rastend, ewig blühend. Haben unsre Mütter und Urmütter noch gesungen:

„Sone ganze kleine Frau,
sone ganze kleine Frau –
sone ganze, ganze, ganze, ganze
ganze kleine Frau!“

und:

„Weißt du, Mutterl, was mir träumt hat?
I hab im Himmel die Engerln g'sehn …“

so singen wir mit nicht minder herber Kraft:

„Schatz, was ich von dir geträumt hab,
hätt' ich dir so gern erzählt“

sowie:

„Valencia –
Sieben, achte, neune, zehne,
Bube, Dame, König, As –“

und sind gewiß, daß unsre Altvordern, behaglich ihr himmlisches Pfeifchen schmauchend, voller Beifall auf Deutschland heruntersehen. Und darum benötigen wir eine Reichswehr, die uns stark, seetüchtig und schlagfertig erhält, wenn Hindenburg, oder wer sonst gerade da ist, uns einmal ruft.

Wir stehen am Ende.

Wir haben gesehen, wie das deutsche Lied und die deutsche Seele eines sind, und wie die deutsche Muse immerdar an der Spitze aller Musen marschiert. Möge sie vorne herum schwellen, hintenrum gedeihn und noch recht oft der unsterblichen Verszeile unsres großen Dichters, des Kalligraphielehrers Marcellus Schiffer, eingedenk sein:

„Mir ist schon mies vor mir–!"

In diesem Sinne auf Wiederhören in fünf Minuten zum Vortrag des Herrn Geheimrats Professor Doktor Fritz Haber, Mitglied der republikanischen Kaiser-Wilhelms- Akademie: „Der Harn im Familienleben sowie die Konservierung älteren Büchsenfleisches."

Auf Wiederhören in fünnef Minuten –!

1927

Hetären-Gespräche

Falsch:

– „Du wunderst dich gewiß, wie ich zu diesem Leben gekommen bin. Mein Vater war Oberstleutnant bei den Husaren in Krefeld, und meine Mutter war eine geborene von. Ich hatte eine glückliche Jugend; da geriet ich im Alter von achtzehn Jahren in die Hände eines gewissenlosen Verführers, der mir im Schlaf meine Unschuld raubte. Meine Eltern verstießen mich, als die Schande offenbar wurde, und bald sank ich von Stufe zu Stufe ..."

Richtig:

– ... hab ich zu der Frau gesagt: Bitte, den Koffer können Sie ja gar nicht pfänden, der ist ja schon gepfändet, überhaupt werde ich mich bei der Staatsanwaltschaft beschweren, denn da hab ich sehr gute Beziehungen. Kennst du einen Staatsanwalt Kleinböhmer? Das ist ein guter Freund von mir... weißt Du, das ist ein Stiefelfreier, der kommt alle vierzehn Tage zu mir, und dann muß ich ihm... Da sagt die Frau, dann wird sie die Polizei holen. Ich sage, bitte, sage ich, holen Sie nur die Polizei, da werden Sie schon was erleben! Hast du so was gesehn! Wo überhaupt die Mieten so teuer sind! Ach, Fritzi, das ist ja gar nicht wahr – du kriegst heute in ganz

Hamburg nichts Anständiges unter hundertachtzig Mark... Bestell noch ne Flasche Sekt. Sieh mal die Frau da drüben! Die war in Untersuchungshaft, drei Wochen haben sie sie da behalten, aber sie konnten ihr nichts beweisen, ihr Freund sitzt heute noch. Die hat enorm verdient, die war in Berlin zur Grünen Woche, na, und die Leute mit dem grünen Hütchen geben ja was aus. Ich hab auch so einen. Der hat ein großes Gut in... der Name tut ja nichts zur Sache. Du, das ist ein komischer Kerl! Der ist hier alle halbe Jahr in Hamburg, und mit seiner Frau ist das wohl nicht ganz richtig, und da will er immer ...

Fritzi! Das ist doch Ullgreen! Der Schwede! Na, das ist aber ulkig! Du, ich habe solchen Hunger – bestell mir mal – Ober, geben Sie mal die Karte! Was macht denn der jetzt in Hamburg? Was ist denn das für eine Frau, mit der er tanzt? Die ist doch nicht aus dem Trocadero? Ins Trock kann man ja gar nicht mehr gehn, ja, Roastbeaf, ach, du mit deinem Alkazar, mit Gemüse, ist eigentlich noch immer so viel Betrieb im Lunapalais – da war ich mal früher... Was? Was für Leute? Das ist noch gar nichts. Da hatten wir hier einen Argentinier, was Fritzi? der kam immer, und dann mußten wir ihm mitten im Zimmer einen großen Block aufbauen, und er hatte bloß eine Hose an, und dann kniete er, und dann mußten wir so tun, als ob er hingerichtet würde, und ...

Nein, morgen kann ich nicht. Fritzi, quatsch doch nicht, morgen können wir nicht, da haben wir Erich. Siehste du vergißt auch alles. Das ist ein sehr feiner Mann, das ist ein Großindustrieller aus dem Rheinland, na, wir haben überhaupt sehr gute Leute – ich habe doch Kompott bestellt, bringen Sie mal eine Portion gemischtes Kompott meinst du, sie hat mir den Koffer rausgegeben? Nu kenn ich aber hier einen sehr feinen Mann von der Polizei, den hab ich gleich antelephoniert, er war ja nicht da, aber das hat die Frau wohl gehört, und da hat sie den Koffer gleich rausgegeben ... Was für ein ...? Das ist eine Goldgrube. Ich kenn den Direktor – ich war mal bei ihm, er hat mich engagieren wollen, für seine Revue, und da mußte ich mich ganz ausziehn, du, der hat in seiner Wohnung lauter Fesseln und Halseisen und Ruten und all son Zeug... schließt er einfach die Tür ab, du, der Sekt ist alle, und ich sage: Sie, sage ich, wenn Sie mich nicht rauslassen, dann schrei ich! Da ist dann mit dem Engagement nichts geworden. So ein alter Esel. Ein fießer Kerl. Aber eine Goldgrube. Neulich war Elli bei ihm, da hat er ihr ...

Natürlich kenn ich den. Wir gehn in jeden Film, wenn er spielt. Der war mal bei uns, und jedesmal, wenn er ... dann hat er ...

Gehn wir noch in die kleine Bar, einen Whisky trinken? Ach, gehn wir noch, Du, gib mal der Blumenfrau was, ich hab mir vorhin von ihr eine Nadel geliehn. Also, was ich mich über diese Geschichte mit dem Koffer schon aufgeregt habe! Das ist die Frau ja gar nicht wert. Ich bin auch leidend. Der Arzt, der Professor hier vom Krankenhaus, hat gesagt, so eine Leber hat er überhaupt noch nie gesehn ... Fritzi, das weißt du doch – das tut die Frau alles bloß, weil ich damals in dem Prozeß gegen ihren Schwager, diesen Luden, nicht so ausgesagt habe, wie Hans gewollt hat. Dabei habe ich doch den Brief gar nicht bekommen! Du hast gar nichts gesehn! Wenn Marga damals nicht zu Emil gesagt hätte, daß sie von dem Doktor nichts weiß, dann hätten wir alle zusammen nichts von Seiermann gekriegt, und Willi... Du, kauf mir doch so einen Teddybären! Der ist aber süß! Pusch pusch ... beiß mal den Onkel! Guten Abend. Das war ein ungarischer Akademie- Professor – sehr berühmter Mann, ich hab vergessen, wie der heißt. Du, weißt du, was der immer macht –? Ja, denk doch mal, der ist ganz plötzlich gestorben. Nein, nächsten Sommer gehn wir ins Gebirge. Ganz plötzlich gestorben... schade, ich könnt nicht zur Beerdigung kommen, ich geh sonst so gern zu so was ... es ist so feierlich, wenn die Orgel spielt, man weint so schön... Nein, wir haben nur sehr gute Kavaliere. Und ich will dir mal was sagen, warum sie eben alle so gern zu uns kommen –: Son Mann hat doch das Bedürfnis, sich mal auszusprechen –!“

1931

Lehrgedicht

Wenn du mal gar nicht weiter weißt,
dann sag: Mythos.
Wenn dir der Faden der Logik reißt,
dann sag: Logos.
Und hast du nichts in deiner Tasse,
dann erzähl was vom tiefen Geheimnis der Rasse.
So erreichst du, daß keiner, wie er auch giert,
dich je kontrolliert.

Willst du diskret die Leute angeilen,
dann sag: Eros.
Sehr viel Bildung verleiht deinen Zeilen:
Dionysos.
Aber am meisten tun dir bieten
die katholischen Requisiten.
Tu fromm – du brauchst es gar nicht zu sein.
Sie fallen drauf rein.

Machs wie die Literatur-Attachés:
nimm ein Diarium.
Die Hauptsache eines guten Essays
ist das Vokabularium.
Eros und Mythos hats immer gegeben,
doch noch nie so viele, die von ihnen leben ...
So kommst du spielend – immer schmuse du nur!
in die feinere deutsche Literatur.

1929

Persönlich

„Ich möchte Herrn Regierungsrat persönlich sprechen!" „Herr Professor Gustav Roethe war persönlich anwesend." „Der Chef des Stabes der Reichswehr ist diesen Beschwerden persönlich nachgegangen."

Was ist denn das? Haben alle diese zwei Persönlichkeiten: eine einfache und eine persönliche? Was bedeutet das?

Das bedeutet eine Wichtigmacherei, die auf derselben Etage wie das deutsche Vorzimmer wohnt (am Telephon: „Hier Vorzimmer von Herrn Portier Knetschke!"); wie der Apparat, ohne den es keiner mehr tut („Ich werde das mit meinen Herren besprechen!" – hat aber nur einen); wie das ganze mißverstandene Brimborium des so gern kopierten überorganisierten Militärbetriebes, der es allen Deutschen zum ersten Mal vor die Augen geführt hat, wie man auf möglichst geräuschvolle und kostspielige Weise nichts tun kann. Der Divisionskommandeur arbeitete nicht allzuviel. Aber das Wenige, was er tat, tat er durch seinen Adjutanten, durch seine Unterorgane, und nur Orden und Rotwein nahm er persönlich in Empfang. Die privaten Gruppen aller Sorten ahmen ihm selig nach. Der Chef des Betriebes hat den soziologisch umstrittenen Gedanken der Delegierung auf die Spitze getrieben und seine Machtvollkommenheiten so aufgeteilt, daß man ihn schon manchmal, wenns unten gar zu dumm wird, „persönlich" in Anspruch nehmen muß. Die Männer der Öffentlichkeit kopieren es überglücklich. Sie kommen nicht selbst, sie telephonieren nicht selbst, sie unterschreiben nicht selbst. Daher denn keiner mehr sagt: Ich möchte den Herrn Reichstagsabgeordneten sprechen! – sondern: Ich möchte ihn persönlich sprechen! Immer voller Angst, daß sonst seine Waschfrau käme. Mit der sicherlich oft besser zu verhandeln wäre.

Diese aufgeblasene Eitelkeit, die immer und immer mehr bei uns einreißt, diese Sucht, dem gemeinen Haufen nur ja den Aspekt eines zu geben, der über den Wolken schwebt wie dumm, wie hohl und vor allem: wie unpraktisch ist dies Theater! In Amerika hat jeder für jeden Zeit, solange sich der kurz faßt; in Frankreich ist es nicht gar so schwer, zu den maßgebenden Männern Zutritt zu bekommen; in England denken die Leute an ihre Sache und nicht immer an ihre Person und bestimmt nicht an eine Hahnenwürde; bei uns zu Lande ist es wunder was für eine Geschichte, mit einem besser bezahlten Mann „persönlich“ zu sprechen. Ist die Audienz beendet, so bleibt ein Abglanz des Unerhörten auf dem Empfangenen haften, der strahlend nach Hause stelzt. „Ich habe heute früh mit dem Oberbürgermeister persönlich gesprochen ...“ (Du armer Hund hast natürlich nur seinen Sekretär sprechen dürfen oder seinen Portier – ich aber habe ihn persönlich zu fassen bekommen!) Tief wurzelt der Knecht im Deutschen leise kitzelt es im Rücken und tiefer: Kommt der Fußtritt? kommt er nicht? Er kommt nicht! Heil! Er hat mit mir persönlich gesprochen und nicht durch einen alten Trichter aus dem Nebenzimmer! Ich bin erhöht.

Es gibt Menschen, mit denen möchte ich um keinen Preis sprechen, dienstlich nicht und privat nicht und persönlich schon gar nicht: mit Strafkammervorsitzenden, alten Bataillonskommandeuren, Kriegsgerichtsräten und ähnlichen persönlichen Persönlichkeiten.

Lieber Gott! Nimm doch den deutschen Kaufleuten und Beamten diese dumme Sucht, sich als gar so kostbar hinzustellen und sich mit etwas dicke zu tun, was meist gar nicht da ist: mit einer Persönlichkeit! Den Soldaten kannst du es lassen, sie haben ja selten etwas anderes! Tu es doch, lieber Gott, ja –?

Dieses Gebet werde ich mal dem lieben Gott persönlich unterbreiten.

1925

Zeitungsdeutsch und Briefstil

Es ist schon einmal besser gewesen: vor dem Kriege. Das heißt nicht etwa, die gute, alte Zeit heraufbeschwören – man blättere nach, und man wird von damals zu heute einen bösen Verfall der deutschen Sprache feststellen. In zwei Sparten ist das am schlimmsten: in der Presse und in den Briefen, die die Leute so schreiben.

Was in den Zeitungen aller Parteien auffällt, ist ein von Wichtigkeit triefender und von Fachwörtern schäumender Stil.

Die Unart, in alle Sätze ein Fachadverbium hineinzustopfen, ist nunmehr allgemein geworden. Man sagt nicht: „Der Tisch ist rund." Das wäre viel zu einfach. Es heißt: „Rein möbeltechnisch hat der Tisch schon irgendwie eine kreisrunde Gestalt." So heißt das. Sie schwappen über von „militärwissenschaftlich", städtebaupolizeilich" und „pädagogisch-kulturell".

Gesagt ist mit diesem Zeug nicht viel: man weiß ja ohnehin, daß in einem Aufsatz über das Fußballspiel nicht von Kochkunst die Rede ist. Aber der betreffende Fachmann will dem Laien imponieren und ihm zeigen, wie entsetzlich schwer dieses Fach da sei... Die meisten Zeitungsartikel gleichen gestopften Würsten.

In den Briefen ist es etwas andres. Da regiert die Nachahmung des flegelhaften Beamtenstils.

Es ist rätselhaft, wie dieses Volk, das angeblich so unter seinen Beamten leidet, sich nicht genug tun kann, ihnen nachzueifern – im Bösen, versteht sich. Ist es denn nicht möglich, höflich zu schreiben? Aber jede Speditionsfirma sieht ihre Ehre darin, Briefe herauszuschicken, die wie „Verfügungen" anmuten.

Da wird ehern „festgestellt" (damit es nicht mehr wackelt); da wird dem Briefempfänger eins auf den Kopf gehaun, daß es nur so knallt, und das ist nun nicht etwa „sachlich", wie diese Trampeltiere meinen, die da glauben, Glattheit lenke von der Sache ab – es ist einfach ungezogen. Sie haben vor allem von den Beamten gelernt, jeden Zweifel von vornherein auszuschalten. Liest man die Briefe, so sieht man immer vor dem geistigen Auge:

Tagesbefehl

1. Es stehen bereit: 8.30 Uhr vormittags Abteilung Löckeritz auf der Chaussee Mansfeld-Siebigerode...
2. Ich befinde mich im Schloß und so fort –

als ob man nicht auch in einem Geschäftsbrief an den entscheidenden Stellen leicht mildern könnte. Aber nein: sie regieren.

In erotisch-kultureller Beziehung denke ich mir den Liebesbrief eines solchen Korrespondenten so:

Geheim! Tagebuch-Nr. 69/218.

Hierorts, den heutigen

1. Meine Neigung zu Dir ist unverändert.
2. Du stehst heute abend, 7 ½ Uhr, am zweiten Ausgang des Zoologischen Gartens, wie gehabt.
3. Anzug: Grünes Kleid, grüner Hut, braune Schuhe. Die Mitnahme eines Regenschirms empfiehlt sich.
4. Abendessen im Gambrinus, 8.10 Uhr.
5. Es wird nachher in meiner Wohnung voraussichtlich zu Zärtlichkeiten kommen.

(gez.) Bosch,
Oberbuchhalter

„An einer Seite Prosa wie an einer Bildsäule arbeiten...", schrieb Nietzsche. So siehst du aus.

1929

„Mit"

Daß es ernsthafte Verlage gibt, deren Lektoren Vokabeln wie „unerhört", „fabelhaft" und „ein unmögliches Hotel" durchgehn lassen, ohne daß der Schreibersmann damit die Sprachverschluderung von Snobs charakterisieren wollte, vielmehr, die eigne aufzeigt, mag angemerkt werden. Diese großstädtischen Kleinstädter glauben wirklich, daß ihr „Kreis“ die Welt darstelle oder und zum mindesten die Pyramidenspitze der Welt.

Diese Sprachverderber, denen die vierhundert Modewörter fertig aus dem Munde kollern, und die keinen Satz mehr ohne „menschlich“ und „ihn als Menschen“ schreiben können, geben noch dem ärgsten Puristen recht, der der Meinung ist, daß man auch ohne „hallucinative Substantive“ auskommen könne. „Diese undeskriptiven Substantive sind gehirnlich-empfindsame Summationen...“ Kann man das auch auf deutsch sagen? Nein, das kann man freilich nicht auf deutsch sagen.

Und wenn die Grammatik in diesen Sprachsumpf taucht, dann bringt sie etwas ans Licht, das heißt: „mit“. Und sieht so aus:

Friedrich Nietzsche hat den snobistischen Superlativ erfunden; er milderte ihn durch „vielleicht“. Er schrieb fast nie: „Dieses Buch war im achtzehnten Jahrhundert von sehr großem Einfluß“, sondern er liebte es zu sagen: „Dieses Buch hat im achtzehnten Jahrhundert vielleicht den größten Einfluß ...“ Die Schönheit der Prosa dieses Philosophen hat manche Früchte getragen; seine kleinen Höcker trägt die ganze Familie. „M. ist vielleicht unser größter deutscher Journalist“ schreibt ein Reporter vom andern, das klingt, und darin steckt vor allem die Fiktion, als habe der Schreibende sämtliche deutsche Journalisten vor Augen, wähle unter ihnen aus, erwähle sich nun diesen einen... und er verdickt die Lüge, indem er sie durch „vielleicht“ scheinbar mildert. In dieser Schublade liegt „mit“.

Der Gedankengang ist, an einem Beispiel gezeigt, dieser:

„In Gemeinschaft mit andern ist besonders Rathenau durch unklare Diktion dem philosophischen Bedürfnis der deutschen Masse entgegengekommen.“ Hier setzt nun die stenographische Denkweise der Analphabeten ein; sie schlucken den Satz herunter, würgen ihn wieder hoch, und das Wiedergekäute sieht dann so aus: „Rathenau hat mit am meisten ...“ Es ist ganz und gar abscheulich: „mit“ ist eine Präposition oder Suffix eines Verbums – so aber, wie es sich da im Satz herumtreibt, ist es gar nichts, ein elendes Wrack vom Schiffbruch eines deutschen Satzes.

Es ist ein Jammer um die Pflege der deutschen Sprache.

Kümmert sich schon einmal einer um sie, dann heißt er Eduard Engel; dieser unsägliche Hohlkopf hat es neulich fertigbekommen, den feinen Sprachkenner Wustmann zu beschimpfen, der in der kleinen Zehe mehr Sprachgefühl hatte als der Schöpfer der arabischen Zahlen auf den Eisenbahnwaggons im Kopf hat. Das Zeitungsdeutsch, das sich erheblich gebessert hatte, ist heute wieder im Begriff, in Modewörtern zu ertrinken. Erst denken sie nicht, und dann drücken sies schlecht aus. „Er ist menschlich mit einer der besten .. .“, daß das einer schreiben, redigieren, setzen und durchgehn lassen kann! Diese Snobs schreiben, wie die Verkäufer von Seidenwaren sprechen: atemlos, eilig, alles im Superlativ, bewegt anpreisend. Alles wird auf eine Spitze getrieben, von der es wackelnd wieder herunterfällt. „Das 's ja faabelhaft! Na, unerhöört! Ein unmöglicher Patron...!“ Wie viel Offizierkasino ist darin, wie viel Anreißerei!

Eine Rede ist keine Schreibe. Und dieses da ist weder eine solche noch eine solche.

1928

Die Essayisten

Ich habe nun bis ins einzelne verfolgt und nachgewiesen, daß letztere Periodizität der Weltanschauungsformen und erstere Periodizität der Stilformen stets Hand in Hand gehen als religiös-philosophische bzw. ethisch-ästhetische Ausdrucksformen und Widerspiegelungen der organischen Entwicklung jedes Kulturzeitalters von seiner Renaissance bis zu seiner Agonie und daß auch wieder die verschiedenen Kulturzeitalter sich als Volksaltersstufen entsprechend organisch auseinander entwickeln, in großen Zügen als patriarchalische Kindheit, feudale Jugend, konstitutionelle Reife, soziales Alter und kosmopolitisches Greisentum der Völker."

Und davon kann man leben –?

Offenbar sehr gut, denn dies ist die Lieblingsbeschäftigung vieler Leute: Essays zu schreiben. Die meisten davon sehn so aus wie diese Probe.

Es hat sich bei jenen Schriftstellern, die nie aliquid, sondern immer de aliqua re schreiben, ein Stil herausgebildet, den zu untersuchen lohnt. So, wie es, nach Goethe, Gedichte gibt, in denen die Sprache allein dichtet, so gibt es Essays, die ohne Dazutun des Autors aus der Schreibmaschine trudeln. Jenes alte gute Wort darf auch hier angewandt werden: der Essaystil ist der Mißbrauch einer zu diesem Zweck erfundenen Terminologie. Es ist eine ganze Industrie, die sich da aufgetan hat, und sie hat viele Fabrikanten.

Die Redlichkeit des alten Schopenhauer scheint bei den Deutschen nichts gefruchtet zu haben. Jeder Satz in den beiden Kapiteln „Über Schriftstellerei und Stil" und „Über Sprache und Worte" gilt noch heute und sollte, Wort für Wort, den Essayisten hinter die Ohren geschrieben werden, es wäre das einzig Lesbare an ihnen. „Den deutschen Schriftstellern würde durchgängig die Einsicht zustatten kommen, daß man zwar, wo möglich, denken soll wie ein großer Geist, hingegen dieselbe Sprache reden wie jeder Andere. Man brauche gewöhnliche Worte und sage ungewöhnliche Dinge: aber sie machen es umgekehrt."

Jeder kennt ja diese fürchterlichen Diskussionen, die sich nach einem Vortrag zu erheben pflegen; da packen Wirrköpfe die Schätze ihrer Dreiviertelbildung aus, daß es einen graust, und man mag es nicht hören. Dieser Stil hat sich so eingefressen, daß es kaum einen Essayisten, kaum einen Kaufmann, kaum einen höhern Beamten gibt, der in seinen Elaboraten diesen schauderhaften Stil vermeidet. Das Maul schäumt ihnen vor dem Geschwätz, und im Grunde besagt es gar nichts. Wer so schreibt, denkt auch so und arbeitet noch schlechter. Es ist eine Maskerade der Seele.

Der Großpapa dieses literarischen Kostümfestes heißt Nietzsche, einer der Väter Spengler, und die österreichischen Kinder sind die begabtesten in der Kunst, sich zu verkleiden. Es gibt Anzeichen, an denen man alle zusammen erkennen kann, untrüglich.

Bei Nietzsche finden sich hunderte von Proben dieses Essaystils, es sind seine schwächsten Stellen. Sie blenden auf den ersten Blick; auf den zweiten erkennt man, welch spiegelnder Apparat die Blendung hervorgebracht hat die Flamme ist gar nicht so stark, sie wird nur wundervoll reflektiert. Das sind jene bezaubernden Formeln, die sie ihm seitdem alle nachgemacht haben, allerdings mit dem Unterschied, daß die Nachahmer einzig die Formeln geben, während sie bei Nietzsche meist das Ende langer Gedankenreihen bilden – manchmal freilich sind auch sie nur Selbstzweck, ein kleines Feuerwerk im Park. „Sportsmen der Heiligkeit“ – das ist sehr gut gesagt, aber es ist zu spitz gesagt. Auch findet sich in diesem Wort eine Technik angewandt, die sie uns in Wien, also in Berlin bis zum Überdruß vorsetzen: die Vermanschung der Termini. Sie hören in der Lichtsphäre; sie sehen Gerüche; sie spielen sich als gute Fechter auf, aber nur im Kolleg, wo sie sicher sind, daß nicht gefochten wird; sie sind Priester in der Bar, und es ist alles unecht. Nietzsche hat ihnen die Pose geliehen; wieweit man einen Künstler für seine Anhänger und auch noch für die falschen verantwortlich machen kann, steht dahin – Nietzsche hat auf sie jedenfalls mehr im bösen als im guten gewirkt. Von ihm jenes „man“, wo „ich“ oder das altmodische „wir“ gemeint ist; beides hatte einen Sinn, dieses „man“ ist eine dumme Mode. „Man geht durch das hohe Portal in die Villa der Greta Garbo…“ Quatsch doch nicht. Man? Du gehst. Von Nietzsche jene Wichtigtuerei mit dem Wissen, das bei ihm ein organischer Bestandteil seines Humanismus gewesen ist; die Nachahmer aber sind nur bildungsläufig und lassen ununterbrochen, wie die Rösser ihre Äpfel, die Zeugnisse ihrer frisch erlesenen oder aufgeschnappten Bildung fallen; ich empfehle ihnen Plotin, und sehr hübsch ist auch Polybos statt Hippokrates, man kann das nicht so genau kontrollieren. Von Nietzsche jene Pose der Einsamkeit, die bei den Nachahmern nicht weniger kokett ist als der Ausdruck jener Einsamkeit beim Meister; „man“ lese das heute nach, und man wird erstaunt sein, wie blank poliert die Schmerzen aus Sils-Maria sind. Von Nietzsche jene lateinische Verwendung des Superlativs, wo statt der größte: sehr groß gemeint ist. So entstehen diese fatalen Urteile: „das beste Buch des achtzehnten Jahrhunderts“, und um das zu mildern, wird der falsche Superlativ mit einem „vielleicht“ abgeschwächt. Das lesen wir heute in allen Kritiken. Sie haben an Nietzsche nicht gelernt, gut deutsch zu schreiben. Er war ein wunderbarer Bergsteiger; nur hatte er einen leicht lächerlichen, bunt angestrichenen Bergstock. Sie bleiben in der Ebene. Aber den Bergstock haben sie übernommen.

Aus der Hegelecke naht sich ein Kegelkönig: Spengler. Von diesem Typus sagt Theodor Haecker: „Das Geheimnis des Erfolges besteht genau wie bei Hegel darin, daß jeder, der keck genug ist, auch mittun kann.“ Und das tun sie ja denn auch. Sie stoßen einen Kulturjodler aus, und die Jagd geht auf.

Der Italiener sieht sich gern malerisch: er stellt sich vorteilhaft in den Ort. Der deutsche Essayist sieht sich gern historisch: er stellt sich vorteilhaft in die Zeit. So etwas von Geschichtsbetrachtung war überhaupt noch nicht da. Nur darf man das Zeug nicht nach zwei Jahren ansehn, dann stimmt nichts mehr. Sie schreiben gewissermaßen immer eine Mittagszeitung des Jahres, mit mächtigen Schlagzeilen, und zu Sylvester ist alles aus. „Wenn einst die Geschichte dieser Bewegung geschrieben wird ...“ Keine Sorge, sie wird nicht. Sie eskomptieren die Zukunft. Und die Vergangenheit wiederum ist ihnen nur das Spielfeld ihrer kleinen Eitelkeiten, wo sie den großen Männern Modeetiketten aufpappen: Grüß di Gott, Caesar! Wos is mit die Gallier?

Auf der Kehrseite dieser falschen Vertraulichkeit steht dann das Podest, auf das die alten Herren hinaufgeschraubt werden; und wenn sich einer mit Wallenstein befaßt, dann glaubt er, der Geist des in den Geschichtsbüchern so Fettgedruckten sei ihm ins eigne Gehirn geronnen. Welcher Geschichtsschwindel!

Nur wenige Menschen vermögen das, was sie erleben, geschichtlich richtig zu sehn, und ganz und gar kanns keiner. Diese Essayisten tun so, als könnten sies. Wir sehn an alten Kirchen hier und da kleine Dukatenmännchen, die machen Dukaten. So machen sie Geschichte.

Kein Wunder, daß dann der Stil, den sie schreiben, so gräßlich aussieht; auf zwei linken Barockbeinen kommt er einhergewankt. „Das Wollen" gehört hierher. Die geschwollenen Adjektive, denen man kalte Umschläge machen sollte. Die dämliche Begriffsbestimmung, die für jeden Hampelmann eine eigne Welt aufbauen möchte. „Er kommt her von..." – „Für ihn ist..." – Der Mißbrauch der Vokabeln: „magisch", „dynamisch", „dialektisch". Diese faden Klischees, die fertig gestanzt aus den Maschinen fallen: „das Wissen um..." – „wir wissen heute"; der „Gestaltwandel" und dann: der „Raum".

Ohne „Raum" macht ihnen das ganze Leben keinen Spaß. Raum ist alles, und alles ist im Raum, und es ist ganz großartig. „Rein menschlich gesehn, lebt die Nation nicht mehr im Raum..." Man versuche, sich das zu übersetzen: es bleibt nichts, weil es aufgepustet ist. Früher hätte etwa ein Mann, der eine Bücherei leitete, gesagt: „Männer lesen gewöhnlich andre Bücher als Frauen, und dann kommt es auch noch darauf an, welchem Stand sie angehören." Viel steht in diesem Satz nicht drin; ich spräche oder schriebe ihn gar nicht, weil er nichts besagt. Heute spricht, nein – der Direktor der städtischen Bücherhallen ergreift das Wort: „Dieser Gegensatz zwischen Mann und Frau ist verschieden nach dem soziologischen Ort, an dem man vergleicht." Dieser soziologische Ort heißt Wichtigstein a. d. Phrase, aber so blitzen tausend Brillen, so rinnt es aus tausend Exposes, tönt es aus tausend Reden, und das ist ihre Arbeit: Banalitäten aufzupusten wie die Kinderballons. Stich mit der Nadel der Vernunft hinein, und es bleibt ein runzliges Häufchen schlechter Grammatik.

Und es sind nicht nur jene österreichischen Essayisten, von denen jeder so tut, als habe er grade mit Buddha gefrühstückt, dürfe uns aber nicht mitteilen, was es zu essen gegeben hat, weil das schwer geheim sei –: die

Norddeutschen können es auch ganz schön. Zu sagen haben sie alle nicht viel – aber so viel zu reden!

Aus einem einzigen Buch:

„Abermals ist also der gesamte Komplex der Politik Niederschlag des Kulturgewissens und der geistigen Strömungen unserer Zeit." – „Was Klaus Mann erlaubt ist, darf nicht Edschmid erlaubt sein, denn er hat sich nicht nur an den Vordergründen zu ergötzen, sondern um die Perspektiven zu wissen und an der Ordnung des Chaotischen beteiligt zu sein." Da bekommt also der vordergründige Edschmid eine Admonition im Chaotischen. Und man höre den falschen Ton: „Charakteristisch waren zunächst die jungen Männer, welche mit gelassener Hand den Fernsprecher ans Ohr legten und ihrem Bankbevollmächtigten Weisung für Ankauf oder Abstoß von Papieren gaben. Begabte, freundliche, quicke junge Burschen, man soll gegen sie nichts Schlechtes sagen." – „Junge Burschen ..." das hat der alte Herr Pose selber geschrieben, und diese fett aus dem Wagen winkende Hand ist ein Wahrzeichen vieler Schriftsteller solcher Art. Manchmal winken sie, wenn sie grade in London sitzen, zu Deutschland, manchmal zu den Jungen hinüber, manchmal spielen sie neue Zeit... auf alle Fälle wedeln sie immer mit irgend etwas gegen irgendwen. Aber: „Wie Blüher die Geschichte des Wandervogels, wie er seine eigne schreibt, das alles ist unverfälscht deutsch: gefurchte Stirn, bedeutende Geste, Ernstnehmen des geringsten Umstandes bis zum Bekennen biographischer Intimitäten, stets bestrebt, sogar Belangloses auf letzte Gründe zu untersuchen und sein Ich ohne Rest zu objektivieren." Na also! Und dieser Satz schöner Selbsterkenntnis stammt aus demselben Buch, dem alle diese Proben entnommen sind: aus Frank Thiessens „Erziehung zur Freiheit". Ein Mann mit zu viel Verstand, um dumm zu sein, mit zu wenig, um nicht schrecklich eitel zu sein; mit zu viel, um jemals Wolken zu einem Gewitter verdichten zu können, er ist kein Dichter; mit zu wenig Verstand, um einen guten Essayisten abzugeben. Doch welche Suada! welch gefurchte Stirn, bedeutende Geste... siehe oben.

Ich habe eine Sammlung von dem Zeug angelegt; sie wächst mir unter den Händen zu breiten Ausmaßen. „Der vollkommene Sieg der Technik reißt unsere ganze Gesinnung ins Planetarische." – „Hier ist dämonisches Wissen um letzte Dinge der Seele mit einer harten, klaren, grausam scheidenden Darstellungskunst vereint – unendliches Mitleid mit der Kreatur kontrastiert großartig mit einer fast elementaren Unbarmherzigkeit der Gestaltung." Wo er recht hat, hat er recht, und das hat sich Stefan Zweig wahrscheinlich auf einen Gummistempel setzen lassen, denn es paßt überall hin, weil es nirgends hinpaßt. „Nach den beschreibenden Gedichten der Jugend bemerkt man im Gedicht „Karyatide" das Eindringen eines stärker dynamisierenden Wortvorgangs; das Motiv schwindet, zerrinnt fast in den zeitflutenden Verben; das zeithaltige funktionsreiche Ich läßt das Motiv vibrieren und aktiviert den Dingzustand im Prozeß; nun lebt das Motiv stärker, doch nur in der Zentrierung in das Ich; die Bedingtheit der Welt durch das lyrische Ich wird gewiesen." Dies wieder stammt von Carl Einstein, der bestimmt damit hat probieren wollen, was man alles einer Redaktion zumuten kann. Und wie die obern Zehntausend, so erst recht die untern Hunderttausend.

Man setze den mittlern Studienrat, Syndikus, Bürgermeister, Priester, Arzt oder Buchhändler auf das Wägelchen dieser Essay-Sprache, ein kleiner Stoß – und das Gefährt surrt ab, und sie steuern es alle, alle. „Der heutige Mensch, so er wirken will, muß innerlich verhaftet sein, sei es in seinem Ethos, in seiner Weltanschauung oder in seinem Glauben, aber er darf sich nicht isolieren durch Verharren in seinem Gedankengebäude, sondern muß kraft seines Geistes seine Grundhaltung stets neu verlebendigen und prüfen." Wenn ich nicht irre, nennt man das jugendbewegt.

Verwickelte Dinge kann man nicht simpel ausdrücken; aber man kann sie einfach ausdrücken. Dazu muß man sie freilich zu Ende gedacht haben, und man muß schreiben, ohne dabei in den Spiegel zu sehn. Gewiß ließen sich Sätze aus einem philosophischen Werk herauslösen, die für den Ungebildeten kaum einen Sinn geben werden, und das ist kein

Einwand gegen diese Sätze. Wenn aber ein ganzes Volk mittelmäßiger Schreiber, von denen sich jeder durch einen geschwollenen Titel eine Bedeutung gibt, die seinem Sums niemals zukommt, etwas Ähnliches produziert wie ein Denkmal Platos aus Hefe, bei dreißig Grad Wärme im Schatten, dann darf denn doch wohl dieser lächerliche Essay-Stil eine Modedummheit genannt werden. Unsre besten Leute sind diesem Teufel verfallen, und der große Rest kann überhaupt nicht mehr anders schreiben und sprechen als: „Es wird für jeden von uns interessant sein, die Stellungnahme des Katholizismus zu den einzelnen Lebensproblemen und den aktuellen Zeitfragen kennenzulernen und zu sehen, welche Spannungseinheiten hier zwischen traditionsgebundener Wirtschaftsauffassung und der durch die Notwendigkeiten der Zeit geforderten Weiterentwicklung bestehen." So versauen sie durch ihr blechernes Geklapper eine so schöne und klare Sprache wie es die deutsche ist. Sie kann schön sein und klar. Die abgegriffenen Phrasen einer in allen Wissenschaftsfächern herumtaumelnden Halbbildung haben sie wolkig gemacht. Die deutsche Sprache, hat Börne einmal gesagt, zahlt in Kupfer oder in Gold. Er hat das Papier vergessen.

Der deutsche Essay-Stil zeigt eine konfektionierte humanistische und soziologische Bildung auf, die welk ist und matt wie ihre Träger. Und das schreibt in derselben Sprache, in der Hebel geschrieben hat! Man sollte jedesmal, wenn sich so ein wirres und mißtönendes Geschwätz erhebt, von Beumer bis zu Thiess, von Flake bis zu Keyserling, die falschen Würdenträger auslachen.

Versuche, einen Roman zu schreiben. Du vermagst es nicht? Dann versuch es mit einem Theaterstück. Du kannst es nicht? Dann mach eine Aufstellung der Börsebaissen in New York. Versuch, versuch alles. Und wenn es gar nichts geworden ist, dann sag, es sei ein Essay.

1931

Rezept des Feuilletonisten

Fürs erste: Protze. Du mußt protzen mit allem, was es gibt, und mit allem, was es nicht gibt: mit Landschaften, Frauen, Getränken, teuern Sachen aller Kaliber, noch einmal mit Frauen, mit Autos, Briefen, Reisen und der Kraft der andern, die du müde kennst. Es ist eine eigene Art der Lüge; Franz Blei hat sie, wie so vieles, einmal mit seiner leichtesten Grazie geschildert, in den drei. „Briefen an einen jungen Mann". Da steht: „Ich sagte Ihnen schon: nie lügen. Immer nur so tun. Ihre Rede muß immer sein, daß der Zuhörer das für sie Angenehmste mit Ihrer leicht nickenden Nachhilfe heraushören kann, aber auf seine Kosten und Gefahr. Sie müssen leichten Herzens in der schwierigsten Situation fragen können: Habe ich jemals gesagt, daß ...?"

Nein, der Feuilletonist hat niemals gesagt, daß ... Aber er hat den Anschein erwecken wollen, als habe er es gesagt. Immer liegt unter seinen Worten ein leichtes Geheimnis, so, nach der Melodie: Es ist zu privat, als daß ich es hier erzählen könnte – und der Leser denkt dann, wenn er dumm ist, prompt an Schlösser, englische Tänzerinnen, Lustjachten, buschumrauschte Gartenplätze, verschwiegene Bars edschmiedcetera pp. Man muß es nur geschickt machen. Etwa so:

„Man legt müde den weißen Bademantel" – (man! man ist wichtig!) – „den weißen Bademantel ab, winkt dem groom, er solle einmal zum barkeeper herübergehen, ob jenes gewisse Pumamädchen geschrieben habe. Der Himmel blickt kopenhagenblau durchs Milchfenster – eine leuchtende Erinnerung an Heluan. (Wo aber die Korbstüle weicher und die Frauen härter sind.) Draußen bellen die Hunde. Nicht so sanft wie die in Algerien – nicht so glockentief wie die in Calafat, wo man, träge an der Donau entlanglümmelnd, Serbiens Ufer grüßte. Die bani saßen locker damals... Man wird morgen auf einem Kongreß sprechen, übermorgen den Bericht absenden, in drei Tagen den goldenen Schoß der großen Tänzerin segnend grüßen..."

Preußen phantasiert. Denn wenn du näher hinsiehst, ist er injeladen, nicht uffjefordert, das Ganze spielt zwischen Koblenz und Köln, es soll der

Sänger mit dem Kommerzienrate gehen – und jede kleine Reisebeschreibung des graziösen Herrn Sling ist ehrlicher, anständiger und reizvoller als der Talmikram dieser modernen Reisejungens.

1922

Ratschläge

Für einen schlechten Redner

Fang nie mit dem Anfang an, sondern immer drei Meilen *vor* dem Anfang! Etwa so:

„Meine Damen und meine Herren! Bevor ich zum Thema des heutigen Abends komme, lassen Sie mich Ihnen kurz …"

Hier hast du schon so ziemlich alles, was einen schönen Anfang ausmacht: eine steife Anrede; der Anfang vor dem Anfang; die Ankündigung, daß und was du zu sprechen beabsichtigst, und das Wörtchen kurz. So gewinnst du im Nu die Herzen und die Ohren der Zuhörer.

Denn das hat der Zuhörer gern: daß er deine Rede wie ein schweres Schulpensum aufbekommt; daß du mit dem drohst, was du sagen wirst, sagst und schon gesagt hast. Immer schön umständlich!

Sprich nicht frei – das macht einen so unruhigen Eindruck.

Am besten ist es: du liest deine Rede ab. Das ist sicher, zuverlässig, auch freut es jedermann, wenn der lesende Redner nach jedem viertel Satz mißtrauisch hochblickt, ob auch noch alle da sind.

Wenn du gar nicht hören kannst, was man dir so freundlich rät, und du willst durchaus und durchum frei sprechen … du Laie! Du lächerlicher Cicero! Nimm dir doch ein Beispiel an unsern professionellen Rednern, an den Reichstagsabgeordneten – hast du die schon mal frei sprechen hören? Die schreiben sich sicherlich zu Hause auf, wann sie „Hört! hört!" rufen … ja, also wenn du denn frei sprechen mußt:

Sprich, wie du schreibst. Und ich weiß, wie du schreibst.

Sprich mit langen, langen Sätzen – solchen, bei denen du, der du dich zu Hause, wo du ja die Ruhe, deren du so sehr benötigst, deiner Kinder ungeachtet, hast, vorbereitest, genau weißt, wie das Ende ist, die Nebensätze schön ineinandergeschachtelt, so daß der Hörer, ungeduldig auf seinem Sitz hin und her träumend, sich in einem Kolleg wähnend, in dem er früher so gern geschlummert hat, auf das *Ende* solcher Periode wartet ... nun, ich habe dir eben ein Beispiel gegeben. So mußt du sprechen.

Fang immer bei den alten Römern an und gib stets, wovon du auch sprichst, die geschichtlichen Hintergründe der Sache. Das ist nicht nur deutsch – das tun alle Brillenmenschen. Ich habe einmal in der Sorbonne einen chinesischen Studenten sprechen hören, der sprach glatt und gut französisch, aber er begann zu allgemeiner Freude so: „Lassen Sie mich Ihnen in aller Kürze die Entwicklungsgeschichte meiner chinesischen Heimat seit dem Jahre 2000 vor Christi Geburt...“ Er blickte ganz erstaunt auf, weil die Leute so lachten.

So mußt du das auch machen. Du hast ganz recht: man versteht es ja sonst nicht, wer kann denn das alles verstehen, ohne die geschichtlichen Hintergründe ... sehr richtig! Die Leute sind doch nicht in deinen Vortrag gekommen, um lebendiges Leben zu hören, sondern das, was sie auch in den Büchern nachschlagen können ... sehr richtig! Immer gib ihm Historie, immer gib ihm.

Kümmere dich nicht darum, ob die Wellen, die von dir ins Publikum laufen, auch zurückkommen – das sind Kinkerlitzchen. Sprich unbekümmert um die Wirkung, um die Leute, um die Luft im Saale; immer sprich, mein Guter. Gott wird es dir lohnen.

Du mußt alles in die Nebensätze legen. Sag nie: „Die Steuern sind zu hoch.“ Das ist zu einfach. Sag: „Ich möchte zu dem, was ich soeben gesagt habe, noch kurz bemerken, daß mir die Steuern bei weitem...“ So heißt das.

Trink den Leuten ab und zu ein Glas Wasser vor – man sieht das gerne.

Wenn du einen Witz machst, lach vorher, damit man weiß, wo die Pointe ist.

Eine Rede ist, wie könnte es anders sein, ein Monolog. Weil doch nur einer spricht. Du brauchst auch nach vierzehn Jahren öffentlicher Rednerei noch nicht zu wissen, daß eine Rede nicht nur ein Dialog, sondern ein Orchesterstück ist: eine stumme Masse spricht nämlich ununterbrochen mit. Und das mußt du hören. Nein, das brauchst du nicht zu hören. Sprich nur, lies nur, donnere nur, geschichtele nur.

Zu dem, was ich soeben über die Technik der Rede gesagt habe, möchte ich noch kurz bemerken, daß viel Statistik eine Rede immer sehr hebt. Das beruhigt ungemein, und da jeder imstande ist, zehn verschiedene Zahlen mühelos zu behalten, so macht das viel Spaß.

Kündige den Schluß deiner Rede lange vorher an, damit die Hörer vor Freude nicht einen Schlaganfall bekommen. (Paul Lindau hat einmal einen dieser gefürchteten Hochzeitstoaste so angefangen: „Ich komme zum Schluß.“) Kündige den Schluß an, und dann beginne deine Rede von vorn und rede noch eine halbe Stunde. Dies kann man mehrere Male wiederholen.

Du mußt dir nicht nur eine Disposition machen, du mußt sie den Leuten auch vortragen – das würzt die Rede.

Sprich nie unter anderthalb Stunden, sonst lohnt es gar nicht erst anzufangen.

Wenn einer spricht, müssen die andern zuhören – das ist deine Gelegenheit. Mißbrauche sie.

Ratschläge für einen guten Redner

Hauptsätze. Hauptsätze. Hauptsätze.

Klare Disposition im Kopf – möglichst wenig auf dem Papier.

Tatsachen, oder Appell an das Gefühl. Schleuder oder Harfe. Ein Redner sei kein Lexikon. Das haben die Leute zu Hause.

Der Ton einer einzelnen Sprechstimme ermüdet; sprich nie länger als vierzig Minuten. Suche keine Effekte zu erzielen, die nicht in deinem Wesen liegen. Ein Podium ist eine unbarmherzige Sache – da steht der Mensch nackter als im Sonnenbad.

Merk Otto Brahms Spruch: Wat jestrichen is, kann nich durchfalln.

1930

Taschen-Notizkalender

Meine Freundin Grete Walfisch hat mir aus dem völkerversöhnenden Locarno einen Notizkalender geschickt, den man in die Tasche stecken kann. Ich habe darin geblättert und sogleich des alten, schönen Berliner Liedes gedacht:

Ich gucke einmal,
ich gucke zweimal –
Ich denk: Nanu?
da hat doch einer dran gedreht...?

Das Ding ist in deutscher Sprache verfaßt, unzweifelhaft – aber irgend etwas in der Druckerei muß feucht geworden sein: der Verfasser, das Papier oder der Setzer... es ist eine Art Privatdeutsch. So:

Über „Angaben und Rezepten über einfache Tierarzneikunde", wobei zu merken: „Zur Vernichtung der Läuse" und „Zur Entfernung der Fliegen" treten wir in den Jahreskalender, der durch allgemein belehrende Angaben und fromme Sprüche geziert ist. Da hätten wir im Januar die „Sieben Wunder der Welt", unter denen an erster Stelle die „Längenden Görten von Semiramis" hängen, an fünfter aber der „Koloß von Rhodus, der in dem Hafen als Leuchtturm diente". Der Koloß schillert in allen Artikeln. „Er war zirka 40 Meter hoch. Durch ihre Beine fuhren die größten Schiffe mit vollen Segeln." Durch dem Koloß seine.

Die eingestreuten Sentenzen sind unbestreitbar richtig, wenn auch nicht immer zur Gänze verständlich. „Wer bitter im Munde hat, kann nicht süßpricken“ – wie wahr! und weil schön dunkel, so doppelt beachtenswert... Auch:

„Die Rosen fallen ab, die Dörner bleiben“ enthält eine schwermütige Lebensweisheit, die uns überall weiterhilft, nur nicht in der Küche. In der Küche helfen Kochrezepte. Zum Beispiel dieses: „Würste mit Eiern.“

„Nehmet die Würste eine nach der andern, schneidet sie in der länge und setzt sie zum Kochen in eine ungeschmierte Brandpfanne; sind dieselben zu mager, so kann man sie mit einem bißchen Butter kochen. Sobald die Würsten gekocht sind, wirft darauf die geschüttelten Eier und nachdem diese gerinnt sein werden, schickt die Speise ganz warm auf den Eßtisch.“ Das war ein merkwürdiger Vorgang.

Der ist aber gar nichts gegen das am Bratspieß geröstete Lamm.

„Der am Bratspieß geröstete Lamm. Nimmt ein ¼ Lamm“ (man beachte die Subtilität der Gewichtsangabe!); „laßt ihm einige Stunden lang mit öhl, Pfeffer, Salz oder einem Tropfen Essig ausruhen. Durchbohrt ihm da und dort mit einer Messerspitze. Zieht ihm auf den Brandspieß mit einem Ästchen Rosmarin, und schmiert ihm öfters mit der obgenannten Flüssigkeit, bis er gekocht ist. Bevor ihn zu servieren nimmt das Ästchen Rosmarin weg.“ Ob es Hammelbraten wird, was da herauskommt, ist eine andre Frage; aber es ist sicherlich die tierfreundlichste Art, ein Lamm zu braten. Nie noch hat ein Koch daran gedacht, ein Lamm bei solcher Prozedur ausruhen zu lassen.

So blättere ich und lerne die „Embleme der Farbe“, zum Beispiel: „Dunkelpomeranzenfarbig: Genugtuung, Ruhmlieben“; kluge Sätze allgemeingültiger Lebenserfahrung: „Der Mensch spinnt an, der Zufall webt“, und am allerschönsten ist es, wenn ich überhaupt nicht mehr weiß, was gemeint ist. Dann leuchtet die deutsche Sprache wie der Mond hinter den Wolken hervor, und ich denke darüber nach, ob wir Vollmond haben oder Mittelmond oder Jungmond; es ist ein Deutsch wie frisch aus dem Lexikon, die einzelnen Wörter gibt es, aber es ist keine Sprache. Nun, laßt uns hier nicht von der modernen und mondainen Literatur sprechen, sondern im bescheidenen Kalender aus Locarno blättern – denk du an deine Liebe, ich denk an meine, und beherzigen wir den Spruch auf Seite 22, links unten:

„Liebe ist nicht ohne bitter." Wem sagt der Kalender das!

1928

Das Sprachwunder

Der seltsamste Mensch, dem ich in meinem Leben begegnet bin, ist ein Bankangestellter aus der Provinz Brandenburg gewesen, ein geborener Berliner. Dieser Mann war ein Dichter, ohne ein Wort schreiben zu können.

Schon die Fähigkeit, eine Figur auf die Beine zu stellen und sie ihre Sprache sprechen zu lassen, ist nicht sehr verbreitet. Dieser rätselhafte Bursche aber entwickelte seine Figuren aus der Sprache, und zwar aus der berlinischen. Die Bank hatte kleine Leute zu Kunden, vielleicht hatte von da sein Ohr die letzten Schwingungen des Tones aufgefangen, jene feinsten Nuancen, die nie ein Fremder trifft – aber er erzählte keine Berliner Witze, er erfand Leute, ließ sie ein paar Minuten leben und sprach dann von etwas anderem, als seien sie nie gewesen.

Vor allem konnte er sich in den gehobenen, organisierten, etwas kleinbürgerlichen Berliner Arbeiter verwandeln. So stand er etwa an einem imaginären Telephon und war der Telegraphenarbeiter, der den Apparat kontrollierte. Das Gemisch von technischem und privatem Gerede war kostbar. „Jehm Se mah die Leitung B, Frollein!" Pause. „Ja, hier Schmorrke, Bautrupp III. Frollein, wie is die Vaständjung? Nein. Ja. Franz, bist du da?" (Jetzt sprach er mit einem Kollegen und riskierte eine kleine Privatunterhaltung, übrigens ohne den Ton zu wechseln, diesen etwas mürrischen, trockenen, dussligen Ton.) „Ick jehe von hier direkt in de Bamberjer Straße. Nein – is aledicht. Hast du mit Rabener jesprochen, wejn die Picke? Wir wahn jestern in seine Laube – die Bohnen komm janz jut. Ick weeß nich, meine wolln nich wern. Nein, hier Störungssucher. Leitung A, Frollein…“ auf diese Art.

Er hatte das Berliner Tempo weg, aber nicht jenes falsch-amerikanische, mit dem so viel Unfug getrieben wird, sondern dieses ruhige, fast behäbige in aller Hast, das Pathoslose, er war der Mann mit dem hängenden Hosenboden, der mit zwei Kameraden an der Ecke steht, einer erzählt eine endlose Geschichte, die nie aufhört, und kein Aas hört zu. Und er saß um einen runden Stammtisch herum, wieder erzählte einer, und mitten drin, grade an der Stelle, auf die der Erzähler den größten Wert legte, zog jener sein Zigaretten-Etui heraus und sprach: „Paul hat welche ohne Banderole…“, was gleichermaßen die ganze Umwelt ignorierte und eine gewisse neidische Bewunderung für Paulen ausdrückte.

Einmal, im Winter, stand er nachdenklich vor dem Haus, in dem ich damals wohnte, es war spät abends, und er sah an der Fassade empor und sagte langsam, ohne jeden Zusammenhang und völlig aus einem unterirdischen Gedankengang heraus: „Machen laßt er nischt, der olle Jude. Aber Miete nehm, det kann er.“ (Wobei zu bemerken wäre, daß der Wirt ein wilder Völkischer war.) Und dann fiel sein unzufriedenes Auge auf die großen Schneehaufen, die dort aufgehäuft waren. „Ick frahre nur: wo bleiben da die Arbeitslosen, frahre ick!“ Und dann ging er zu etwas anderm über.

Einmal machte ich die Probe und bat ihn, alles zu sagen, was ihm zu dem Thema „Berliner Chauffeur“ einfiele. Er sprach, und ich stenographierte; die Bogen liegen noch vor mir. “Wenn se schon so uff die Uhr gucken, denn weiß ick, det sie sinn ausjemist! – Die sagen, ick hätte mir mit jestohlnen Benzin bereichert – det war aber meine Schwester ihre Beßiehung!“ (Hierbei wie im folgenden ist besonders das schöne Schriftdeutsch zu beachten, das man im Berlinischen sehr häufig antrifft.) – „Nee, eene Person – det jeht heite nich. Da hab ick ja mehr Polster als Fahrjeste! Mein Motor ist doch keen Badeofen!“ – „Wenn ick stehe, und wart, denn will mir keener ham. Aber kaum det ick mal 'ne Bockwurst essen due, denn kommse an!“ – Und nun, mit dem ganzen Berufsstolz des alten Fahrers: „Der Mann hat auf Doktor studiert, die Eltern ham sich was zusammenjescharrt, und nu denkt der Mann, er kann mir belehren. Auf keine Art kann er das. Niemals! sage ich zu den Herrn. Ick unterstelle mir, das frühestens zu konschtatiern. Die Herrnfahrer, wo nie jearbeitet ham – mitn Anlasser fahrn se, die feinen Herrn; watn richtcher Schofföhr is, der braucht seine Bremse nich – der richt sich ein! Man muß ehmt mit Jefühl schalten! Sone Maschine, det isn Orjanismus. Aber der – Hat mal rumjespielt an de Klingelleitung... nu meint der, er kann faahn ... !" Und dann kam eine ganz wilde Geschichte aus dem intimsten Familienleben. „Wenn ick ahms nach Hause komme, denn stellt mir meine Braut imma die Milch ant Fensta – da ist son kleenet Jitta. Der Wirt hat jesacht, sie hätte 'n Vahältnis mit Athua." Entrüstetes Schnaufen. „Det is ja nischt wie Neid von den Mann!" Und das alles ganz langsam und ruhig, ohne die leiseste Überlegung, mühelos.

Das Allermerkwürdigste aber war, daß der Mensch noch etwas anderes sprechen konnte, bis zur Täuschung genau; wenn man die Augen schloß, sah man sie vor sich: die dicke, bewegliche, geschwätzige Frau aus dem Mittelstand des Berliner Westens. Dann nahm seine Stimme eine etwas kreischende Färbung an, er plapperte wie ein Papagei, der Redestrom floß über alle Ufer, hemmungslos, wie die Sintflut.

„Meine hat gestern wieder zwei Teller zerschlagen, von den guten. Nimmst du Eier in die Bouillon? Ich lasse sie nie allein mit den Eiern wirtschaften. Neulich..." Aber nun kam wirklich ein Dienstmädchen ins Zimmer, durchaus real und gleichgültig. Der Satz war wie mit der Schere abgeschnitten. In einem lächerlich gezierten und unnatürlichen Ton: „Die Butter wird ja jetzt auch immer teurer. Wir zahlen... Was zahlst du ... ?" Und, kaum war das Mädchen heraus: „Stiehlt deine –?"

Ich besinne mich noch sehr genau, wie wir einmal einen Kranken besuchten, der lag am Blinddarm danieder und hatte eine große Eisblase auf dem Bauch, er mußte ganz still liegen. Das erste Wort beim Entree lautete so: „Guten Tag! Hast du dir nicht den Blinddarm rausnehmen lassen? Jenny hat gesagt, sie läßt bei ihren Kindern sofort den Blinddarm rausnehmen! Bei Israel... !"

Der Kranke fiel fast aus dem Bett, die Eisblase verrutschte, und wir mußten jenen hinaustun. Noch im Korridor hörten wir ihn schwabbern: „Wenn du mal 'ne billige Quelle für Krepteschichn hast..."

Ich habe so etwas niemals wiedergesehn. Es gibt in der gesamten deutschen Literatur eine einzige Figur, die so berlinisch ist: das ist der Portier Quaquaro aus Hauptmanns „Ratten", diesem berlinischsten Stück, das in einem völlig verfehlten Dialekt geschrieben ist, in einem Jargon, den es überhaupt nicht gibt, und in dem doch das ganze Herz dieser Stadt schlägt. Der hat das auch: die filzenen Schuhe, den Bauch, die Mischung von Roheit, Sentimentalität und Kleinbürgertum, die Ruhe weg... „Immer anzeijn, Herr Doktor, immer anzeijn ..." Man riecht den Burschen.

Der Bankbeamte ist nicht imstande, einen guten Brief zu verfassen. Er „labert" das so vor sich hin, wie die Schlesier sagen, denkt sich vielleicht sein Teil dabei...

Und ich höre immer noch die rauhe, etwas kehlige Stimme, mit der er einmal in der Siegesallee sagte: „Ick bin jewiß in meine Jewerkschaft als radikaler Mann bekannt. Aber wenn ick det hier allens so ansehe, da muß ick doch sahrn: Ordnung muß sein, Herr Doktor! Ordnung muß sein –!"

1925

Französischer Witz

I

Der Sommer hat auf die französischen Bahnhofskioske einen Hagel von Anekdotenbüchern herunterprasseln lassen: Neuauflagen, Neuerscheinungen... Als da sind: „T. S. V. P." von Bienstock und Curnonsky (Crès, 21 rue Hautefeuille, Paris). Von denselben Autoren im selben Verlag „Le Wagon des Fumeurs". – „Joyeuses Anecdotes" von Max Frantel (Editions Montaigne, Impasse de Conti 2, Paris VI). „Histoires Marseillaises" gesammelt von Edouard Ramond (Les Editions de France, 20 Avenue Rapp, Paris). Im selben Verlag „Histoires Gasconnes" gesammelt von Edouard Dulac. – „Histoires de Vacances“ gesammelt von Leon Treich (Librairie Gallimard, 3 rue de Grenelle, Paris VI) – uff!

Der Titel des ersten Buches „T. S. V. P.“ ist gleichlautend mit der Inschrift an manchen Türknöpfen, an denen keine Klinken befestigt sind, und sie heißt ausgeschrieben: „Tournez, s'il vous plaît!“ Nun, da laßt uns einmal an diesem Knopf drehn.

Der französische Witz und die französischen Witze sind nicht immer gleichbedeutend. Er ist stärker als sie, denn der Witz im Bühnendialog, in der Salonunterhaltung, in dem „mot“, das selbst der kleine Mann häufig blitzschnell und mit der äußersten Schlagfertigkeit in den Straßenlärm wirft, dieser Witz wird nicht immer in Witzen aufgefangen.

Daher denn auch die französischen Witzblätter nicht grade zwerchfellerschütternd sind: das Niveau der eingegangenen „Assiette au Beurre“ ist bisher nie wieder erreicht worden, und man muß sich schon aus einem ganzen Wust von Scherzen die guten herauspicken. Das bezieht sich auf „Le Rire“, auf „Canard Enchaîne“, auf „Le Merle Blanc“, unterschiedlich an Wert, ungleich.

Die vorhin zitierten Sammlungen sind bedeutend besser, besonders „T. S. V. P.“ und „Le Wagon des Fumeurs“. Wie sehn nun die französischen Witze von heute aus?

Zunächst muß man oft genug den Hut abnehmen, weil da so viel alte Bekannte vorüberziehn. Für den noch stattlichen Rest ergibt sich für den fremden Leser das Hemmnis, daß er die sachlichen Voraussetzungen des Witzes nicht in Fleisch und Blut hat.

Ein Witz, den man erst erklären muß, ist keiner mehr, und es genügt auch nicht, jene Voraussetzungen zu wissen – man muß sie fühlen.

Das Spezifische des französischen Witzes sind seine Leichtigkeit, seine Delikatesse, seine Eleganz. Da schreibt etwa der zurückgetretene Minister an den Staatssekretär des Post- und Telegraphenwesens eine Stunde nach seinem Sturz: „Sehr verehrter Herr Kollege! Ich weiß nicht, ob Sie sich meiner noch erinnern ...“ Die Handbewegung, mit der eine Formulierung herausgebracht wird, ist ganz locker. Es wird von den Schrecknissen des Krieges gesprochen. Darauf sagt ein Diplomat vom Quai d'Orsay: „Der Krieg? Ich kann das nicht so schrecklich finden! Der Tod eines Menschen: das ist eine Katastrophe. Hunderttausend Tote: das ist eine Statistik!“ Die Sprache der Diplomaten ist eben die französische, und die Definition des Berufes heißt so: „Ein Diplomat, mein liebes Kind, ist ein Mann, der das Geburtsdatum einer Frau kennt und ihr Alter vergessen hat!“ Und so klingt in dieser Sprache vieles leiser und zarter als anderswo. Eine alte Dame empfängt den Besuch eines ihrer Freunde, der die vier Treppen zu ihrer Wohnung mit Mühe und Not heraufklettert. Noch pustend sagt er bei der Begrüßung: „Vier Treppen sind keine Kleinigkeit, gnädige Frau!“ – „Lieber Freund“, sagt die Dame, „das ist das einzige Mittel, das ich noch habe, um bei den Männern Herzklopfen hervorzurufen!“

Diese Sprache hat die feinsten Zahnräder, mit denen sie alles ergreift, was ihr zu nahe kommt. Albumeintragung von Jean Cocteau:

„Italiener und Deutsche lieben es, wenn Musik gemacht wird. Die Franzosen haben nichts dagegen.“

Und selbst der leichte Tadel bekommt eine liebenswürdige Melodie, wenn er so ausgesprochen wird, wie es jener Curé tat, der am Weihbecken seiner Kirche eine bis zur Grenze der Unmöglichkeit dekolletierte Dame antraf. „Wenn Sie nur zwei Finger hineintauchen wollen, gnädige Frau“, sagte er, „hätten Sie sich nicht auszuziehen brauchen!“

Selbst, wenn der Witz etwas delikat wird, bleibt er doch in dieser Form erträglich. Der Schaffner zum Reisenden, der aufgeregt auf der kleinen Station herumläuft: „Suchen Sie das Restaurant?“ – „Nein, im Gegenteil“, sagt der Reisende.

Wie konzis diese Sprache manchmal eine verworrene Situation erhellt, zeige dieses Beispiel: Gespräch durch die Tür. Die Männerstimme: „Ist Herr Paul da?“ Die Frauenstimme von drinnen: „Nein, er ist nicht da. Sie können nicht hereinkommen, ich liege im Bett.“ Die Männerstimme: „Das schadet doch nichts; machen Sie doch ein bißchen auf.“ Die Frauenstimme: „Aber das geht nicht – es ist schon jemand bei mir!“

Es gibt unter diesen französischen Witzen natürlich viele, die überhaupt nicht zu übersetzen sind. So zum Beispiel der Ausspruch jener betagten Frau, der man Vorwürfe wegen der allzugroßen Einfachheit ihrer Toilette gemacht hat. „A mon âge on ne s'habille plus, on se couvre.“ Oder jener bezaubernd schöne Ausspruch eines Marseiller Malers: „Quand on a mangé de l'ail (Knoblauch), il ne faut parier qu'à la troisième personne.“

Ich sprach vorhin von den vielen alten Bekannten, die man in diesen Anekdotensammlungen antrifft: „Der rechte Barbier“ von Chamisso, der ja auch bei Hebel dem cholerischen Kunden um ein Barthaar den Hals abgeschnitten hätte, ist da, und es gibt nicht nur Volkswitze, die durch alle Literaturen wandern, sondern sogar eine scheinbar sprachlich so begrenzte Geschichte, wie die von der telephonierenden Dame, die das Wort Fackel buchstabiert: „F wie Fioline, A wie Ankpir, C wie zum Beispiel...“ selbst zu dieser Geschichte finden wir die französische Analogie. Es handelt sich um das Hôtel de l'Ourcq. „Was für ein Hôtel?“ – „L' Ourcq! L' Ourcq!

O comme Auguste
U comme Ugène (Eugen)
R comme Ernest
C comme Serge
et Q comme toi.“

Nun ist ja der französische Witz für die ganze Welt stofflich abgestempelt, und hier muß ich zu meinem großen Bedauern etwas bremsen, denn in dem Augenblick, wo man diese gewagten Scherze übersetzt, vergröbern sie sich meist unerträglich.

Eine kleine Geschichte aber habe ich gefunden, die ist auch auf Deutsch möglich. Frida, geh mal so lange raus!

Große Hochzeit in der Madeleine zu Paris. Vor der Kirchentür die übliche Schar der Gaffer: Midinettes, kleine Angestellte, Straßenjungen, Neugierige aller Art. Der Hochzeitszug!

Er: sehr feierlich, sehr ernst, in bestem, allerbestem, aber schon aller-allerbestem Alter, offenbar sehr reich.

Sie... allgemeines Ah! Eine entzückende kleine Brünette, sehr pikant, mit vollen Lippen, temperamentvoll, ein reizendes Kind. Der Zug hält einen Augenblick. Die Herrschaften werden photographiert. Als sich das Brautpaar wieder in Bewegung setzt, löst sich das Brautbukett und fällt auf den Teppich. Eine kleine Midinette, die das bemerkt hat, stürzt gefällig hinzu, hebt die Blumen auf und übergibt sie der jungen Braut. Dabei kann sie sich nicht verkneifen, ganz schnell und ganz leise zu flüstern: „So viel Klimbim habe ich bei meiner Premiere nicht gemacht ..." Die beiden sehen sich einen Augenblick an und sind einen Augenblick Kameradinnen. Dann flüstert die Braut zurück: „Ich auch nicht!"

Frida, du kannst wieder reinkommen. Nächstes Mal erzählt der Onkel weiter.

II

Die französischen Witze haben viel mehr feststehende Figuren als die unseren. Da ist in erster Linie der „cocu".

Das Wort ist nicht zu übersetzen. „Hahnrei" ist ein Wort, für das selbst der alles wissende Doktor Wasserzieher in seinem „Ableitenden Wörterbuch der deutschen Sprache" keine Erklärung gibt und das ein gesunder Mensch wohl nur ausspricht, wenn man ihn fragt, was „cocu" auf deutsch heißt. Und „betrogener Ehemann" ist eine kriechende Schildkröte für einen Schwalbenflug. (Daß das Wort, der Begriff und die Witzfigur die außerordentlich bürgerlich veranlagte Französin gänzlich verzerrt wiedergeben, sei nur nebenbei erwähnt.)

Da ist ferner der Geistliche, ein unerschöpfliches Thema französischer Witze, und wie jeder weiß, der einmal in katholischen Ländern gelebt hat, ist der Witz, der auf Kosten des Geistlichen gemacht wird, nur ganz selten eine Verhöhnung der Kirche: der Witz bemächtigt sich eben einfach aller zum täglichen Leben gehörenden Personen. Zunächst ist es sehr häufig der Mann der Kirche, der in dem Witz obsiegt, so zum Beispiel in dem gesalzenen Wort des Monseigneur Duchesne über den Tango: „Dieser Tanz ist wirklich sehr reizend anzusehen, mais je me demande, pourquoi elle se danse debout" Manchmal geht es auch umgekehrt. Der Bischof hat Besuch vom Abt und bittet ihn zum Frühstück. „Nein, danke sehr." – „Aber ich bitte Sie..." – „Monseigneur", sagt der Abt, „erstens habe ich schon zweimal gefrühstückt, und zweitens ist heute Fasttag." Dann gibt es auch im Französischen jene Scherze, in denen die verschiedenen Konfessionen sich necken. So in der Morgenunterhaltung eines Rabbiners und eines Curés im Schlafwagen. „Ich habe heute nacht", sagt der Curé, „geträumt, ich sei im jüdischen Paradies. Ein Gestank! Und ein Schmutz! Und Lumpen in allen Ecken! Und ein Haufen Leute – entsetzlich!" – „Wie sich das trifft", sagt der Rabbiner. „Ich habe heute nacht geträumt, ich sei im christlichen Paradies. Wunderschöne Düfte umflossen mich, überall Blumen, herrliche Bäume – und kein Mensch."

Auch hat der französische Witz selbstverständlich seine Berufswitze. Unvermeidlich die Ärzte. Der Doktor Z. begegnet auf dem Pont des Arts einem seiner Patienten. Kurzes Gespräch. „Nun, wie gehts...?" – „Aber, lieber Freund", sagt der Doktor, „Sie werden einen mächtigen Schnupfen bekommen; knöpfen Sie sich doch Ihren Mantel zu!" – „Da haben Sie eigentlich recht", sagte der andre. „Na und sonst... Kennen Sie schon die Geschichte von dem ..." Sie plaudern noch eine Weile, der Doktor und sein Patient, dann gehn sie auseinander. Nach drei Tagen schickt der Doktor folgende Liquidation:

Eine Konsultation 20 Francs

Der Brückenpatient schickt auch eine:

Herrn Doktor Z. einen Witz erzählt 20 Francs

Gewartet, bis er ihn verstanden hat 20 Francs

Summe	40 Francs
Davon gehen ab für die Konsultation	20 Francs
Meine Restforderung an Herrn Doktor Z.	20 Francs

Einen ganz großen Raum in Frankreich nimmt der regionale Witz ein, und da ist es vor allem der Süden, Marseille und die Gascogne, die den Haupttribut bezahlen. Wer Gelegenheit gehabt hat, den für deutsche Ohren schauerlichen „accent du midi“, den „assent“, einmal zu hören, der wird verstehn, daß aus dem französischen Sächseln eine Fülle von Komik herauszuholen ist. Kommt dazu, daß die Leute aus dem Süden für kolossale Aufschneider gelten und wohl auch tatsächlich im Überschwang ihres Temperaments ganz heitere Dinge von sich geben – die Kette dieser Geschichten reißt jedenfalls nie ab. Der Lokalton geht natürlich für uns verloren. „Vorigen Winter“, erzählt der Mann aus Marseille, der immer Marius oder Olive heißt, „hat es bei uns geschneit, und da ist mehr als ein Meter Schnee gefallen.“ – „Ein Meter breit?“ fragt jemand.

„Est-ce que tu vois la mouche au sommet de la Tour d'Eiffel?“ fragt ein Gascogner einen Marseiller. „Non! Mais je l'entends!“ erwidert der. Es ist viel Bauernschlauheit in diesen Geschichten.

Eine Pflanze, die gar nicht im Französischen gedeihen will, ist der jüdische Witz. Es gibt sie alle, es gibt eine „Collection d'Histoires Juives“ im Verlag der Nouvelle Revue Française, sie fehlen in kaum einer Sammlung. Aber sie sind nicht nach Vorschrift zubereitet; so etwas wie das Jiddish im Englischen gibt es im Französischen nicht, und der elsässische Akzent, der übrigens in der jungen Generation vielfach schwindet, ist ein kümmerlicher Ersatz.

Aber die Franzosen brauchen keine Anleihen bei Fremden zu machen, sie haben eigne gute Witze genug. Ganz besonders drollig sind die

Kindermünder. „Großpapa, kommen die Löwen in den Himmel?“ – „Nein, mein Kind.“ – „Großpapa, kommen die Curés in den Himmel?“ – „Ja, natürlich, mein Kind.“ – „Großpapa, wenn nun aber der Löwe einen Curé frißt…?“

Die folgende Geschichte hinwiederum muß man ins Berlinische übertragen, um ihre ganze Würze abzuschmecken. Da ist ein junger Rechtsanwalt, der seit vierzehn Tagen in seinem neuen Büro sitzt und auf seinen ersten Klienten wartet. Endlich, endlich klingelt es, das Mädchen öffnet. Der Rechtsanwalt hört eine Männerstimme und sagt zu dem Mädchen, ohne sie anzuhören: „Lassen Sie den Herrn warten!“ Denn das ist er sich aus Prestigegründen schuldig. Nach zehn Minuten klingelt er, ergreift das Telephon, läßt den Besucher eintreten und sich in einer dringenden und hochwichtigen Unterhaltung überraschen. Er gestikuliert in den Hörer: „Selbstverständlich, Herr Oberregierungsrat! Das kann ich nicht versprechen, Herr Oberregierungsrat! Ich bin derartig beschäftigt… Unter neunhunderttausend Mark kann ich für meinen Klienten nicht abschließen! Gewiß. Also dann auf Wiedersehen, Herr Oberregierungsrat!“ – „Was wünschen Sie?“ sagt er dann zu dem Mann. Darauf der Besucher: „Ick komme wejen det Telephong. Det is kaputt“

Ganz französisch ist auch diese kleine Geschichte, in der die kleine sechsjährige Tochter einer Femme entretenue das Wort „demi-mondaine“ aufschnappt und nun ihre Mama fragt: „Mama, wenn ich groß werde, darf ich dann auch demi-mondaine werden?“ – „Ja“, sagt die Mama, „wenn du artig bist!“

Zahllos sind die Witze über den „Nepp“ der Restaurants, allwelches Wort auf französisch „coup de fusil“ heißt. In einem sehr eleganten Lokal in Vichy moniert ein Gast die Rechnung. „Sie haben mir da für Keks fünf Francs aufgeschrieben, ich habe aber gar keine gehabt!“ – „Verzeihung!“ sagt der Ober, „darf ich um die Rechnung bitten? Ich werde das gleich in Ordnung bringen.“ Auf der verbesserten Rechnung steht: Keks vier Francs.

Etwas fehlt dem französischen Witz fast völlig. Das ist die exzentrische Überkugelung, wie wir sie in amerikanischen und irischen Witzen antreffen. Findet man in den Anekdotensammlungen dergleichen, so kann man darauf schwören, daß die Geschichte aus dem Englischen übersetzt ist.

So diese von dem weltberühmten Zwerg Tom Puce, der eines Tages in London zufällig im selben Hotel abgestiegen war wie der berühmte französische Sänger Lablache, ein Hüne von etwa zwei Meter Höhe. Da war nun eine neugierige londoner Dame, die wollte die kleine Weltattraktion einmal besichtigen, ließ sich im Hotel die Zimmernummer geben, irrte sich in der Tür und stand nun fassungslos vor diesem Gaurisankar. „Ich... ich wollte den Zwerg Tom Puce sehen!" – „Der bin ich, gnädige Frau!" – „Sie? Sie sind der Zwerg Tom Puce?" – „Nur im Theater, gnädige Frau; zu Hause mach ich es mir bequem!"

Ein Kind beider Welten, der französischen und der englischen, scheint dieses Zwiegespräch zu sein: Der Kontrolleur: „Sie haben ein Billet dritter Klasse, werte Dame, und hier ist erster Klasse!" – „Entschuldigen Sie", sagt die Dame, „ich dachte, ich wäre in der zweiten."

So. Nun sind da noch viele schöne Geschichten, die ich nicht erzählt habe, wegen Unpassendlichkeit derselben. Aber es dürfte nun genug sein. Und wenn ich durch diese Zeilen nur das Repertoire einiger Conferenciers bereichert habe, so fühle ich mich für meine gesamte Arbeit reichlich belohnt.

1925

Der Türke

Ich habe in Paris einen Türken kennengelernt, der war französischer Untertan, sprach englisch und konnte Deutsch. (Mitunter ist es gar nicht so einfach im menschlichen Leben.) Im Kriege hatte dieser Polyglott-Kunze bei der türkischen Armee Dolmetscherdienste getan, und da hat er wohl vieles gelernt, vieles aufgeschnappt... Er übersetzte sehr gewandt; als wir mit einem Engländer nicht recht zu Rande kamen, vermittelte er wortgetreu, ohne Verdrehungen und Abkürzungen – sehr gut. Dann sprach er mit mir, Deutsch.

Er sprach und sprach, und je länger er sprach, destoweniger paßte ich auf das auf, was er sagte – und zum Schluß fielen mir fast die Augen aus dem Kopf. Wo hatte ich diesen Jargon schon einmal gehört? Was war denn das, was dieser Mensch sprach?

Ich fragte ihn nach einem gemeinschaftlichen Bekannten. „Donnerwetter!" sagte der Türke, „das war vielleicht ein Kerl!" Ich sah ihn an, in seinen Augen war kein Arg; er war fest überzeugt, reines Deutsch gesprochen zu haben. Ja – ich nickte beifällig. Und dann sprachen wir von der Verpflegung in der Kriegstürkei. „Da haben wir eine Nummer jesoffen!" sagte der Türke, „einfach verheerend – !"

Ah – ! Jetzt wußte ich, wo der sein Deutsch gelernt hatte. Und durch sein Deutsch erschienen wie durch einen Schleier die Lehrmeister dieser erfreulichen Grammatik: mit hohem Kragen, mit Monokel, mit leicht geröteten Gesichtern, mit den nötigen „Harems"-Adressen in der Brusttasche, beklunkert mit deutschen, österreichischen und türkischen Orden, mit dem ganzen Bahnhofsspinat. „Der Kümmeltürke soll ma reinkomm, übersetzen!" Er näselte wie sie. Er schleppte die Worte wie sie, ließ die Endsilben fallen, hatte genau den Timbre fauler Verachtung, der es nicht verlohnt, das Maul aufzumachen. Er hatte es alles abgeguckt.

„Kenne die Brüder da unten janz jenau!" sagte der Türke. Und im Geiste segnete ich die deutsche Kultur, die so schöne Früchte trägt und an der die Welt im allgemeinen und dieser Türke im besonderen so herrlich genesen war.

1924

„YOUSANA-WO-BI-RÄBIDÄBI-DÉ?“

Fremde Sprachen sind schön, wenn man sie nicht versteht

Ich habe einmal den großen J.V. Jensen gefragt, wie er es denn gemacht habe, um Asien uns so nahe zu bringen wie zum Beispiel in den „Exotischen Novellen“ – und ob er lange Chinesisch gelernt habe ... „Ich reise so gern in China,“ sagte Jensen, „weil da die Leute mit ihrer Sprache nicht stören! Ich verstehe kein Wort.“ Hat recht, der Mann.

Fremde Sprachen sind schön, wenn man sie nicht versteht. Ein Wirbel wilder Silben fliegt uns um den Kopf, und Gott allein sowie der, der sie ausgesprochen hat, mögen im Augenblick wissen, was da los ist. Wie nervenberuhigend ist es, wenn man nicht weiß, was die Leute wollen! „Da möchte man weit kommen,“ hat der weiseste Mann dieses Jahrhunderts gesagt, „wenn man möcht zuhören, was der andere sagt -!“ Im fremden Land darf man zuhören, es kostet gar nichts – höflich geneigten Kopfes läßt man den Partner ausreden, wie selten ist das auf der Welt! Und wenn er sich ganz ausgegeben hat, dann sagst du, mit einer vagen Handbewegung: „Ich – leider – taubstumm und ... kein Wort von dem, was Sie da erzählen ...!“ Das ist immer hübsch, es ist ausgezeichnet für die Gesundheit.

Das fängt an der Grenze an, wo der Zollmensch viele Sachen sagt, von denen wahrscheinlich die gute Hälfte aus Unannehmlichkeiten besteht – aber sie dringen nicht bis an unser Gehirn – sie gehen, wie die Pariser Schauspielerin Maud Loti das einmal auf einer Probe zu ihrem Regisseur gesagt hat, zu einem Ohr hinein und zum – ja, ich glaube, zum andern Ohr wieder heraus ... Und wenn der Zollfritze nicht gerade Krach mit seiner Frau gehabt hat, besteht die Möglichkeit, daß er uns zufriedenläßt; das Idiotische ist ja doch stärker als alle Vernunft.

Nun ist das auf der ganzen Welt so, daß die Leute, wenn man sie nicht versteht, schön laut mit einem reden; sie glauben, durch ein Plus an vox humana die fehlenden Vokabelkenntnisse der andern Seite zu ersetzen ... Und wenn du klug bist, läßt du ihn schreien.

Schön ist das, in einem fremden Lande zu reisen, und auf fremdländisch grade „Bitte!“ – „Danke!“ und „Einschreibepaket!“ sagen zu können – gewöhnlich ist unser einziges Wort eines, das wir auf der ganzen Reise nicht verwenden. Das mit dem Lexikon und den Sprachführern habe ich längst aufgegeben. Sagt man nämlich solch einen Satz den fremden Männern, so ist es, wie wenn die mit einer Nadel angepikt seien – der fremde Sprachquell sprudelt nur so aus ihnen heraus, und das steht dann wieder im Sprachführer nicht drin ... Aber wie schön, wenn man nichts versteht –! Was mögen die Leute da alles sagen -! Was können sie denn schon alles sagen –?

Du hörst nicht, daß da zwei Männer sich eine sehr wichtige Sache wegen der Übernahme der Aktienmajorität des Streichholz-Trustes erzählen, und dann eine Wohnungsschiebung, und dann einen unanständigen Witz (alt! alt!) und dann Gutes über eine Frau, die sie beide nicht haben wollen, und dann Schlechtes über eine, die sie nicht bekommen konnten -: das brauchst du alles nicht mit anzuhören. Der kleine Kellner auf dem Bahnhof ruft etwas aus, was wahrscheinlich nicht einmal die Einheimischen verstehen, und daß er mäßiges Obst verkaufen will, siehst du alleine. Sanfte Träumerei umspinnt dich – was mögen diese wirren, ineinandergekapselten, schnell herausgekollerten, halb heruntergeschluckten Laute nur alles bedeuten ...! Andere Kehlköpfe müssen das sein – andere Nasen – andere Stimmbänder – es ist wie im Märchen, und was du auf der Schule gelernt hast, hilft dir nicht, weil diese das offenbar nicht oder falsch gelernt haben; und ist es nicht schön, wie ein sanfter Trottel durch die Welt dahinzu...

„Na, erlauben Sie mal –! Wenn *ich* auf Reisen bin, da will ich aber ganz genau wissen, was los ist; man muß als gebildeter Mensch doch wenigstens etwas verstehen –!“ Es ist so verschieden im menschlichen Leben ...

Im Irrgarten der Sprache herumzutaumeln ... das ist nicht eben vom Übel. „Schööör scheehSsäReeh!“ rufen die Franzosen; laß sie rufen. „Tuh hau wi paak!“ gurgeln die Engländer; laß sie gurgeln. Und ich frage mich nur, was mögen wohl die Ausländer in Deutschland hören, mit ihren

Ohren, wenn unsere Bahnhofsportiers, Schutzleute, Hotelmenschen ihnen etwas Deutsches sagen ...?

Es ist ein kleines bißchen unheimlich, mit Menschen zu sprechen, ohne mit ihnen zu sprechen. Da merkt man erst, was für ein eminent pazifistisches Ding die Sprache ist; wenn sie nicht funktioniert, dann wacht im Menschen der Urkerl auf, der Wilde, der da unten schlummert; eine leise Angstwolke zieht vorüber, Furcht und dann ein Hauch von Haß: was ist das überhaupt für einer? Ein Fremder? Was will der hier? Und wenn er hier selbst was zu wollen hat:

was kann ich an ihm verdienen? Und besonders auf den Straßen, vor den Leuten, die nicht gewerbsmäßig mit Fremden zu tun haben, fühlt man sich ein bißchen wie ein im Urwald auftauchender Wolf – huhu, Geheul unter den hohen Bäumen, der Wanderer faßt den Knüppel fester ... und nur wenn's gut geht, fuchteln sie dann mit den Händen.

Sonst aber ist es hübsch, durch eine Welt zu wandeln, die uns nicht versteht, eine, die wir nicht verstehen – eine, deren Laute nur in der Form von: „Yousana – wo-bi räbidäbi – dé –" an unser Ohr dringen ... Mißverständnisse sind nicht möglich, weil die gemeinsame Planke fehlt – – es ist eine saubere, grundehrliche Situation. Denn wie sprechen Menschen mit Menschen -?

Aneinander vorbei.

Schwarz auf Weiß

Gut geschrieben ist gut gedacht. Der Deutsche ist ein „Bruder Innerlich" und entschuldigte gern einen ungepflegten Stil mit der Tiefe des Gemüts, aus der es dumpf heraufkocht ... Gott sieht aufs Herz, sagte er dann. Der Künstler sieht auch auf den Stil.

Seit Nietzsche dem Deutschen wieder eine Prosa gegeben hat, wissen zwar noch lange nicht alle Schriftsteller, was es heißt: ‚an einer Seite Prosa wie an einer Bildsäule zu arbeiten" – aber viele wissen es. Alfred Polgar zum Beispiel weiß es.

Was ich an diesem Mann neben der untadligen Reinheit der Gesinnung und dem Takt des Herzens so liebe, ist eben, daß er „gut schreibt" – das heißt: daß er zu Ende denkt, reinlich denkt, hell und klar denkt, und ein gepflegtes, durch alle Regeln der Grammatik mühelos schlüpfendes Deutsch schreibt. Ich liebe an der Literatur auch das Handwerk, das kein Ziel ist, aber eine Voraussetzung. Dieses Handwerk braucht vielerlei: Lehrzeit, Ruhe, Geduld und Gefühl für die Sprache.

„Alfred Polgar", hat Siegfried Jacobsohn einmal gesagt, „ist ein Kelterer." Das ist wahr: er keltert den Wein der deutschen Sprache, die schön ist – aber diese Schönheit muß ihr abgerungen werden. Mit Arbeit soll man nicht prahlen – aber man darf sagen, daß es das nur in ganz seltenen Ausnahmefällen gibt: „aus dem Ärmel schütteln". Im Ärmel ist nicht viel: höchstens ein paar Staubfäserchen und Wollflocken ... geschüttelt wird hier nicht: wir wollen arbeiten.

Die Frauen, für die dieses Blatt gemacht ist, werden Polgar noch mehr zu schätzen wissen, als ich es tun kann: er ist, neben vielen ändern, ein im allerbesten Sinne homme de lettres à femmes; auch, wenn er gar nicht von den Frauen spricht, fühlt jede sofort: dieser weiß, wie ich bin, versteht mich, streichelt mich, fürchtet mich, liebt mich, ist für mich da. Vor dieser Zartheit kommt sich unsereiner vor wie der rauhe Jäger, der den Hirsch im wilden Forst jagt...

> Und dennoch hab' ich harter Mann
> die Liebe auch gefühlt ...

Polgars neuer Auswahlband „Schwarz auf Weiß" (bei unserm gemeinsamen Verleger Ernst Rowohlt erschienen) enthält Kostbarkeiten über Kostbarkeiten. Und ist gut geschrieben. Ich kenne den Schaffensprozeß Polgars nicht und weiß nicht, ob er im Hirn korrigiert oder auf dem Papier, das soll uns auch nicht kümmern. Eine überwache Aufmerksamkeit verhindert auch den leisesten Schwupper; nie drängeln sich die Worte vor der Hirnpforte des Lesers, sie gleiten hinein, verbeugen sich artig voreinander und sind höflich und glatt wie die Japaner ... Auch hat Polgar den innern Rhythmus der deutschen Prosa begriffen: es gibt stakkatone Stücke; Allegro und Scherzo wechseln miteinander ab, aber meist ist es ein bezauberndes Andante, darin die Spitzen der Ironie einer längst ins Heitere gewandelten Qual und einer nicht immer süßen Erkenntnis auffunkeln. Manchmal rührt sich die Trommel des Scherzes: „Es wäre peinlich, wenn Sie von diesem Abend sagten: Heute war ich zweimal bei einer Vorlesung Polgars: zum ersten- und zum letztenmal." Von Arne Borg: „Er schwimmt nicht, was zu sagen ja wirklich naheläge: wie ein Fisch. Nein, ein Fisch schlechtweg reicht nicht aus zum Bilde. Er schwimmt wie ein gehetzter Fisch, wie ein Eilfisch, poisson rapide, wie ein aus der Pistole geschossener Fisch." Paukenschlag: „Tiere, außer man zwingt sie dazu, haben keinen Beruf." Traum über das traurige Dasein eines Liftpagen – wenn man ihm das ganze Hotel schenkte ...? Sollte man eigentlich ... „wenn auch vielleicht eine seiner ersten Chef-Anordnungen wäre, Personal und Lieferanten die Benützung des Aufzuges zu verbieten." Dann, die bezaubernde Studie über den „Fensterplatz" – was so der Reisende im Zug denkt, nicht denkt, sanft dahindämmernd in den Wolken der Heniden und oft den Fensterplatz mit einem Gemeinplatz vertauschend. Schau, da pflügt ein Bauer seinen Acker -! „Sinnend blickst du, Stadtmann, dem Landmann nach, der dir sinnend nachblickt."

Das wahre Kennzeichen eines guten Stils ist seine Gedrungenheit – es kann einer breit schreiben, aber er soll nicht auswalzen – die Kürze ist nicht nur die Würze des Witzes, sie ist die Würze jedes guten Stils. Auch ein Roman von sechshundert Seiten kann kurz sein.

Schneider Polgar, wir arbeiten in derselben Innung ich habe es nicht leicht, Ihnen eine Liebeserklärung zu machen. Nicht nur, weil Sie mir überlegen sind – wackeln Sie nicht mit der Schere – Sie sind es, und warum soll sich ein Läufer nicht vor Nurmi beugen -? Ich beuge mich. Ich weiß, wie Sie manches nähen, welchen Zwirn Sie verwandt haben, bei wem Sie das Rohmaterial einkaufen ... aber wenn es nachher fertig ist, dann ist es doch unbegreiflich und überraschend, und ich befühle die

Nähte und die Knöpfe und den Besatz und frage mich: Wie macht er das -? Manchmal weiß ich es: so, wenn eine winzige Bosheit, scheinbar verkleidet und leise vor sich hinpfeifend, mit den andern Gedanken, als sei gar nichts geschehen, vorbeispaziert... Von Egon Friedell: „Er raucht lange Pfeife, schwimmt wie ein Meisterschwimmer, liebt die Geselligkeit und das Einschlafen im muntern Kreise ..." Aber in tausend ändern Fällen weiß ich nicht, wie Sie nähen.

Ich weiß nur, daß es „gut geschrieben" ist. Weil es sauber ist und gesinnungsvoll; voller Eleganz und Charme, weil die Fäden der Arbeit nicht mehr erkennbar sind, und weil Sie der deutschen Sprache nie etwas Böses tun. Sie haben ihr nur viele prächtige Kinder gemacht.

Was ist im Innern einer Zwiebel –?

Nun nimmt wohl bald der Bauer Geld aus der Schatullen und macht sich auf mit seiner Kuh zum Bullen –

mit seiner Kuh.

Nun wirft wohl diese Kuh ein Kälbchen sonder Schaden, und dieses Kälbchen legt dort einen runden Fladen –

das Kälbchen
von der Kuh.

Nun wächst aus diesem Fladen auf der Ackerkrume wohl bald die schönste rote Bauernblume –

aus dem Fladen
von dem Kälbchen
von der Kuh.

Nun hüpft wohl bald ein Stubenmädchen in dem Grase, pflückt einen Strauß für ihr Hotel und stellt in eine Vase

die Blumen
aus dem Fladen
von dem Kälbchen
von der Kuh.

In diesem so geschmückten Raum – denn sieh, er hat ihn ja vorbestellt – liegt froh der heitere Hochzeitsreisende bei seiner Gattin –

in Zimmer 28
mit den Blumen
aus dem Fladen
von dem Kälbchen
von der Kuh.

Und hier empfängt sie einen anfangs anonymen Knaben, sie trägt ihn aus, gebärt – er ist von großen Gaben –

von den Hochzeitsreisenden
aus Zimmer 28
mit den Blumen
aus dem Fladen
von dem
Kälbchen von der Kuh.

Der Knabe reift heran, erbt einen ganzen Batzen und gründet sich ein Etablissement für Bett-Matratzen –

der Sohn
der Hochzeitsreisenden
aus Zimmer 28
mit den Blumen
aus dem Fladen
von dem Kälbchen
von der Kuh.

Nun schneuzt sich breit sein erster Vorarbeiter, wischt sich den Bart und pinselt flötend weiter –

in der Fabrik
des Sohnes
der Hochzeitsreisenden
aus Zimmer 28
mit den Blumen
aus dem Fladen
von dem Kälbchen
von der Kuh.

Der Vorarbeiter hat das Bett lackiert. Nun nimmt er einen Schluck.

In diesem Bett tu ich den letzten Atemzug.

1929

Mir fehlt ein Wort

Ich werde ins Grab sinken, ohne zu wissen, was die Birkenblätter tun. Ich weiß es, aber ich kann es nicht sagen. Der Wind weht durch die jungen Birken; ihre Blätter zittern so schnell, hin und her, daß sie... was? Flirren? Nein, auf ihnen flirrt das Licht; man kann vielleicht allenfalls sagen: die Blätter flimmern – aber es ist nicht das. Es ist eine nervöse Bewegung, aber was ist es? Wie sagt man das? Was man nicht sagen kann, bleibt unerlöst – „besprechen" hat eine tiefe Bedeutung. Steht bei Goethe „Blattgeriesel"? Ich mag nicht aufstehen, es ist so weit bis zu diesen Bänden, vier Meter und hundert Jahre. Was tun die Birkenblätter –?

(Chor): „Ihre Sorgen möchten wir... Hat man je so etwas ... Die Arbeiterbewegung... macht sich da niedlich mit der deutschen Sprache, die er nicht halb so gut schreibt wie unser Hans Grimm ..." Antenne geerdet, aus.

Ich weiß: darauf kommt es nicht an; die Gesinnung ist die Hauptsache; nur dem sozialen Roman gehört die Zukunft; und das Zeitdokument – o, ich habe meine Vokabeln gut gelernt. Aber ich will euch mal was sagen:

Wenn Upton Sinclair nun auch noch ein guter Schriftsteller wäre, dann wäre unsrer Sache sehr gedient. Wenn die pazifistischen Theaterstücke nun auch noch prägnant geschrieben wären, daß sich die Sätze einhämmern, dann hätte unsre Sache den Vorteil davon. Sprache ist eine Waffe. Haltet sie scharf. Wer schludert, der sei verlacht, für und für. Wer aus Zeitungswörtern und Versammlungssätzen seines dahinlabert, der sei ausgewischt, immerdar. Lest dazu das Kapitel über die deutsche Sprache in Alfons Goldschmidts „Deutschland heute". Wie so vieles, ist da auch dieses zu Ende gesagt.

Was tun die Birkenblätter –? Nur die Blätter der Birke tun dies; bei den andren Bäumen bewegen sie sich im Winde, zittern, rascheln, die Äste schwanken, mir fehlt kein Synonym, ich habe sie alle. Aber bei den Birken, da ist es etwas andres, das sind weibliche Bäume – merkwürdig, wie wir dann, wenn wir nicht mehr weiterkönnen, immer versuchen, der Sache mit einem Vergleich beizukommen; es hat ja eine ganze österreichische Dichterschule gegeben, die nur damit arbeitete, daß sie Eindrücke des Ohres in die Gesichtsphäre versetzte und Geruchsimpressionen ins Musikalische – es ist ein amüsantes Gesellschaftsspiel gewesen, und manche haben es Lyrik genannt. Was tun die Birkenblätter? Während ich dies schreibe, stehe ich alle vier Zeilen auf und sehe nach, was sie tun. Sie tun es. Ich werde dahingehen und es nicht gesagt haben.

1929

Neues Leben

Berlin, den 31. Dezember 1920
Berlin, den 31. Dezember 1921
Berlin, den 31. Dezember 1922
Berlin, den 31. Dezember 1923

Berlin, den 31. Dezember 1924
Berlin, den 31. Dezember 1925
(abends im Bett).

Von morgen ab fängt ein neues Leben an.

Der Doktor Bergmann hat einen ordentlichen Schreck bekommen, als er mich ansah, und ich bekam einen noch viel größeren. „Was machen Sie denn, lieber Freund?“ fragte er leise. „Was... was ist denn, Doktor?“ sagte ich. „Haben Sie etwas mit der Leber?“ fragte er. „Ihre Augen gefallen mir gar nicht. Kommen Sie mal in den nächsten Tagen zu mir!“

Natürlich gehe ich hin. Ich weiß schon, was er mir sagen will, und er hat auch ganz recht. So geht das nicht mehr weiter.

Also von morgen ab hört mir das mit dem Bier bei Tisch auf. Wenn mir Mutter wieder Hamann-Schokolade durch Emmy schicken läßt, gebe ich sie den Kindern. Und Edith darf nicht mehr so fett kochen. Gestern hab' ich ihr noch gesagt... Nein, gestern hab' ich gefragt, ob noch Stopfleber da ist – das ist wahr. Aber das hört mir jetzt auf.

Der Sandow-Apparat – wo ist der Sandow-Apparat? Er liegt auf dem Boden. Das Mädchen soll ihn morgen herunterholen. Von morgen ab fange ich wieder an, regelmäßig jeden Morgen zu turnen. („Wieder“ – denke ich deshalb, weil ich mir das schon so oft vorgenommen habe.)

Und fünfzig Kniebeugen, wenn ich fleißig trainiere, kann ich's mit Leichtigkeit auf hundert bringen. Ich war doch ein sehr guter Turner, seinerzeit – wenn ich nicht gerade dispensiert war. Na ja, aber heute ist das ja ganz was anderes.

Von morgen ab stehe ich früh auf. Dieses ewige Lange-im-Bett-herum-Geliege – das führt ja zu nichts. Ich stehe einfach um sechs auf, turne ordentlich, dann schön brausen und frottieren – ah – darauf freue ich mich. Ob ich nicht doch anfangen soll, zu reiten ...? Na, das ist vielleicht zu teuer – aber ein Stündchen durch den Tiergarten – großartig! Ich werde ins Geschäft gehen! Das härtet ab – in drei Monaten bin ich ein anderer Kerl. Schlank, elegant, gesund – Bergmann wird sich wundern.

Von morgen ab nehme ich den spanischen Unterricht wieder auf. Jeden Tag abends im Bett ein halbes Stündchen Spanisch – das geht ganz gut und bringt einen auf andere Gedanken. Dann kann ich die Reise nach Südamerika machen – ich werde Edith nichts sagen – das wird eine Überraschung, wenn ich auf dem Dampfer so ganz lässig Spanisch spreche... Als ob sich das von selbst verstände ... Hähä...

Übermorgen fängt ein neues Jahr an – ich werde ein anderer Mensch.

Von übermorgen ab wird das alles ganz anders. Also erst mal muß die Bibliothek aufgeräumt werden – das wollte ich schon lange. Aber jetzt geht's los. Von übermorgen ab mache ich nicht mehr diese kleinen Läpperschulden – eigentlich sind das ja gar keine Schulden –, aber ich will das nicht mehr. Und die alten bezahle ich alle ab. Alle. Von übermorgen ab höre ich wieder regelmäßig bildende Vorträge – man tut ja nichts mehr für sich. Ich will wieder jeden Sonntag ins Museum gehen, das kann mir gar nichts schaden. Oder lieber jeden zweiten Sonntag – den anderen Sonntag werden wir Ausflüge machen –, man kennt die Mark überhaupt nicht. Ja, und neben die Waschtoilette kommt mir jetzt endlich die Tube mit Vaseline – das macht die rauhe Haut weich, so oft habe ich das schon gewollt. Übermorgen ist frei – da setze ich mich hin und lerne Rasieren. Diese Abhängigkeit vom Friseur... Außerdem spart man dadurch Geld. Das Geld, was ich mir da spare – davon lege ich eine kleine Kasse an – für die Kinder. Ja. Das ist für die Ausstattung, später. Von übermorgen ab beschäftige ich mich mit Radio ich werde mir ein Lehrbuch besorgen und mir den Apparat selbst bauen. Die gekauften Apparate...das ist ja nichts. Ja, und wenn ich morgens durch den Tiergarten gehe, da werde ich vorher Karlsbader Salz nehmen – so weit ist es bis zum Geschäft gar nicht...

Man kommt eben zu nichts. Das hört jetzt auf.

Denn die Hauptsache ist bei alledem: man muß sich den Tag richtig einteilen. Ich lege mir ein Büchelchen an, darin schreibe ich alles auf – und dann wird jeden Tag unweigerlich das ganze Programm heruntergearbeitet – unweigerlich. Von morgen ab. Nein, von übermorgen ab. Im nächsten Jahr...Huah – bin ich müde. Aber das wird fein: Kein Bier, keine Süßigkeiten, turnen, früh aufstehen, Karlsbader Salz, durch den Tiergarten gehn, Spanisch lernen, eine ordentliche Bibliothek, Museum, Vorträge, Vaseline auf den Waschtisch, keine Schulden mehr, Rasieren lernen, Radio basteln – Energie! Hopla! Das wird ein Leben!

Anmerkung des Uhu: Wir wollen mal nächstes Jahr wieder vorbeifliegen.

1925

Sonntagsmorgen, im Bett

Was – was ist? Ach so. Heute ist Sonntag. Da kann ich noch liegen.
Mit den Schultern kuscheln. Mich ans Kopfkissen schmiegen –
Aus alter Gewohnheit wacht man Sonntags immer
so früh auf wie wochentags – das kommt vielleicht von dem Schimmer
da von den Jalousien – was ist denn das für ein Geratter und Gebraus?
Na, jedenfalls heute muß ich nicht raus.

Ich kann heute ganz stille liegen und ruhn.
Und muß gar nichts. Und hier kann mir keiner was tun.
So ein Bett ist eigentlich eine schöne Sache –
da müßte noch so eine Sonnenplache
drüber sein, und dann fährt man damit überall hin
Woher kommt das, daß ich heute so furchtbar müde bin –?

Gestern abend haben wir wesentlich zu viel Schwedenpunsch getrunken,
Paul war zum Schluß ganz in seinen Sessel versunken;

ich habe auch noch so einen komischen Geschmack im Mund
und –

Halb neun! Da muß ich richtig wieder eingeschlafen sein.
Sonntagsmorgen im Bett, das ist fein.
Das heißt: Was nun noch kommt, ist weniger schön ...
Heute muß ich zu Onkel Otto und Tante Frieda gehn –
Margot ist auch da, die keusche Lilie ...
Warum, lieber Gott, ist man Sonntags stets in Familie?
Vor Tisch sind sie beleidigt, und nach Tisch sind sie satt –
wenn ich dran denke, wird mir jetzt schon ganz matt.

Abends ist Theater... morgen muß ich unbedingt mal mit
Kempner telephonieren:
Er muß mir die Diele billiger tapezieren –
achtzig ist zu viel – der Junge ist wohl nicht ganz gesund! Und
– –

Halb zehn!
„Willi! Aufstehn! Aufstehn!"
Ja doch, ja!
Ich stehe ja schon auf, Mama.

Jetzt geht der Sonntag los! Nein: eigentlich ist er jetzt vorbei.
Jetzt kommen die Zeitungen und Briefe und Telephon und
Geschrei.
Das ist nun weniger geruhsam und labend...

Aber so ist das im Leben:
Das Schönste vom Sonntag ist der Sonnabend abend.

1928

Der Mann am Spiegel

Plötzlich fängt sich dein Blick im Spiegel
und bleibt hängen.
Du siehst:

Die nackt rasierten Wangen
– „Backe“: das ist gut für andere Leute –
den sanft geschwungenen Mund, die glatte Oberlippe,
die Krawatte sitzt – nein, doch nicht:
zupf!

Jetzt bist du untadlig. Haare, Nase, Hals, Kragen, Rockschultern
sind ein gut komponiertes Bild –
tief bejaht dich dein Blick.

Wohlgefällig ruhst du auf dir,
siehst die seidigen Ränder der Ohrbrezeln,
unmerklich richtest du dich auf –
du bist so zufrieden mit dir
und fühlst das gesunde Mark deines Lebens.

Übrigens haben die Fliegen auf dem Spiegelglas gesessen,
oder ein chemischer Vorgang hat das Quecksilber bepickelt:
kleine blinde Pupillen sitzen darauf...

Nun stell den Innern Entfernungsschätzer der Augen wieder
um:
An der rechten Schläfe
– aber nur, wenn man schärfer hinsieht –
stehn ein paar kleine Runzeln,
Schützengräben der Haut – nein, es sind noch keine Runzeln,
doch da, an dieser Stelle, werden sie einst stehen.

Dann bist du ein alter Mann;
dann sagen die Leute: „Der alte Kaspar –";
dann wird ein Mädchen leise ausgelacht, der du etwas zuflüsterst –
„Mit dem alten Mann ...?" sagen ihre Freundinnen.
Alter Mann.

Wie ihr euch anseht:
der Glasmann und du!
Nie
nie wird dich jemals ein anderer Mensch so ansehen,
ohne Beigeschmack von Ironie.
Du kannst dich gar nicht im Spiegel sehn.
Tat twam asi -?

Glatt ist dein Gesicht, sauber gewaschen und frottiert,
Zeit ist darüber hingespült.
Dein Gesicht, den Schuttplatz deiner Gefühle, hast du zusammengelogen,
zummengelacht,
geküßt, geschwiegen, gelitten, geseufzt: zusammengelebt –
sieh, unterhalb des linken Auges bist du leicht fleckig.

Mach dein Spiegelgesicht!
Was in den letzten Jahren alles gewesen ist,
nichts davon ist dir anzusehen.
Alles ist dir anzusehen.

Fakire sollen sich manchmal allein hypnotisieren.
Wenn man sich lange in den Spiegel sieht, steht im Lexikon,
verfällt man in Trance...
du siehst den Spiegelmann an,
der sieht, wie du siehst –

du siehst, wie er sieht, wie du ...
Reiß deinen Blick zurück! Erwache.

So, mit dem aufgestützten Arm, ergäbe das eine gute
Photographie für die illustrierten Blätter:
ernst blickt der Dichter den Abonnenten an,
Ehrfurcht erheischend und einen zerstreuten Blick lang auch
zugebilligt; unnahbar, sehr sicher,
wie aus gefrorenem Schmalz gehauen – ein fertiges Ding.

In den zwei glitzernden Pünktchen, die
in der Mitte deiner Augen angebracht sind,
funkt das Leben.
Eigentlich sind wir ganz schön, wie – ?
Du betrachtest dich, wie sich die Männer in den Friseurläden
betrachten,
wenn sie, haargeschnitten, aufstehn:
„Es ist, Gott sei Dank, alles da, und wir sind repräsentative
Erscheinungen –!"

Mit einem langen Blick sehen sie sich im Spiegel an:
Kontrollversammlung der Kompanie, vorgenommen durch den
Feldwebel Auge –
nicht losreißen können sie sich,
dann ziehen sie ihre Weste herunter
und gehen neu gestärkt auf die Straße,
durchaus bereit zum Kampf mit den andern, denen man nicht
die Haare geschnitten hat.

Aber auf einmal
ist die glatte Sicherheit deines gebügelten Rockes dahin;
die Angst ist da.
Angst sitzt in den dunkeln Vertiefungen deiner Nase,
mit der du die Luft einschaufelst;

das Blech am Kamin erzittert leise,
du hörst mit den Augen –

Sag etwas!
Sprich!
Prophezeie, wie es weiter werden wird!
Ob ich gepflegt sterbe, im Bett: umgeben von einem ernsten Professor, einer weißen Krankenschwester und süßlich riechenden Flaschen;
oder ob ich auf kalter Chaussee verrecke, ganz allein – zu den andern Landstreichern habe ich manchmal französisch gesprochen, weil ich doch etwas Besseres gewesen bin;
ob ich mich zerhuste oder sacht im Sessel zurücksinke...
In das Weiße der Augen steigt langsam Rot auf –
welch ein Mitleid hast du mit dir!
Du betest dich hassend an.

Sprich!
Prophezeie:
Erfolg – Ansehen – Vergessenheit – Geldmangel – Demütigung;
es gleiten die wohlgenährten Kameraden vorbei und klopfen dir ermunternd auf die Schulter, in leiser Schadenfreude.

Flocke. Geküßter Mund. Belebte Kopfkugel.
Mit mobilisierten Muskeln seht ihr euch beide an.
Noch ist nichts zu sehn. Noch seid ihr beide schön.
Tief unten knistert die Angst.

„Sie haben“, so sagt der Spiegelmann zu dem andern Mann, „da ein Haar auf Ihrem Rockkragen!
Sehn Sie? es glänzt im Schein der abendlichen Lampe – das darf, merkwürdigerweise, nicht sein; nehmen Sie es bitte herunter –!“
Sorgsam entfernt ihr das Haar.

Ich gehe vom Spiegel fort.
Der andre auch –
Es ist kein Gespräch gewesen.
Die Augen blicken ins Leere,
mit dem Spiegelblick –
ohne den andern im Spiegel.

Allein.

1928

Was machen Menschen, wenn sie alleine sind –?

Diese Frage hat Maxim Gorki einst gestellt, und er hat sie fast tragisch beantwortet. Vor allem: er hat sie für Russen beantwortet. Was aber tun brave Mitteleuropäer?

Zunächst ist festzustellen, daß in dem Augenblick, wo der Mann allein ist, etwas von ihm fällt, eine dünne Haut – eine zarte Maske... Einer der größten deutschen Denker, Lichtenberg, hat einmal die Beobachtung aufgezeichnet, wie Menschen in Nebenstraßen ein anderes Gesicht aufsetzen als in Hauptstraßen. Daran ist viel Wahres. Was also tut der Mann, wenn er allein ist?

Ist er ohne feste Beschäftigung, so wird fast jeder Mann um etliche Jahre jünger: er beginnt, wenn auch nicht zu spielen, so doch seinem Spieltrieb leise nachzugehen. Es ist viel Jungenshaftes, was sich da meldet. Ich glaube, daß kinematographierte Menschen, die allein sind und sich unbeobachtet glauben, zu dem Komischsten gehören müssen, was es gibt.

Die Tür ist also zugefallen, du bist allein. Was nun?

Die Sache fängt gewöhnlich damit an, daß man bei ganz vernünftigen Handgriffen mit etwas völlig Sinnlosem beginnt. (Ein kaum wahrnehmbarer Schleier von Irrsinn liegt auf Leuten, die allein sind.) Du nimmst die Bürste, das ist wahr – aber dabei hebst du einen Kamm auf, und wenn du auch nur eine Minute Zeit hast, balancierst du den ein bißchen, und wenn du nicht balancierst, dann fängst du an, irgend etwas in Reih und Glied zu legen, und wenn du nicht in Reih und Glied legst (was sehr beruhigt), dann trommelst du mit dem Nagelreiniger auf einer Seifenschale... Welcher Oberregierungsrat hätte noch nie im Bad mit dem Thermometer Schiffchen gespielt!

Auch ist sehr schön, Männer, die allein sind, singen zu hören. Daß die Majorität so schön singt wie Suzanne Lenglen, mag noch hingehen. Aber was sie so singen! Zunächst: fünfzigmal dasselbe Lied, nein, denselben Liedfetzen, dieselben paar Takte, immer sentimentaler, immer falscher – immer im Rhythmus dessen, was sie grade tun... Auch verwandelt sich der Text leicht in einen völlig wahnsinnigen Indianergesang:

Valencia!
Laß mich wippen, wippen, wippen
auf den Klippen, Klippen, Klippen –
mit der ganzen Kompanie –!

Das klingt nach der einundsechzigsten Wiederholung ganz menschlich. Auch kann man es pfeifen. Dann gibt es etliche, die sprechen sehr leise mit ihren Sachen. Es erhebt sehr, wenn man die Arbeit mit frommen Sprüchen begleitet. „Wo ist denn der Schuh? Wo ist denn der Schuh?“ (Jetzt kleiner Opernchor: Schuhschuh – Schuhschuh – Schuuhuuhuu –!) Dann: „Na, da bist du ja! Vielleicht läßt du dich noch drei Stunden suchen. Hund!“ (Rrrumms, an die Wand.) Großes Orchester: „Trararaaha –!“ Gesprochen: „Das Zahnwasser ist alle.“ Gejodelt: „Alléhallé -!“ So an sonnigen Tagen. Für alle Tage aber gilt eines, das bei allen Alleinseiern zu beachten ist, wenn die nicht gerade in acht Minuten sich anziehen müssen, um ins Geschäft zu stürzen: das sind die amüsanten kleinen Umwege, die ihre Betätigung vornimmt. Sie macht Kurven, schlägt Bogen, spielt unterwegs, verbraucht den Kräfteüberschuß, den jeder gesunde Mensch inne hat... Und das ist bei der Arbeit nicht anders.

In Sinclair Lewis herrlichem „Babbitt“ steht zu lesen, wie der Held dieses amerikanischen Romans arbeitet, wie er Zettelchen vollschmiert, und ich bin überzeugt, daß wir alle so zu „malen“ beginnen, wenn wir das tun, was wir mit Denken bezeichnen. (Es ist bekannt, daß die meisten Menschen keinem Redner zuhören können, ohne Männerchen zu zeichnen.) Es ist, als ob neben der eigentlichen Kraft des Arbeitsmotors noch ein Nebenstrom herliefe, der Schnitzel und Späne auf einer Säge produziert. Nutzen hat das keinen, aber ohne den Strom geht es auch nicht... Arbeitet einer mit andern zusammen im großen Büro, so läßt er seinen Eigenheiten im allgemeinen nicht so ungehinderten Lauf, hat er aber ein „Privatkontor“, so schöpft er aus dem großen Reservebehältnis einer angeblichen Kraftverschwendung neue Kräfte. Dazu hat der Mensch seine Nägel, die Ohren, die Krawatte – die Beschäftigung mit diesen Dingen stärkt sehr. Und aus der unergründlichen Tiefe eines Spiels mit dem Manschettenknopf und einem Blaustift steigen schwerwiegende Entschlüsse auf... Soweit die Männer, diese ewigen Jungen.

Kinder sind oft allein, auch wenn sie gar nicht allein sind. Sie spielen, in einer Hülle von Jugend und Unbekümmertheit, die nur selten zerreißt: wenn sie Hunger haben oder sonst etwas Wichtiges wollen. Was Frauen tun, wenn sie allein sind, ahne ich nicht.

Ein Weiser hat behauptet, eine Frau sei überhaupt nie allein – sie stelle sich stets jemand vor, und sei es auch nur einen Spiegel. Ich denke, daß sich ein Mann da kein Urteil erlauben kann: denn ist er mit einer Frau allein, dann ist sie nicht mehr allein, er stört sehr, und so mag diese Frage eine Frau entscheiden.

1926

Dein Lebensgefühl

Dein tiefstes Lebensgefühl –
wann hast du das gehabt?

Mit einem Freund?
Immer allein.

Einmal, als du an der Brüstung des Holzbalkons standest,
da lag das Schloß Gripsholm, weit und kupplig,
und da lag der See
und Schweden,
und die staubige Waldecke –
und auf der dunkelgrün etikettierten Platte sang ein Kerl im Cockney-Englisch: „What do you say ...?"
und da fühltest du:
Ich bin.

So war dein Lebensgefühl.
Mit einer Frau?
Immer allein.

Einmal, als du nachts nach Hause gekommen bist
von einer vergeblichen Attacke
bei der großen Blonden,
elegant-blamiert, literarisch hinten runtergerutscht,
gelackt, abgewinkt: danke, danke!
da standest du vor deinem runden Nachttisch
und sahst in das rosa Licht der Lampe
und tatest dir leid, falsch leid, leid
und fühltest:
Ich bin.

So war dein Lebensgefühl...
In der Masse?
Immer allein.

Es ist so selten,
das Lebensgefühl.
Casanova hatte es einmal.

Vierter Band.
Er sieht bei seiner Geliebten Rosalinde
zwei Kinder, die er ihr vor Jahren gemacht hat,
schlafend, in einem Bett, Mädchen und Knabe.
Sie zeigt sie ihm,
hebt die Bettdecke hoch, die junge Sau,
die Mutter,
um ihn anzugeilen,
um ihm Freude zu machen,
was weiß ich.
Und er sieht:
wie der Knabe im Schlummer seine Hand auf den Bauch des Mädchens gelegt hat.

„Da empfand ich",
schreibt Casanova,
„meine tiefste Natur".
Das war sein Lebensgefühl.

Verschüttet ist es bei dir.
Du wolltest leben
und kamst nicht dazu.
Du willst leben
und vergißt es vor lauter Geschäftigkeit.

Du willst das spüren, was in dir ist,
und hast eifrig zu tun mit dem, was um dich ist –
Verschüttet ist dein Lebensgefühl.

Wenn du tot bist, wird es dir sehr leid tun.
Noch ist es Zeit –!

1930

Sind Sie eine Persönlichkeit?

Der andere auch! Der andere auch!!
Der andere auch!!!

Eine kleine Sonntagspredigt
Mit einem nachdenklichen Chanson

Auf der Erde leben einundeinedreiviertel Milliarde Menschen (die Anwesenden natürlich ausgenommen) – und im Grunde denkt jeder, er sei ganz allein, was die Qualität anbetrifft. „So wie ich...“ denkt jeder, „so ist kein anderer – so kann kein anderer sein.“ Ob das wohl richtig ist?

Wir sehen den Verbrecher und den Jubilar als Einzelwesen und rechnen beiden das allgemeine Niveau mit an; es ist so, wie wenn sich ein Seehund rühmen wollte, daß er schwimmen kann. Alle Seehunde können es.

Da ist zum Beispiel der Beruf.

Sie kennen ja alle die Festreden, die bei der Jahresversammlung des Reichsverbandes wissenschaftlich geprüfter Traumbuch-Verfasser steigt: jeder Traumbuch- Verfasser ist mindestens ein Napoleon, ein Goethe, ein Rockefeller, ein... nach Belieben auszufüllen. Andere Berufe kommen da gar nicht mit. Vor wem erzählt der Mann das eigentlich? Damit kann er doch nur einem Eskimo imponieren, einem der nicht weiß, daß die in der Festrede gerühmten Eigenschaften heute so ziemlich alle zivilisierten Menschen besitzen: wir alle können telefonieren, ein Grammophon anstellen, das elektrische Licht anknipsen; viele von uns können schoffieren, viele haben Entschlußkraft, verstehen, sich in einer fremden Stadt zurechtzufinden, können Reisedispositionen treffen – es ist die Zeit, die die Menschen so geformt hat; das Verdienst eines einzelnen ist es nicht. Aber das hören sie nicht gern – sie spielen vor sich selber und vor einem imaginären Publikum gern den Wundermann. „So schön wie ich das kann...“ Verlaß dich drauf: der andere kann das alles auch.

Der Schriftsteller tut gern so, als sei er von einem Zauberwesen begnadet und als sei dies etwas ganz und gar Einzigartiges:

schriftzustellern – und vergißt dabei, daß es Tausende und Tausende können, wie er. Der Arzt umgibt sich gern mit einer Atmosphäre des geheimnisvollen Medizinmannes (wobei nicht untersucht werden soll, inwieweit der Patient das braucht und wünscht). Der Industrielle tut gern so, als habe er allein – Herr Generaldirektor Bölk – Tatkraft, Klugheit und Umsicht der ganzen Welt gepachtet... kurz; jeder will als Einzelwesen gewertet und möglichst verehrt werden und läßt unbewußt-bewußt außer acht, daß Millionen neben ihm und um ihn sind, die sich auf genau derselben Ebene bewegen wie er es tut.

Dagegen wehrt sich das Individuum – es ist sein letzter, sein verzweifelter Kampf gegen die unbarmherzige Uniformierung einer mechanistischen Zeit. Er will nicht. Er spielt: einmaliges Individuum.

Die Klugen (die Anwesenden natürlich eingeschlossen) geben das alles für den Beruf und für das Gemeinschaftsleben zu. „Aber“, sagt jeder von ihnen, „aber ... man hat doch da so seine kleinen Eigenheiten ...“ Und hier wird die Sache restlos komisch.

Denn grade bei den „kleinen Eigenheiten“ ist die Übereinstimmung so groß, daß man glauben sollte, die Menschen würden in Serien hergestellt.

Die Tage der Niedergeschlagenheit, wo alles aus ist: Beruf grau, Liebe danebengegangen, Geld flöten, Bücher langweilig, das ganze Leben verfehlt – der andere auch! Der merkwürdige Waldspaziergang damals, wo von den Fichten lauter Gestorbene heruntergrüßten und so schauerlich nickten, und wo du schneller gingst, weil du Furcht hattest, dich drüber ärgertest, Mut markiertest, und nun noch mehr Furcht hattest – der andere auch! Der wie ein Nieskitzel plötzlich auftretende Reiz, bei ganz ernsten Situationen lachen zu müssen, die Angst davor, das Bemühen, dieses blödsinnige Lachen grade noch herunterzuschlucken – der andere auch! Immer: der andere auch.

Du hast da morgens, wenn du dich anziehst, eine Reihe kleiner, fast sakraler Handlungen... der andere auch. Du hast manchmal, bevor du in ein fremdes Haus gehst, die „Portalangst“... der andere auch. Du bist mutig, sagen wir, beim Zahnarzt und feige vor dem Examen oder umgekehrt... der andere auch. Du machst so eine komische Bewegung mit den Kinnbacken, wenn du ein Buch aufschneidest... Immer, immer: der andere auch.

Ja, zum Donnerwetter, sollen wir denn nun gar nichts mehr haben, das uns ganz allein gehört? Doch, das gibt es vielleicht... aber es finden sich stets, wenn man näher zusieht, Hunderte, die machen es dann doch genau so, und Tausende, die machen es beinah so, und Zehntausende, die machen es ähnlich...der andere auch.

Es tut gut, das zu wissen.

Denn nichts ist gefährlicher, als den Partner zu niedrig einzuschätzen – auf diese Weise sollen schon Kriege verloren gegangen sein. Glaub du ja nicht, du seist der einzig Schlaue weit und breit; du allein verständest den Reiz der Einsamkeit auszukosten; habest allein den Wunsch, mit einer Frau auf einer einsamen Insel (für vier Wochen) zu wohnen...glaub das nicht. Und doch glauben wir es im stillen alle.

Wir besetzen das Theater des Lebens so:

Hauptrolle: ICH. Dann eine ganze Weile gar nichts. Dann eine unübersehbare Statisterie: die ändern. Nicht, daß wir sie nun alle für dämlich hielten...aber eben doch nur: für die „andern“...und es gehört schon eine ganze Menge Lebensklugheit, nein, Weisheit dazu, einzusehen, daß es mit den andern im Grunde genau, aber ganz genau so bestellt ist, wie mit uns. Denn jeder von ihnen hat schon verzweifelt vor einem Haus auf eine Frau gewartet und dabei an dem Haus hochgesehen wie an einem bösen Urwelttier ... jeder von ihnen hatte seinen kleinen Stolz, als er sich freigeschwommen hatte; jeder von ihnen hat vier kleine dumme Gegenstände in den Schubladen, die behangen sind mit Erinnerungen...jeder hat das. Nicht nur du allein. Nicht nur ich allein.

Jeder hat, um es mit einem Wort zu sagen, die unaufgeräumte kleine Schublade, auf die jeder so stolz ist, als habe er sie ganz allein.

Sind Sie eine Persönlichkeit?

Der andere auch! Der andere auch!! Der andere auch!!!

Nachdenkliches Chanson

Nach einigen Schwedenpünschen
beginnen Sie zu wünschen:
Sie drehen ganz im stillen
die bunten Zuckerpillen:

„Ein Wochenendhäuschen...und dann einen Beruf, der einem Spaß macht... nein, überhaupt keinen Beruf... eine anständige Rente... weißt du, so eine, die nicht zu sehr beschwert...also sagen wir: 500 Mark im Monat, na, ich wär' schon mit 800 zufrieden – also die Rente... dann würd' ich studieren... und angeln... und radiobasteln... irgendwo im Grünen, im Stillen...eine nette Frau...Kinder...und nichts von der Welt hören und sehen – aber das, sind so meine Privatwünsche... das kann man keinem Menschen sagen – das versteht ja keiner..."

Ach!

Damit stehn Sie aber nicht vereinzelt da!
So was denkt man von Florenz bis Altona!
Was Sie da so treiben, das hat lange im Gebrauch
der andere auch!
der andere auch!
der andere auch!

Man schluckt voll Wut mitunter,
weil man muß, so manches runter.
In der Nacht, beim Mondenscheine,
nimmt man Rache – ganz alleine:

„Ich bin zu gut für diese Welt... diese Kerls können mir alle nicht das Wasser reichen...die fühlen eben, daß ich mehr bin, als sie...daher die Wut...laßt mich mal was werden, laßt mich bloß mal was werden! – dann kenne ich die Brüder alle nicht mehr! – doch: ich kenne sie...Ich sage dann ganz freundlich, ganz freundlich sage ich: Guten Tag! Na, wie geht's denn immer? Sind Sie noch im Geschäft, ja? Ich? Ich reise so in der Welt umher... im Winter war ich in der Schweiz, ja, Skisport... im Sommer geh' ich auf meine Besitzung in Dänemark... Gott, man muß zufrieden sein –“

Ach!
Damit stehn Sie aber nicht vereinzelt da!
So was denkt man von Florenz bis Altona!
Was Sie da so treiben, das hat lange im Gebrauch
der andere auch!
der andere auch!
der andere auch!

Sie sagen im Theater:
Diese Menschen... heiliger Vater!
Jeder einzelne ein Hund, ein krummer –
da bin ich doch eine andere Nummer...

„Nu sieh dir mal die Gesichter hier an! Ein dämliches Pack! Nicht wert, daß man ihnen das Stück hier vorführt... verstehn's ja doch nicht! – Ich habe heute nachmittag Kirchengeschichte des frühen Mittelalters gelesen, ich beschäftige mich jetzt damit ein bißchen...glaubst du, daß hier ein Mensch höhere Interessen hat? Nicht zehn im ganzen Theater, das sag' ich dir! – Hübsche Frau da vorn in der Loge...wenn man an die ran könnte...glatt sagte die: ja...sie kennt mich bloß nicht...aber wenn sie mich kennen würde...eigentlich sieht man mir ja schon an, daß ich was Besseres bin, nicht so wie die ändern...“

Ach!
Damit stehn Sie aber nicht vereinzelt da!
So was denkt man von Florenz bis Altona!
Was Sie da so treiben, das hat lange im Gebrauch
der andere auch!
der andere auch!
der andere auch!

1931

Ideal und Wirklichkeit

In stiller Nacht und monogamen Betten
denkst du dir aus, was dir am Leben fehlt.
Die Nerven knistern. Wenn wir das doch hätten,
was uns, weil es nicht da ist, leise quält.
Du präparierst dir im Gedankengange
das, was du willst – und nachher kriegst dus nie...
Man möchte immer eine große Lange,
und dann bekommt man eine kleine Dicke –
C'est la vie –!

Sie muß sich wie in einem Kugellager
in ihren Hüften biegen, groß und blond.
Ein Pfund zu wenig – und sie wäre mager,
wer je in diesen Haaren sich gesonnt...
Nachher erliegst du dem verfluchten Hange,
der Eile und der Phantasie.
Man möchte immer eine große Lange,
und dann bekommt man eine kleine Dicke –
Ssälawih –!

Man möchte eine helle Pfeife kaufen
und kauft die dunkle – andere sind nicht da.
Man möchte jeden Morgen dauerlaufen
und tut es nicht. Beinah ... beinah...
Wir dachten unter kaiserlichem Zwange
an eine Republik... und nun ists die!
Man möchte immer eine große Lange,
und dann bekommt man eine kleine Dicke –
Ssälawih –!

1929

Die fünf Sinne

Fünf Sinne hat mir Gott, der Herr, verliehen, mit denen ich mich zurechtfinden darf hienieden:

Fünf blanke Laternen, die mir den dunkeln Weg beleuchten; bald leuchtet die eine, bald die andre niemals sind alle fünf auf dasselbe Ding gerichtet... Gebt Licht, Laternen –!

Was siehst du, Walt Wrobel –?

Ich sehe die entsetzliche obere Häuserfront der Berliner Straßen, unerbittlich, scharf liniiert, schwärzlich kasernenhaft;

ich sehe neben dem unfreundlichen Mann am Schalter die kleine schmutzige Kaffeekanne, aus der er ab und zu einen Zivilschluck genehmigt;

ich sehe das Skelett des Tauchers, ausgestreckt auf dem Meeresgrund, der Taucherhelm ist aufgeplatzt, und durch die Luken des untergegangenen Schiffs fliegt ein Schwarm Fische an die ehemalige Bar, sie rufen: „Sherry-Cobler –!";

ich sehe den ehrenwerten Herrn Appleton aus Janesville (Wisconsin) auf der Terrasse des Boulevard-Cafés sitzen, lachende Kokotten bewerten ihn mit Bällchen, er aber steckt seinen hölzernen Unterkiefer hart in die Luft;

ich sehe das blonde Gesicht des jungen Diplomaten, der mit nachlässigem Monokel erzählt: „Seinerzeit, während der sogenannten Revolution ..."; ich sehe den kleinen Jungen vor der Obsthandlung stehen und sein Pipichen machen, nachher stippt er den Finger hinein und malt Männerchen aufs Trottoir, das ist nicht hübsch von dem Kind – Das sieht mein Gesicht.

Was hörst du, Walt Wrobel –?

Ich höre den Küchenchef in der französischen Restaurant- küche rufen: „Ils marchent: deux bifteks aux pommes! Une sole meunière!" Und vier Stimmen unter den hohen weißen Mützen antworten: „Et c'est bon!"; ich höre einen Ton in meinen Ohren klingen, mitten im Ge- spräch, wie eine Mahnung, wie eine Erinnerung, wie einen Trost; ich höre vor den Fenstern des deutschen Stammtischlokals unterirdisch dumpf die Kegelbahnen donnern; ich höre nachts die Lokomotiven pfeifen, sehnsüchtig schreit die Ferne, und ich drehe mich im Bett herum und denke: „Reisen ...“; ich höre, wie über mir die Hausfrau, die Megäre, trampelt, sie macht die Wohnung rein und sich schmutzig, sie führt Krieg mit den Polstern; ich höre, wie in Mitau Claire Waldoff aus dem Gram- mophon herausknarrte:

> Als das Pauline hörte,
> da rief sie überlaut:
> „Viktoria! Viktoria!
> Meine Mutter ist schon Braut -!“

Das hört mein Gehör.

Was schmeckst du, Walt Wrobel –?

Ich schmecke die untere Kruste der Obsttorte, die meine Tante gebacken hat; was die Torte anbetrifft, so hat sie unten ein paar schwarze Plättchen, da ist der Teig angebrannt, das knirscht im Mund wie Sand;

ich schmecke den kalten Tabak der Zigarre, die ausgegangen ist, und an der ich herumzutsche, weil ich es nicht weiß – die Zigarre lacht sich einen;

ich schmecke den Satz des türkischen Kaffees, die pulverdünn gemahlenen Körner bleiben zwischen den Zähnen sitzen;

ich schmecke den scharfen Geschmack von Kressenblättern; der preußische Kunstreferent im Ministerium kann das nicht schmecken, denn er hat keinen Geschmack;

ich schmecke die rauchige Würze alten Viktoria-Whiskys – Das schmeckt mein Geschmack.

Was riechst du, Walt Wrobel –?

Ich rieche die warme, wassergeschwängerte Luft der öffentlichen Schwimmhallen, untermischt mit der Ausdünstung von nackten Leibern;

ich rieche an mir selbst und finde mich durchaus sympathisch riechend;

ich rieche die frische Stube im Gebirge, es riecht nach Sonne, Holz und Thymian;

ich rieche die kräftige Mannesatmosphäre des Kaufmanns, der es gut meint, mir aber zu nahe auf den Hals rückt;

ich rieche den Teer- und Wassergeruch im Hafen von Rostock, das Wasser steht still, und die Luft spricht plattdeutsch;

ich rieche den realpolitischen Redner in der Deutschen Demokratischen Gesellschaft, aber ich kann ihn nicht riechen – Das riecht mein Geruch.

Was fühlst du, Walt Wrobel –?

Ich fühle in meinem Nabel eine kleine Wollkugel, die sich da weiß und dick aufhält, liebevoll grabe ich sie hervor;

ich fühle ein neues Gefühl an ungeahnten Orten, wenn mir der witzige Nasenarzt mit einer Stricknadel ins Ohr fährt;

ich fühle im Unterfutter einen Bleistift, den ich lange verloren wähnte, ein rundes Geldstück und ein unbekanntes Ding;

ich fühle den vertrauten Widerstand einer alten, bekannten Klinke;

ich fühle das harte Messingteil des Strumpfbandes meiner Geliebten auf meiner Backe, die ich daran gepreßt habe, als das Band auf dem Tisch lag;

ich fühle die Wollust, aber ich kann sie nicht beschreiben, denn in meinem Konversationslexikon steht: „Wollust (siehe Zeugung), nicht näher zu beschreibendes Gefühl…“– Dies fühlt mein Gefühl.

Fünf Sinne hat mir Gott, der Herr, verliehen, mit denen ich mich zurechtfinden darf hienieden:

Gesicht, Gehör, Geschmack, Geruch, Gefühl.

Fünf Sinne für die Unermeßlichkeit aller Erscheinungen.

Unvollkommen ist diese Welt, unvollkommen ihre Beleuchtung.

Bei dem einen blakt die eine Laterne, bei dem ändern die andere.

Sieht ein Maulwurf? Hört ein Dackel? Schmeckt ein Sachse? Riecht eine Schlange? Fühlt ein preußischer Richter?

Gebt Licht, Laternen! Stolpernd sucht mein Fuß den Weg, es blitzen die Laternen. Mit allen fünf Sinnen nehme ich auf, sie können nichts dafür: meist ist es Schmerz.

1925

Erfüllung

Wie Wagenpferde, die schwer gezogen haben, getränkt werden –: das sehe ich so gern. Da stehen sie, mit nassem Fell, die Schweife wedeln ganz matt, sie lassen den Kopf hängen, und das eine stößt das andre, das grade trinkt, beiseite. Man sieht das Wasser in seine Kehle hinuntergleiten, es schlürft; alles an ihm ist Gier, gesättigte Gier, frische Gier und Befriedigung. Dann trinkt das zweite, und das erste sieht zufrieden vor sich hin, aus dem Maul rinnt ihm Wasser in langen Fäden...Das ist schön. Ich möchte den Kutscher streicheln, der ihnen da seinen Eimer hinhält. Warum ist das schön –?

Weil es erfüllte Befriedigung ist, die ist so selten. Es ist legitimer Wunsch, erarbeiteter Lohn, Notwendigkeit, und eine erquickende Spur Wollust ist auch darin. Auch tut es niemand wehe; keine Spinne tötet hier die mit großem Fleiß eingefangene Fliege, ihren ebenso naturhaften Hunger zu stillen, und die Mikroben im Wasser werden wohl keine Schmerzen erleiden, wir wollen uns da nicht lächerlich machen – es ist schön, wenn Pferde getränkt werden.

Es ist auch etwas Freude an der menschlichen Überlegenheit dabei: daß es ein Mensch ist, der ihnen zu trinken gibt. Trinken sie zum Beispiel aus einem fließenden Bach, so gönnt man es ihnen, aber das Bild verliert etwas von dem Behagen, mit dem uns das erste erfüllt. Wir sind wohl sehr eitel, als Gattung.

Und dann ist es auch schön, weil Pferde nicht sprechen können. Kommt ein durstiger, durchschwitzter Wandersmann an die Theke des kleinen Gasthauses und sagt: „Ein großes Helles! Donnerwetter, ist das heute eine Hitze...“, dann trinkt er, und es ist kaum ein ästhetischer Genuß, ihm zuzusehn. Wenn nachher seine Augen glänzen und er „Ah –“ macht, dann wirkt er auf uns, die wir keinen Durst haben, eine ganze Kleinigkeit albern.

Warum es grade bei den Pferden so ist, das weiß ich nicht. Man fühlt sich gut, wenn man sich vor ihnen gut fühlt. Eine milde Woge von Tierliebe quillt in einem auf. Aber die täuscht.

Denn läuft das Pferdepaar nachher nicht schnell genug, dann sind wir auf den Kutscher böse, weil er ihnen nicht ordentlich einen überzieht „La race maudite, à laquelle nous appartenons...“, sagte jener Fridericus in seiner Muttersprache. Wenn wir einmal nicht grausam sind, dann glauben wir gleich, wir seien gut.

1929

Warum mein Kontoauszug neulich einen Fehler hatte

... bei der Sortenkasse anfragen, ob er da noch was hat... Nein, da hat er ja nichts... Paske, Parmel, Panter... 2645, dann gehen die 500 ab, aha! da ist ja noch ein Eingang, dann schuldet er uns also gar nichts. Doch: 78 Mark – die stehn noch offen. 78... 78 ... 78... Siebzig, siebzig, siebzig...was sich neckt, das liebt sich... Formular! Also:

Ihnen anliegend den Auszug Ihrer werten Rechnung bei uns zu überreichen, abschließend mit einem Saldo von – Es widerspricht ihrer Moral, sagt sie. Na, so ein Zimt! Moral! Moral! Als ob Liebe was mit Moral zu tun hat! Himmelherrgottdonnerwetter - das wär' mal eine Frau gewesen! Gibt's das alle Tage? Nein, das gibt's nicht alle Tage. Eine wirklich vernünftige Person und lustig und frisch wie ein junges Mädchen und in puncto puncti... na, lassen wir das.

Wie die hier alle stehn und rechnen – also von den Kollegen versteht ja das Mädel keiner. Keiner. Saldo von...Gleich das erstemal, wie ich sie gesehen habe... also das war wie ein Blitz. Ich hab's ihr auch gesagt. Doch, man muß das sagen. Und was sagt sie da? Ihre Moral –! Wirklich, ich habe ein Pech ... Kommt schon mal 'ne leere Droschke, dann sitzt einer drin! Und das wäre ja alles noch zu ertragen, aber das Gemeinste an der Sache ist: sie liebt ja. Sie ist ja gar nicht so. Sie liebt. Aber verdammt noch mal: einen andern.

Und das hat sie mir auch noch erzählt! Mit allem Komfort hat sie mir das erzählt! Nein! Fragen Sie oben in der Registratur! Ich hab' ihn nicht. Affe! Ja... alles hat sie erzählt, Raffinement? Glaub' ich nicht. Nö, raffiniert ist die nicht, dazu ist sie wohl zu raffiniert. Aber... sie liebt. Doch – ja. Ich habe ganz frech gefragt: Wo denn? Ich sage: Wo denn? Wenn Mama so aufpaßt? Sie sagt: Gottes Natur ist groß. So, sage ich. Na, kurz und klein: ich habe dann manches aus ihr rausgekriegt. Saldo von... der Teufel soll diesen Panter holen und das ganze Kontokorrent! Ich hab' es alles rausgekriegt. Und jetzt bin ich seit drei Tagen reine wie besoffen – ich werde das Bild nicht los, ich... werde das nicht mehr los.

Ich seh sie immerzu, mit dem. Ein schöner Kerl wird das sein – wahrscheinlich irgend so ein Sportfatzke. Blond, groß ... oder klein, vermiekert... hähä ... nein, das liebt sie nicht... das kann nicht sein. Blond, groß ... Wo hab' ich denn meinen Spiegel? Ich seh heute gar nicht gut aus ... sonst seh ich ganz gut aus... aber heute ... kein Wunder.

Das Mädel geht mir nicht aus dem Kopf. Und immerzu das, immerzu das Bild. Die gehen Hand in Hand zusammen in den Wald ... dann schlenkern sie so mit den Armen dabei, tralala – – verflucht, verflucht... und diese Tannen, ganz dunkelgrün, ganz dicht... und sie –

Ich glaube das nicht. Ich glaube das einfach nicht. Das tut sie nicht. Doch, das tut sie doch. Der Kerl ist ja gar nicht da – im Augenblick ist er mal nicht da – also daran ist kein Zweifel, vorläufig bin *ich* mal da! Aber das nützt mir nichts... das nützt mir gar nichts. Er ist nicht da! Aber er wird dasein. März, April... Mai... noch zwei Monate. Nein, ich fahre weg.

Nein, also dann will ich nicht hier sein! Nee – ich nehme dann meinen Urlaub. Dann könnt' ich ja gar nicht arbeiten, wenn der da ist... Gehen in den Wald und lachen und –.

Der Bursche wird ja gar nicht richtig küssen können. Kann er ja gar nicht. Und überhaupt: bei ihm empfindet sie bestimmt nichts. Sicher nichts. Sicher nicht. Das ist unmöglich. Was ist schon dabei... laß sie doch ... ! Das ist eine leere Formalität. Sie wird ihn über kriegen, und dann komme ich. Dann komme ich. Und dann wird sie sagen: Vor dir habe ich nicht gewußt, was Liebe ist. Sicher. Und dann bleiben wir zusammen. Das Telephon? Vielleicht ruft sie an?... Ist gar nicht für mich ... äh – Und immer wieder die beiden... Das ist, glaube ich, Psychoanalyse, ich habe da neulich einen Vortrag drüber gehört ... Das wird ja eine fixe Idee, wenn das so weitergeht... Donnerschlag, ich bin doch sonst nicht so, aber diesmal hat's getroffen. Saldo... zu seinen Gunsten? Nein, zu unseren Gunsten... muß noch mal nachsehen... Aber das ist mal sicher: Von der nichts zu bekommen, ist immer noch hübscher als mit einer andern zu schlafen!

Mit einem Saldo

von RM 780.- zu unsern Gunsten, welcher auf neue Rechnung vorgetragen worden ist.“

„Hat angeklingelt und noch einen Brief geschrieben und sich beschwert... Stornieren Sie das! 780 Mark zu unseren Gunsten! Es ist ein Skandal! Das ist jetzt schon das zweitemal! Wie kommt denn das? Was machen Sie denn?“

„Ich weiß es nicht, Herr Direktor. Ich kann es mir nicht erklären. Ich weiß es nicht –.“

1930

Aus!

Einmal müssen zwei auseinandergehn;
einmal will einer den andern nicht mehr verstehn – –
einmal gabelt sich jeder Weg – und jeder geht allein –
wer ist daran schuld?

Es gibt keine Schuld. Es gibt nur den Ablauf der Zeit.
Solche Straßen schneiden sich in der Unendlichkeit.
Jedes trägt den andern mit sich herum –
etwas bleibt immer zurück.

Einmal hat es euch zusammengespült,
ihr habt euch erhitzt, seid zusammengeschmolzen, und dann
erkühlt –
Ihr wart euer Kind. Jede Hälfte sinkt nun herab –:
ein neuer Mensch.

Jeder geht seinem kleinen Schicksal zu.
Leben ist Wandlung. Jedes Ich sucht ein Du.
Jeder sucht seine Zukunft. Und geht nun mit stockendem Fuß,
vorwärtsgerissen vom Willen, ohne Erklärung und ohne Gruß
in ein fernes Land.

1930

Autobiographie

Soweit ich mich erinnere, wurde ich am 9. Januar 1890 als Angestellter der „Weltbühne“ zu Berlin geboren. Meine Vorfahren haben, laut „Miesbacher Anzeiger“, auf Bäumen gesessen und in der Nase gebohrt. Ich selbst lebe still und friedlich in Paris, spiele täglich nach Tisch mit Doumergue und Briand ein halbes Stündchen Schafkopf, was mir nicht schwer fällt, und habe im Leben nur noch einen kleinen Wunsch: die

Rollen der deutschen politischen Gefangenen und ihrer Richter einmal vertauscht zu sehen.

1926

Start

Wir sind fünf Finger an einer Hand. Der auf dem Titelblatt und: Ignaz Wrobel. Peter Panter. Theobald Tiger. Kaspar Hauser.

Aus dem Dunkel sind diese Pseudonyme aufgetaucht, als Spiel gedacht, als Spiel erfunden – das war damals, als meine ersten Arbeiten in der „Weltbühne" standen. Eine kleine Wochenschrift mag nicht viermal denselben Mann in einer Nummer haben, und so erstanden, zum Spaß, diese homunculi. Sie sahen sich gedruckt, noch purzelten sie alle durcheinander; schon setzen sie sich zurecht, wurden sicherer, sehr sicher, kühn – da führten sie ihr eigenes Dasein. Pseudonyme sind wie kleine Menschen; es ist gefährlich, Namen zu erfinden, sich für jemand anders auszugeben, Namen anzulegen - ein Name lebt. Und was als Spielerei begonnen, endete als heitere Schizophrenie.

Ich mag uns gern. Es war schön, sich hinter den Namen zu verkriechen und dann von Siegfried Jacobsohn solche Briefe gezeigt zu bekommen:

„Sehr geehrter Herr! Ich muß Ihnen mitteilen, daß ich Ihr geschätztes Blatt nur wegen der Arbeiten Ignaz Wrobels lese. Das ist ein Mann nach meinem Herzen. Dagegen haben Sie da in Ihrem Redaktionsstab einen offenbar alten Herrn, Peter Panter, der wohl das Gnadenbrot von Ihnen bekommt. Den würde ich an Ihrer Stelle..."

Und es war auch nützlich, fünfmal vorhanden zu sein - denn wer glaubt in Deutschland einem politischen Schriftsteller Humor? dem Satiriker Ernst? dem Verspielten Kenntnis des Strafgesetzbuches, dem Städteschilderer lustige Verse? Humor diskreditiert.

Wir wollten uns nicht diskreditieren lassen und taten jeder seins. Ich sah mit ihren Augen, und ich sah sie alle fünf: Wrobel, einen essigsauern, bebrillten, blaurasierten Kerl, in der Nähe eines Buckels und roter Haare; Panter, einen beweglichen, kugelrunden, kleinen Mann; Tiger sang nur Verse, waren keine da, schlief er – und nach dem Kriege schlug noch Kaspar Hauser die Augen auf, sah in die Welt und verstand sie nicht. Eine Fehde zwischen ihnen wäre durchaus möglich. Sie dauert schon siebenunddreißig Jahre.

Woher die Namen stammen –?

Die alliterierenden Geschwister sind Kinder eines juristischen Repetitors aus Berlin. Der amtierte stets vor gesteckt vollen Tischen, und wenn der pinselblonde Mann mit den kurzsichtig blinzelnden Augen und dem schweren Birnenbauch dozierte, dann erfand er für die Kasperlebühne seiner „Fälle" Namen der Paradigmata.

Die Personen, an denen er das Bürgerliche Gesetzbuch und die Pfändungsbeschlüsse und die Strafprozeßordnung demonstrierte, hießen nicht A und B, nicht: Erbe und nicht Erblasser. Sie hießen Benno Büffel und Theobald Tiger; Peter Panter und Isidor Iltis und Leopold Löwe und so durchs ganze Alphabet. Seine Alliterationstiere mordeten und stahlen; sie leisteten Bürgschaft und wurden gepfändet; begingen öffentliche Ruhestörung in Idealkonkurrenz mit Abtreibung und benahmen sich überhaupt recht ungebührlich. Zwei dieser Vorbestraften nahm ich mit nach Hause – und, statt Amtsrichter zu werden, zog ich sie auf.

Wrobel – so hieß unser Rechenbuch; und weil mir der Name Ignaz besonders häßlich erschien, kratzbürstig und ganz und gar abscheulich, beging ich diesen kleinen Akt der Selbstzerstörung und taufte so einen Bezirk meines Wesens.

Kaspar Hauser braucht nicht vorgestellt zu werden.

Das sind sie alle fünf.

Und diese fünf haben nun im Lauf der Jahre in der „Weltbühne" gewohnt und anderswo auch. Es mögen etwa tausend Arbeiten gewesen sein, die ich durchgesehen habe, um diese daraus auszuwählen – und alles ist noch einmal vorbeigezogen... Vor allem der Vater dieser Arbeit: Siegfried Jacobsohn.

Fruchtbar kann nur sein, wer befruchtet wird. Liebe trägt Früchte, Frauen befruchten, Reisen, Bücher... in diesem Fall tat es ein kleiner Mann, den ich im Januar 1913 in seinem runden Bücherkäfig aufgesucht habe und der mich seitdem nicht mehr losgelassen hat, bis zu seinem Tode nicht. Vor mir liegen die Mappen seiner Briefe: diese Postkarten, eng bekritzelt vom obern bis zum untern Rand, mit einer winzigen, fetten Schrift, die aussah wie ein persisches Teppichmuster. Ich höre das „Ja –?“, mit dem er sich am Telephon zu melden pflegte; mir ist, als klänge die Muschel noch an meinem Ohr... Was war es –?

Es war der fast einzig dastehende Fall, daß dem Gebenden ein Nehmender gegenüberstand, nicht nur ein Druckender. Wir senden unsere Wellen aus – was ankommt, wissen wir nicht, nur selten. Hier kam alles an. Der feinste Aufnahmeapparat, den dieser Mann darstellte, feuerte zu höchster Leistung an – vormachen konnte man ihm nichts. Er merkte alles. Tadelte unerbittlich, aber man lernte etwas dabei. Ganze Sprachlehren wiegt mir das auf, was er „ins Deutsche übersetzen“ nannte. Einmal fand er eine Stelle, die er nicht verstand. „Was heißt das? Das ist wolkig!“ sagte er. Ich begehrte auf und wußte es viel besser. „Ich wollte sagen ...“ erwiderte ich – und nun setzte ich ihm genau auseinander, wie es gemeint war. „Das wollte ich sagen“, schloß ich. Und er: „Dann sags.“ Daran habe ich mich seitdem gehalten. Die fast automatisch arbeitende Kontrolluhr seines Stilgefühls ließ nichts durchgehen – kein zu starkes Interpunktionszeichen, keine wilde Stilistik, keinen Gedankenstrich nach einem Punkt (Todsünde!) – er war immer wach.

Und so waren unsere Beiträge eigentlich alle nur Briefe an ihn, für ihn geschrieben, im Hinblick auf ihn: auf sein Lachen, auf seine Billigung – ihm zur Freude. Er war der Empfänger, für den wir funkten.

Ein Lehrer, kein Vorgesetzter; ein Freund, kein Verlagsangestellter; ein freier Mann, kein Publikumshase. „Sie haben nur ein Recht“, pflegte er zu sagen; „mein Blatt nicht zu lesen." Und so stand er zu uns, so hat er uns geholfen, zu uns selbst verholfen, und wir haben ihn alle lieb gehabt.

Wir beide nannten uns, nach einem revolutionären Stadtkommandanten Berlins, gegenseitig: Kalwunde.

„Kalwunde!" sagtest du, wenn du dreiunddreißig Artikel in der Schublade hattest, „Kalwunde, warum arbeitest du gar nicht mehr –?" Und dann fing ich wieder von vorne an. Und wenn das dicke Couvert mit einem satten Plumps in den Briefkasten fiel, dann hatte der Tag einen Sinn gehabt, und ich stellte mir, in Berlin und in Paris, gleichmäßig stark vor, was du wohl für ein Gesicht machen würdest, wenn die Sendung da wäre. Siehst du, nun habe ich das alles gesammelt... Und du kannst es nicht mehr lesen... „Mensch!" hättest du gesagt, „ick wer' doch det nich lesen! Ich habe es ja alles ins Deutsche übersetzt –!"

Das hast du.

Und so will ich mich denn mit einem Gruß an dich auf den Weg machen.

Starter, die Fahne –! Ab mit 5 PS.

1927

Theobald Tiger spricht

Wir sind hier in der Prosaklasse, und der Tiger meldet sich immerzu. Was hast du denn? Du sagst doch sonst bloß Verse auf? Was willst du denn? Mußt du mal raus? Wackel doch nicht so mit dem Arm! Na, da sag' schon, damit einmal Ruhe ist...

– „Ich möchte mal was sagen. Seit achtzehn Jahren singe ich meins in Versen, aber dieses hier möchte ich ganz ausnahmsweise in Prosa von mir geben. Herr Lehrer, ich muß petzen:

ich werde so furchtbar beklaut.

Von wem? Von den Cabarets. Es ist wirklich nicht hübsch, was sie da aufführen.

Kein Cabaretist, kein Conferencier, kein Cabaret-Direktor käme auf den sicherlich fruchtbringenden Gedanken, sich einen Anzug zu mausen; keiner von ihnen stellte an ein Elektrizitätswerk das Ansinnen, den elektrischen Strom umsonst zu liefern ... aber einen Text? Einen Text kauft man nicht; den stiehlt man.

Sie stehlen eine Ware. Denn jedes literarische Produkt ist, neben allem andern, eine Ware wie ein Pfund Butter; das trifft auf Operetten zu wie auf die Verse Stefan Georges, und dabei ist auch gar nichts Herabwürdigendes. Waren aber sollte man nicht stehlen. Und die Cabaretleute klauen, daß jeder Taschendieb von ihnen lernen könnte.

Noch niemals habe ich von pazifistischen Organisationen, von Dilettanten oder von Arbeitervereinen, die meine Verse oder Szenen verwerten, Geld gefordert oder erhalten. Das ist auch ganz etwas andres: die wollen nur der Sache dienen, unsrer Sache; sie verdienen mit ihren Darbietungen nichts, diese kleinen Spieltrupps der Arbeiter sind ja froh, wenn sie ohne Unkosten durchkommen. Ihnen sei alles, was ich jemals geschrieben habe, mit Freuden gegeben.

Der Cabaretist aber lebt von diesen Texten; er verdient sich sein Brot damit. Dann sollte er mir meins nicht wegnehmen. Er mag durch mich verdienen, so viel er will – aber nicht an mir.

Da ist noch etwas andres.

Sie fragen nicht einmal, ob ich mit der Art der Rezitation einverstanden bin, und so erleben wir denn, daß da oben Verse aufgesagt werden, die niemals für den Vortrag geschrieben sind, also nicht für das Ohr, sondern für das Auge – und das ist ein himmelweiter Unterschied. Davon wissen die meisten Schauspieler nichts. Sie sagen munter auf, was ihnen grade, beim Lesen, gefallen hat – und dann wundern sie sich, wenn kein Mensch lacht, und wenn das nicht gefällt. Und der Autor ist der Dumme. Ich habe einmal in einem berliner Cabaret so etwas erlebt: da betrat eine bleichgesichtige Nutte das Nudelbrett und quäkte etwas, was ich geschrieben hatte, und ich wollte vor Scham in den Boden sinken.

Sie sagen auf. Sie rezitieren, und wie rezitieren sie! Ich höre meine Verse, auch die pathetischen, recht ruhig, und wenn ich sie je vorlese, so lese ich sie auch so vor, nämlich still. Sie brüllen. Sie schnalzen. Sie rollen und donnern. Sie fuchteln und agieren. Sind das noch meine Verse? Das sind nicht mehr meine Verse. Die Mädchen machen sich niedlich damit und hopsen sie kaputt, von allen guten Geistern verlassen. Und dann bezahlen sie noch nicht mal.

Sie sprechen das auf Schallplatten. Sie „bearbeiten“ es. Sie modeln es um; sie „bringen“ es. Und der Autor guckt in den Mond.

Natürlich gibt es Ausnahmen. Willi Schaeffers ist ein anständiger Mann; was mein Freund Paul Graetz von mir spricht, hat er erworben, und er verständigt mich vorher über alles. Claire Waldoff ist sauber. Und noch ein paar. Der Rest aber klaut; leider auch die „Katakombe“.

O Zuhörer. Wahrlich, ich sage dir: wenn du ein Gedicht von mir in einem Cabaret hörst, ein Chanson oder sonst etwas: meist kann ich nichts dafür.“

1931

Wie uns aus

deutschnationalen Kreisen mitgeteilt wird, hat sich der bekannte Kommunistenführer Ignaz Wrobel nach Paris begeben. Wir erfahren dazu folgende Einzelheiten:

Die Ankunft Wrobels gestaltete sich besonders feierlich. Ministerpräsident Poincaré empfing Wrobel in Gemeinschaft mit allen seinen Kollegen, dem diplomatischen Korps der Feindbundstaaten, den Erzbischöfen von St. Emilion und St. Beaujolais sowie dem Polizeipräfekten von Paris. Wrobel wurde vermittels einer Ansprache begrüßt und ins Hotel geführt, wo er auf einem Tisch die Monatsapanage der französischen Regierung vorfand.

Wrobel soll in Paris ein geradezu gotteslästerliches Leben führen.

Er steht spät auf, macht einen Morgenspazierritt auf seiner Schimmelstute „Karin Michaelis“ und nimmt das Frühstück im Moulin Rouge ein. Gegen Mittag zieht er sich meist mit einem pornographischen Roman zurück, schlummert und liest dann die Abendzeitungen. Nachts treibt er Unzucht, und zwar hauptsächlich mit galizischen Jüdinnen, da sogar die Pariser Dirnen ihre Weigerung ausgesprochen haben, sich Wrobel zur Verfügung zu stellen. W. bezieht außer den Geldern der französischen Regierung noch erhebliche Zuschüsse der sozialistischen, kommunistischen und klerikalen Partei Frankreichs. Bezeichnenderweise verkehrt er in den ersten Häusern der Stadt, so in einem sehr eleganten Palais der Rue Chabanais. Wrobel trinkt täglich zwei bis drei Flaschen Sekt, den er sich aus Deutschland nachschicken läßt, und ist inzwischen völlig französiert: er trägt Apachenkostüm, schwarzen, stumpfen Zylinder und nennt sich Pierre Pantin.

Wir gönnen den Franzosen die Neuerwerbung dieses Mannes, der endlich heimgefunden hat, und bedauern nur, daß er nicht gleichzeitig den Relativitätsjuden Einstein sowie die Juden von Unruh, Gerhart Hauptmann und Wirth mitgenommen hat. Aber was nicht ist, kann ja noch werden. Das Ganze ist ein erneuter, klarer Beweis für die Richtigkeit der deutschen Dolchstoßlegende.

1924

An Peter Panter
von Theobald Tiger

Peter Panter, Mitarbeiter!
Steig doch auf die hohe Leiter!

Singe doch von aktuellen
Zeitgenossenzwischenfällen!

Laß die Liebe, laß die Damen
mit dem freundlich blonden Namen;
laß die bunten Busentücher
und vor allem: laß die Bücher!

Laß sie Bücher schreiben, drucken –
wozu da hinuntergucken!
Frisch! hinein ins volle Leben!
Aktuell mußt du dich geben!

Sieh mich an! Fast jede Woche
pfeif ich auf dem Flötenloche:
Reichstag, Wahlrecht, Osten, Westen,
Presse, Orden, Schweinemästen –!

Tanz die nationale Runde!
Kennst du das Gebot der Stunde?
Höcker macht das viel gewandter,
Peter Panter, Peter Panter!

Du mußt aktueller schwätzen,
und man wird dich höher schätzen!
Lerne du im Hurraschrei'n:
man darf nicht beschaulich sein.

1918

An Theobald Tiger

Lieber Herr Tiger, ich danke Ihnen vielmals für Ihren freundlichen Gesang. Sie haben, wie ich, den Vorzug, ein Pseudonym zu sein, aber Sie haben den noch weitaus großem Vorzug, das Ihrige in kurzen oder langen Zeilen, die am Schluß einen Gleichklang aufweisen, schreiben zu können. Das kann ich nun nicht, und der richtig gedichtete Dichter hats doch besser als der, der das tut, was alle können: ganz einfach deutsch schreiben, nicht wahr?

Sie sagen nun, halb im Scherz, ich solle von meinen kleinen Liebhabereien lassen und mich dem „Leben", der Politik, dem lauten Ganzen zuwenden. Ja, aber wem? Der letzten Verhandlung über unsre Kunst im Abgeordnetenhaus? Was soll ich da? Späße machen? Und zum hundertundelften Male feststellen, daß alle Jahre wieder irgendein Beauftragter irgendeiner Partei etwas daherredet... man würde den Mann keinen Augenblick länger bei den Seinigen dulden, wenn er so schlecht über Wegebau oder Eisenbahnen unterrichtet wäre. Und der Krieg?

Lieber Herr, zum Märtyrer habe ich nicht das Zeug. Ich kann mir denken, daß jemand auf den Sandhaufen tritt, aber dann muß er wissen, wozu, und – nebenbei gesagt es muß ihm stehen. Ich habe einen dicken Bauch und bringe das Pathos nicht auf, das nötig ist Und, sehen Sie, es gibt doch für einen anständigen Kerl nur ein Entweder-Oder bei diesem Ding: entweder er widersetzt sich, das kann man auch schweigend; oder er macht mit, er, der sich vorher niemals um den Staat bekümmert hat, fällt mit rhythmischem oder epischem Geprassel um, reimt das Blut der Andern auf sein eigenes Gut – was einen sehr schönen Klang gibt – und begründet die Notwendigkeit dieses Krieges kosmogenetisch ... Und das Blut fließt, fließt ...

Die ersten Kriegsjahre war ich verstummt. Ich glaube heute, daß es erlaubt ist, – aber immer mit diesem stillschweigenden Vorbehalt – über Nebensachen zu sprechen. Über die Hauptsache kann ich nichts sagen, weil es mir nicht folgerichtig erscheint, sich aus der Front zur Premiere eines Menschlichkeitsdramas beurlauben zu lassen. Entweder Christus oder der Bezirksfeldwebel, aber nicht diese mittlere Proportionale.

Sie werden begreifen, lieber Herr Tiger, daß es von mir nicht Weltabgewandtheit oder Snobismus war, im Kriege dauernd von allem zu „plaudern“, nur von dem einen nicht.

Ich bin Ihr sehr ergebener

Peter Panter.

1918

Haben sie sich schon einmal im Mai verliebt?

Auf eine Rundfrage.

Paris, den heutigen

PETER PANTER
Privat-Sekretariat
Abteilung: Gefühle
Tgb.-No. 1427/28 G b 3

Sehr geehrter *Herr Uhu!*

Bezugnehmend auf Ihre werte Anfrage vom neulichen dieses Monats, erlaube ich mir, im Auftrage von Herrn Peter Panter auf die Frage, ob sich derselbe schon einmal im Mai verliebt hat, folgendes ergebenst zu erwidern:

Laut Verordnung des Panterschen Leibarztes, Herrn Dr. Woronoff, verliebt sich Herr Panter im Mai grundsätzlich nicht Etwaige Verliebtheiten werden in den November placiert, und auch diese nur in bescheidenem Umfange (etwa ein Eßlöffel wöchentlich).

Für den Monat Mai sind – immer laut ärztlicher Verordnung – lediglich Auffrischungen alter Lieben vorgesehen. Sie haben den Vorteil, daß die Emotion Panters dieselbe oder doch fast dieselbe ist wie bei einer Neueinstellung. Wir halten es da wie das Publikum im Theater, von dem Tristan Bernard gesagt hat: „Es will überrascht werden, aber nur durch das, was es schon kennt.“ Auf diese Weise hat die Abteilung „Gefühle“ bisher nur Erfolge zu verzeichnen gehabt.

Für dieses Jahr werden wir Herrn Panter vorlegen: Lisa (lfd. No. 456), Kitty (No. 234), Margot (No. 1003).

Die Kosten sind allerdings etwas höher zu veranschlagen als bei Neueinstellungen: so hat Lottchen im vorigen Jahr etwa 836 Mark für Futterkosten, 450 Mark für improvisierte Geschenke, 3,50 Mark für vorbereitete Geschenke verschlungen. Herr Peter Panter sieht dem Mai gefaßt entgegen; wir haben ihn völlig renovieren lassen, er ist neu gestrichen und sieht, wenn man nicht genau hinsieht, aus wie Casanova bei Gewitter. Indem wir von Ihnen dasselbe erhoffen, zeichnen wir ohne Mehranlaß für heute

als Ihr sehr ergebenes
Privat-Sekretariat Panter
gez. Erika 1928

Kurt Tucholsky

(Peter Panter, Theobald Tiger, Ignaz Wrobel, Kaspar Hauser)

haßt:	liebt:
das Militär	Knut Hamsun
die Vereinsmeierei	jeden tapfern Friedenssoldaten
Rosenkohl	schön gespitzte Bleistifte
den Mann, der immer in der Bahn die Zeitung mitliest	Kampf
Lärm und Geräusch	die Haarfarbe der Frau, die er gerade liebt

„Deutschland“ Deutschland

1928

Befürchtung

Werde ich sterben können –? Manchmal fürchte ich, ich werde es nicht können.

Da denke ich so: wie wirst du dich dabei aufführen? Ah, nicht die Haltung – nicht das an der Mauer, der Ruf „Es lebe...“ nun irgend etwas, während man selber stirbt; nicht die Minute vor dem Gasangriff, die Hosen voller Mut und das heldenhaft verzerrte Angesicht dem Feinde zugewandt... nicht so. Nein, einfach der sinnlose Vorgang im Bett, Müdigkeit, Schmerzen und nun eben das. Wirst du es können?

Zum Beispiel, ich habe jahrelang nicht richtig niesen können. Ich habe geniest wie ein kleiner Hund, der den Schluckauf hat. Und, verzeihen Sie, bis zu meinem achtundzwanzigsten Jahre konnte ich nicht aufstoßen – da lernte ich Karlchen kennen, einen alten Korpsstudenten, und der hat es mir beigebracht. Wer aber wird mir das mit dem Sterben beibringen?

Ja, ich habe es gesehn. Ich habe eine Hinrichtung gesehn, und ich habe Kranke sterben sehn – es schien, daß sie sich sehr damit plagten, es zu tun. Wie aber, wenn ich mich nun dabei so dumm anstelle, daß es nichts wird? Es wäre doch immerhin denkbar.

„Keine Sorge, guter Mann. Es wird sich auf Sie herabsenken, das Schwere – Sie haben eine falsche Vorstellung vom Tode. Es wird ...“ Spricht da jemand aus Erfahrung? Dies ist die wahrste aller Demokratien, die Demokratie des Todes. Daher die ungeheure Überlegenheit der Priester, die so tun, als seien sie alle schon hundertmal gestorben, als hätten sie ihre Nachrichten von drüben – und nun spielen sie unter den Lebenden Botschafter des Todes. Vielleicht wird es nicht so schwer sein. Ein Arzt wird mir helfen, zu sterben. Und wenn ich nicht gar zu große

Schmerzen habe, werde ich verlegen und bescheiden lächeln: „Bitte, entschuldigen Sie... es ist das erste Mal..."

1929

Interview mit sich selbst

„Herr Panter lassen bitten!" sagte der Diener. Ich trat näher.

Die hohe Tür zum Arbeitsammer des Meisters öffnete sich, der Diener schlug die Portiere zurück – ich ging hinein, die Tür schloß sich hinter mir.

Da saß der Meister massig am Schreibtisch: ein fast dick zu nennender Mann, er trug ein gepflegtes Cäsarenprofil zur Schau, an dem nur die Doppelkinne etwas störten. Borstig stachen die Haare in die Luft, in den blanken Knopfaugen lag wohlig-zufriedenes Behagen. Er erhob sich.

„Ich begrüße Sie, junger Mann", sagte er zu mir. „Nehmen Sie Platz und erörtern Sie mir Ihren merkwürdigen Brief!"

Befangen setzte ich mich.

„Sie fragen mich da", sagte der Meister und legte seine dicke Hand mit den blankpolierten Nagelschildchen so, daß ich sie sehen mußte, „ob ich Ihnen einen Rat für Ihre Zukunft zu geben vermag. Sie fügen hinzu, Sie seien von dem hohen Streben nach einem Ideal durchdrungen. Sie stießen sich am Leben, das Ihnen kantig erscheine – das war Ihr Wort –, und Sie wollten sich bei mir Rats holen. Nun, junger Mann, der kann Ihnen werden!"

Ich verbeugte mich dankend.

„Zunächst", sprach der Meister, „was sind Sie von Beruf?"

„Ich bin gar nichts", sagte ich und schämte mich.

„Hm –" machte der Meister und wiegte bedenklich das Haupt. „Wozu brauchen Sie da noch Rat? Nun, immerhin ... ich bin zu Ihrer Verfügung."

„Meister“, sagte ich und faßte mir ein Herz, „lehren Sie mich, wie man zu Erfolg kommt. Wie haben Sie Erfolg gehabt? Diesen Erfolg?“ Und ich wies auf das komfortabel hergerichtete Gemach: Bücher mit goldverzierten Pergamentrücken standen in wuchtigen Regalen, eine bronzene Stehlampe strahlte behaglich gedämpftes Licht aus, und der breit ausladende Aschbecher, der vor mir stand, war aus schwarzgeädertem Marmor. „Woher das alles?“ sagte ich fragend.

Der Meister lächelte seltsam.

„Erfolg? Sie wollen wissen, wie ich Erfolg gehabt habe, junger Mann? Junger, junger Brausekopf! Nun: ich habe mich gebeugt.“

„Nie täte ich das. Nie!“ sagte ich emphatisch.

„Sie müssen es tun“, sagte er. „Sie werden es tun. Was taten Sie im Krieg?“

„Ich war“, sagte ich und sah auf meine Stiefelspitzen, „Schipper.“

„Falsch!“ sagte er. „Wären Sie ein tüchtiger Kerl und lebensklug, so hätten Sie anderswo sitzen müssen: in einer Presseabteilung, bei der politischen Polizei, was weiß ich. Wissen Sie, was ein Kompromiß ist? Können Sie Konzessionen machen?“

„Niemals!“ rief ich.

„Sie müssen sie machen. Sie werden sie machen. Sehen Sie mich an: ich bin die nahrhafte Frucht der Kompromisse. Man muß im Leben vorwärtskommen, junger Freund!“

„Aber die Wahrheit? Aber die Ideale?“ rief ich lauter, als schicklich war. „Aber das, wofür zu leben sich verlohnt? Noch bin ich ein Stürmer und Dränger, und das will ich bleiben! Mord Mord heißen, auch wenn eine Fahne darüber weht, einen Streber einen Streber, auch wenn er Geheimer Regierungsrat ist, eine Clique eine Clique, und stände eine ganze Stadt dahinter! Das ist es, was ich will! Helfen Sie mir! Weisen Sie mir den Weg, wie ich meine Pläne verwirklichen kann, zu meinem Heile, und, wie ich glaube, zum Heile der Menschen!“

Ich hatte mich in Begeisterung gesprochen; meine Wange glühte, meine Lippen waren geöffnet und zitterten leise.

Der Meister lächelte. Der große Meister Peter Panter lächelte.

„Mein lieber junger Freund“, hob er an, „hören Sie mir genau zu. Auch ich begreife Ihre edle Gesinnung, die Ihnen alle Ehre macht. Auch ich wünsche, daß die Menschheit so edel wäre, wie Sie sie machen möchten. Auch ich bin, ich kann es wohl sagen, ein Vertreter des Guten, Wahren und Schönen. Ich liebe das Gute, Wahre und Schöne, ja, ich verehre es. Aber, mein lieber junger Freund, hart im Räume stoßen sich die Sachen! Man muß mit der Realität rechnen, sich klug beugen, wenns nottut...“

„Ich mag mich nicht beugen“, unterbrach ich ihn trotzig.

„Sie werden sich beugen. Sie müssen sich beugen. Eines Tages werden Sie auch Ihrerseits Geld verdienen wollen, und Sie beugen sich. Es ist so leicht Es ist so süß; ein kleines Nachgeben, ein leichtes Wiegen des Kopfes, ein winziges Verleugnen der Grundsätzchen, und Sie sind ein beliebter, angesehener, überall freundlich aufgenommener junger Mann! Wollen Sie das?“

Ich schüttelte verächtlich den Kopf.

„Aber, aber!“ begütigte der Meister. „Bedenken Sie, was Sie machen! Sie werden heiraten wollen, eine Familie gründen, einen Hausstand – und Sie werden sich beugen. Was haben Sie und alle ändern von diesen Prinzipien, von diesem starren Festhalten an der Wahrheit oder was Sie so nennen! Da sehen Sie hingegen: was kostet es mich denn? Ich bin freundlich zu allen Leuten, ich sage zu allem Ja, wo Sie vielleicht entrüstet Nein schreien würden, und ich kann schweigen. Schweigen kostet gar nichts. Schweigen ist die Perle in der Krone der menschlichen Künste. Schweigen Sie!“

„Ich muß sprechen!“ sagte ich laut.

„Sie müssen nicht. I, wer wird denn müssen! Schweigen Sie, beugen Sie sich! Beugen Sie sich vor dem Geld und beugen Sie sich vor dem Ruhm, beugen Sie sich vor der Macht – vor der zu allererst – und beugen Sie sich vor den Frauen – und was wird Ihr Lohn sein?“

Er lehnte sich zurück und lächelte satt.

„Ich lebe“, fuhr er fort, „wie Sie sehen, auf gutem Fuß, und ich bin recht zufrieden. In meinem Hause verkehren Priester und Ärzte, Offiziere und Künstler – und keinem tue ich je etwas in meinen Schriften zuleide, und jeder bekommt eine gute Flasche Rotwein. Glauben Sie, ich sehe nicht, was dahintersteckt? Aber es kümmert mich nicht. Sie lesen meine Werke, sie kaufen meine Bücher – was will ich mehr? Bin ich angestellt, ihnen die Wahrheit zu sagen, die unbequeme, harte Wahrheit?“

„Wir alle sind angestellt, den Menschen die Wahrheit zu sagen!“ sagte ich.

„Ich nicht“, sagte der Meister, „ich nicht. Ich habe diese Anstellung gekündigt, und seitdem geht es mir sehr gut. Und seitdem habe ich was ich brauche, mehr als ich brauche; meine Tochter heiratet demnächst einen Fabrikbesitzer. Ja.“

„Soll ich heiraten?“ fragte ich.

„Die, die Sie lieben, nicht – denn ich ahne: sie hat kein Geld. Heiraten Sie die Tochter eines reichen Mannes; Raum ist in der kleinsten Villa – aber eine Villa muß es sein. Rauchen Sie?“

„Nein“, sagte ich, „ich rauche nicht. Ich...“

„Rauchen Sie!“ sagte er freundlich. „Es dämpft ab. Und hören Sie auf mich, der ich oben auf der Leiter stehe, die Sie zu besteigen im Begriff sind. Der Erfolg ist alles. Sie erwerben ihn durch viererlei: durch den Kompromiß, durch Schweigen; durch Zuhören und durch Schmeichelei bei den alten Leuten. Verstehen Sie das, dann sind Sie ein gemachter Mann! Und es ist so angenehm, ein gemachter Mann zu sein!“

Er strahlte und sah aus wie ein Mime nach dem Applaus. Ich erhob mich und blickte ihn fragend und erhitzt an.

„Sie werden mir heute noch widersprechen“, sagte Peter Panter. „In dreißig Jahren tun Sie es nicht mehr. Sorgen Sie, daß es dann nicht zu spät ist! Gehaben Sie sich wohl, und lassen Sie es sich gut gehn!“

Ich nahm die dargebotene Hand und stürzte hinaus.

Drinnen saß der Meister an seinem prunkvollen Diplomatenschreibtisch und schüttelte lächelnd den Kopf. „Diese jungen Leute“, sagte er. „Das will mit dem Kopf durch die Wand und schlauer sein als unsereiner. Nun, jede Erfahrung muß jeder an sich selbst machen! Aber nun will ich ein wenig Tee trinken! Franz!“

Und er schellte.

Draußen aber am Gitter stand ich, die gußeiserne Türklinke des Parktors in der Hand, von Haß geschüttelt, von Wut verzerrt, ohnmächtig, giftig-böse und im Innern fühlend, daß der andre zum mindesten für sich recht hatte. Und ich sagte: „Ein ekelhafter Kerl.“

Letzte Fahrt

An meinem Todestag – ich werd ihn nicht erleben –
da soll es mittags rote Grütze geben,
mit einer fetten, weißen Sahneschicht...
Von wegen: Leibgericht.

Mein Kind, der Ludolf, bohrt sich kleine Dinger
aus seiner Nase – niemand haut ihm auf die Finger.
Er strahlt, als einziger, im Trauerhaus.
Und ich lieg da und denk: „Ach, polk dich aus!“

Dann tragen Männer mich vors Haus hinunter.
Nun faßt der Karlchen die Blondine unter,
die mir zuletzt noch dies und jenes lieh...
Sie findet: Trauer kleidet sie.

Der Zug ruckt an. Und alle Damen,
die jemals, wenn was fehlte, zu mir kamen:
vollzählig sind sie heut noch einmal da...
Und vorne rollt Papa.

Da fährt die erste, die ich damals ohne
die leiseste Erfahrung küßte; die Matrone
sitzt schlicht im Fond, mit kleinem Trauerhut.
Altmodisch war sie – aber sie war gut.

Und Lotte! Lottchen mit dem kleinen Jungen!
Briefträger jetzt! Wie ist mir der gelungen?
Ich sah ihn nie. Doch wo er immer schritt:
mein Postscheck ging durch sechzehn Jahre mit.

Auf rotem samtnen Bussen, im Spaliere,
da tragen feierlich zwei Reichswehroffiziere
die Orden durch die ganze Stadt,
die mir mein Kaiser einst verliehen hat.

Und hinterm Sarg mit seinen Silberputten,
da schreiten zwoundzwonzig Nutten
sie schluchzen innig und mit viel System.
Ich war zuletzt als Kunde sehr bequem...

Das Ganze halt! Jetzt wird es dionysisch!
Nun singt ein Chor: Ich lächle metaphysich.
Wie wird die schwarzgestrichne Kiste groß!
Ich schweige tief. Und bin mich endlich los.

1922

Mein Nachruf

Auf eine Rundfrage

Wie mein Nachruf aussehen soll, weiß ich nicht. Ich weiß nur, wie er aussehen wird. Er wird aus einer Silbe bestehen.

Pappa und Mamma sitzen am abgegessenen Abendbrottisch und vertreiben sich ihre Ehe mit Zeitungslektüre. Da hebt Er plötzlich, durch ein Bild von Dolbin erschreckt, den Kopf und sagt: „Denk mal, der Theobald Tiger ist gestorben!“ Und dann wird Sie meinen Nachruf sprechen. Sie sagt:

„Ach –!“

1929

Wenn ich jetzt sterben müßte, würde ich sagen: „Das war alles?“ – Und: „Ich habe es nicht so richtig verstanden.“ Und: „Es war ein bißchen laut.“

1935